소유인가 존재인가

에리히 프롬 저 / 심일섭 교수 옮김

도서출판 한글

Erich Fromm
TO HAVE OR TO BE

소유는 사용에 의해 감소되는 반면 존재는 실행에 의해 성장한다

> 구약성경과 그 이후의 유대 전통은 탐욕의 충족에서 얻는 쾌락에 대해서는 경고하면서도 기쁨 속에서 존재를 동반하는 분위기를 본다. 성경의 시편은 하나의 거대한 기쁨의 찬가인 150편의 시가로 되어 있다. 이 박진감 넘치는 성가는 두려움과 슬픔 속에 시작되어 기쁨과 즐거움으로 끝난다.

머 리 말

이 책은 나의 이전 저작들의 두 가지 경향을 따르고 있다. 첫째는 기본적 성격 지향으로서의 이기주의와 이타주의의 분석에 집중하면서, 근원적이고 인본주의적인 정신분석학(radical-humanistic Psycho analisis)에 관한 나의 연구를 더 발전 확대시키고 있다.

둘째로 이 책의 마지막 부분인 제3부는 내가 《건전한 사회(The sane Society)》와 《희망과 혁명(The Revolution of Hope)》에서 다루었던 주제를 더 진척시킨 것이다. 그 주제는 현대사회의 위기와 그 해결 가능성이다. 따라서 이전에 이미 발표된 사상(思想)의 반복이 불가피하였다.

그러나 이 조그만 책이 제시하고 있는 새로운 관점과 새로운 확장된 개념이 이미 나의 이전 저작에 친숙한 독자들에게도 보상이 되어 주기를 바란다.

사실상, 이 책의 제목은 이미 나온 두 권의 책, 즉 가브리엘 마르셀(Gabriel Marcel)의 《존재와 소유(Being and Having)》와 발타잘 스테린(Balthasar Staehelin)의 《소유와 존재(Haben and Sein》와 거의 동일하다. 이 세 권의 책은 휴머니즘의 정신 아래 씌어져 있지만, 그 주제에는 매우 다른 방법으로 접근하고 있다. 마르셀은 신학적·철학적 관점에서 쓰고 있고, 스테린의 책은 현대적 과학에서의 유물론(唯物論)에 대한 건설적 토론이며, 따라서 현실분석(Wirklichkeits analyse)에 기여하고 있는 책이다. 그리고 이 책은 생존의 두 양식(樣式)에 대한 경험적·심리적·사회적 분석을 다루고 있다. 나는 이 주제에 관심이 많은 독자들에게 마르셀과 스테린의 책을 추천한다.(나는 최근까지 마르셀의 저서의 영역본이 출판되어 나와 있다는 사실을 몰랐다. 따라서, 그 책을 나 개인을 위해 비버리 휴즈(Beverley Hughes)가 해준 탁월한 영어 번역의 원고로 읽었다. 그 책의 출판된 번역본은 참고도서 목록에 넣었다.)

  이 책에서는 더 읽히기 쉽게 하려는 배려에서 주(註 footnotes)를 될 수 있는 대로 줄였다. 그 수를 줄였을 뿐 아니라, 그 길이도 되도록 짧게 했다.

  또 하나 분명히 해둘 것은 이 책에서 남성 중심의 단어, 즉 일반인을 가리키는 man be 등의 표현을 회피했다. 이와 같은 언어의 사용법이 내가 지금까지 생각해 오던 것보다 훨씬 중요하다는 것을 깨우쳐 준 마리온 오도미로크(Marion Odomirok)에게 감사를 드린다. 그러나 한 가지 점에 있어서만은 성적 차별을 반대하는 우리의 어법을 따를 수 없었다. 즉 호모 사피엔스(Homo Sapiens)라는 종(種)을 나타내는 man이라는 말만은 어쩔 수가 없었다. 이러한 문맥에서 성(性)을 구별함이 없이 사용하는 man의 사용법은 인본주의적 사고에 있어서 매우 오랜 전통을 갖고 있는 것이다.

인류라는 종(種)의 성격을 명백하게 나타내는 단어가 없으면 나타내고자 하는 의미를 충분히 나타낼 수 없으리라고 믿는다.

독일에서는 이와 같은 어려움이 없다. 성(性)을 구분하지 않고 인간이라는 의미를 나타낼 때는 "Mensch" 라는 말을 쓰면 그만이다. 영어에서도 "man" 이라는 단어가 독일어의 mensch처럼 성(性)을 구분함이 없이 인간, 인류라는 뜻을 나타내는 말로 쓰이고 있다. 어색하게 들리는 말들로 대신하느니보다는 "man"의 이 성과 관련 없는 보편적 의미를 되살리는 것이 바람직하다고 나는 생각한다. 이 책에서 나는 성을 구분하지 않은 인간의 의미로 쓸 때는 뜻을 분명히 하기 위해 대문자를 써서 Man으로 했다.

이제, 이 책의 내용과 스타일에 기여한 몇몇 사람들에게 감사의 뜻을 표하는 유쾌한 일만이 남아 있다. 그 누구보다 더 먼저 여러 가지 면에서 내게 큰 도움을 준 라이너 펑크(Rainer Funk)에게 감사하고 싶다. 오랜 토론을 통해, 그는 기독교 신학의 중요한 요점을 이해하는 데 도움을 주었으며, 꾸준히 신약 분야의 문헌을 내게 지적해 주었다. 또한 그는 원고를 몇 번 읽고 훌륭한 건설적 제안과 비판을 해 줌으로써 원고 내용을 풍부하게 하고, 몇 가지 잘못을 고치게 하는 데에도 도움을 주었다. 섬세한 편집으로써 이 책을 크게 빛내준 마리온 오도미로크(Marion Odomirok) 여사에게도 깊은 감사를 드린다. 또한 적지 않은 양의 원고를 세심하고 참을성 있게 여러 번 교정하면서 몇 번씩 타이프해 주고, 문체와 언어에 대해 훌륭한 조언을 적지 않게 해준, 존 휴즈(Joan Hughes)씨에게도 감사를 드린다. 끝으로 새로 고칠 때마다 계속 원고를 읽고 항상 가치 있는 통찰과 제언을 아끼지 않은 애니스 프롬(Annis Fromm)에게도 감사한다.

뉴욕에서 1976년 6월
에리히 프롬

차 례

서론 ·· 11
  1. 환상의 종말 ·· 11
  2. 왜 그 위대한 약속이 실패했는가? ···································· 13
  3. 인간 변혁을 위한 경제적 필연성 ······································ 20
  4. 대재난을 막을 대안이 있는가? ··· 22

제1부 소유와 존재의 차이에 대한 이해 ···························· 27

제1장 개관 ·· 29
  1. 소유와 존재의 차이의 중요성 ·· 29
  2. 다양한 시적 표현 속에 담긴 실례들 ································ 30
  3. 관용어상의 변화 ··· 35
  4. 용어의 기원 ··· 39
  5. 존재의 철학적 개념 ··· 42
  6. 소유와 소비 ··· 43

제2장 일상생활 경험에 있어서의 소유와 존재 ···················· 47
  1. 학 습 ··· 48
  2. 암 기 ··· 50
  3. 대 화 ··· 54
  4. 독 서 ··· 56
  5. 권위의 행사 ··· 58
  6. 지식의 소유와 앎의 의미 ··· 62

7. 믿 음 64
8. 사 랑 68

제3장 구·신약성서와 에크하르트의 저작물들에 나타난 소유와 존재 73

1. 구약성서 73
2. 신약성서 80
3. 마이스터 에크하르트(1260-1327경) 87

제2부 두 가지 생존양식 사이의 근본적 차이에 대한 분석 97

제4장 소유양식이란 무엇인가? 99

1. 취득사회 - 소유양식의 토대 99
2. 소유의 본질 109
3. 소유양식을 지탱하는 기타 요소들 114
4. 소유양식과 항문적(肛門的) 성격 116
5. 금욕주의와 평등 118
6. 생존적 이유 120

제5장 존재양식이란 무엇인가? 121

1. 능동적이 되는 것 122
2. 능동성과 수동성 124
3. 實在로서의 존재 133
4. 주고 공유하고 희생하는 의지 138

제6장 소유와 존재의 새로운 측면 149
    1. 안정 — 불안정 149
    2. 연대성 — 적대감 153
    3. 기쁨 — 쾌락 159
    4. 죄와 용서 164
    5. 죽음의 두려움—삶의 확인 171
    6. 여기·지금 — 과거·미래 174

제3부 새로운 인간, 새로운 사회 179

제7장 종교·성격·사회 181
    1. 사회적 성격의 기초 181
    2. 사회적 성격과 "종교적" 욕구 183
    3. 서구세계는 기독교적인가? 188
    4. 산업 종교 194
    5. 휴머니스트의 항변 207

제8장 인간 변혁의 조건과 새로운 인간의 특성 225
    1. 새로운 인간 228

제9장 새로운 사회의 특징 233
    1. 새로운 인간과학 233

  2. 새로운 사회 : 그 실현이 가능한 적당한 기회는 과연 있을 것인가? ……… 263
에리히 프롬의 인간과 사회와 종교 …………………………………… 272
  Ⅰ. 서론 : 에리히 프롬의 인물과 사상적 배경 ………………… 274
  Ⅱ. 인간의 본성 분석 …………………………………………………… 274
    1. 인간의 상황 ……………………………………………………… 275
    2. 인간의 사회적 성격 …………………………………………… 277
    3. 인간악의 본성분석 ……………………………………………… 278
  Ⅲ. 현대사회의 병리현상 ……………………………………………… 278
    1. 社會病理의 中核—疎外 ……………………………………… 278
    2. 自由와 逃避 매카니즘 ………………………………………… 279
    3. 자본주의 정신구조의 분석 …………………………………… 280
  Ⅳ. 종교의 정신분석 …………………………………………………… 283
    1. 종교와 정신분석 ………………………………………………… 283
    2. 소외 극복으로서의 사랑의 역학 …………………………… 284
    3. 우상숭배의 분석 ………………………………………………… 286
  Ⅴ. 결론 : 프롬의 신조 ……………………………………………… 287
    프롬의 저서 ………………………………………………………… 288
    프롬에 대한 연구서 ……………………………………………… 289
참고도서 ………………………………………………………………………… 290
역자후기 ………………………………………………………………………… 296

서 론

— 위대한 약속과 그 실패, 그리고 새로운 대안 —

1. 환상의 종말

한없는 발전이라는 저 위대한 약속 곧, 자연의 지배, 물질적 풍요, 최대 다수에 최대의 행복 등이 이루어진다는 약속이 산업시대의 시작 이래 여러 세대에 걸쳐 희망과 믿음으로 여겨져 왔다. 분명한 사실은 인류가 자연을 능동적으로 조절하기 시작할 때부터 우리의 문명이 시작되었다는 것이다.

그러나 그 조절은 산업시대가 도래하기까지는 제한된 채로 남아 있었다. 기계와 핵 에너지가 동물 및 인간의 에너지를 대치하고 컴퓨터가 인간의 두뇌를 대치하는 산업의 발전이 이루어짐에 따라, 우리가 제한적 생산과 제한적 소비에의 길에 들어섰으며, 기술이 우리를 전능(omnipotent)하게 하고, 과학이 우리를 전지(omniscient)의 존재로 만들었다고 믿을 수 있었다. 우리는 신(神)들, 즉 자연 세계만을 우리의 새 창조를 위한 벽돌로 사용하여 제 2의 세계를 창조할 수 있는 지고(至高)의 존재들이 되는 길에 들어서게 되었다.

남자, 그리고 더욱 많은 수의 여자들이 자유의 새로운 의미를 경험했다. 그들은 그들 자신의 삶의 주인이 되었다. 즉, 봉건적인 사슬은 끊어졌고 누구나 모든 굴레에서 벗어나 자기가 원하는 것을 할 수 있었다. 혹은 그렇다고 느꼈다. 이것은 상류와 중류계급에만 해당하는 것이었을지라도, 그들의 성취가 다른 사람들로 하여금 산업화가 그 속도만 유지한다면 이 새로운 자유가 결국엔 사회의 모든 구성원들에게 연장될 수 있을 것이라는 믿음을 가질 수 있게 해주었다. 사회주의와 공산주의는 새로운 사회, 새로운 인간을 만드는 데 목표를 둔 운동으로부터 모든 사람에게 부르주아적 생활을 마련해 주는 데 이상을 둔, 즉 미래의 인간을 보편화된 부르주아(uniteuo salized bourgeois)로 이끄는 운동으로 급속히 변모되었다. 모든 사람들에 대한 부(富)와 안락의 성취는 만인에게 무한정한 행복을 가져다 줄 것이라고 생각하였다. 무제한적 생산, 절대적 자유, 무한정한 행복이라는 삼위일체가 진보라는 새로운 종교의 주축을 형성하였고, 이 진보라는 새로운 세속의 도시(New Earthly City)가 하나님의 도시(City of God)로 대치되었다. 이 새로운 종교가 그 종교를 믿는 신자들에게 에너지와 생명력, 희망을 마련해 주었다는 사실은 결코 놀랄 만한 일이 아니다.

오늘날, 그 실패가 나타났다고 하는 사실에 대한 인식이 일으키고 있는 충격을 이해하기 위해서는 이 위대한 약속의 위풍, 곧 산업시대의 놀랄 만한 물질적, 지적(知的) 성취를 마음에 그려보아야 한다. 왜냐하면, 산업시대는 진실로 그 위대한 약속을 성취하는데 실패했고 전보다 더 많은 사람들이 다음과 같은 사실을 인식하게 되었다.

1. 모든 욕망의 무한정한 충족은 안녕(well-being)을 가져다주지 못하

며, 그것은 또한 행복에의 길도 아니며, 최대의 쾌락으로 가는 길도 되지 못한다.
2. 우리가 우리의 삶의 독립적 주인이 된다는 꿈은 우리의 사상·감정·취향이 정부와 산업, 그리고 이들이 통제하는 매스커뮤니케이션에 의해 조작되는 그러한 관료적 기계장치 속의 톱니바퀴가 되어 버렸다는 사실을 깨닫게 되기 시작하면서 끝나 버렸다.
3. 경제적 진보는 부국(富國)들에만 국한되어 왔고 부국과 빈국(貧國) 사이의 간격은 계속 벌어져 왔다.
4. 기술적 진보는 생태학적 위험과 핵전쟁의 위험을 만들어 냈으며 이 중에서 어느 하나, 혹은 이 둘이 함께 모든 문명, 어떤 경우에는 모든 생명을 끝장낼지도 모른다.

1952년도 노벨 평화상을 받기 위해 알베르크 슈바이쳐(A. Schweitzer) 박사가 오슬로에 왔을 때 그는 세계에 대해 다음과 같이 선언하였다.

"상황에 과감하게 대처하기 위하여…… 인간은 초인이 되었다. 그러나 초인적 힘을 갖은 초인은 초인적 이성의 수준에는 오르지 못했다. 그의 힘이 커지는 만큼 인간은 더욱더 허약한 사람이 된다. 그리고 우리가 초인이 될수록 우리는 더욱 비인간적이 된다는 사실이 우리의 양심을 뒤흔들어 놓아야 한다."

2. 왜 그 위대한 약속이 실패했는가?

산업주의의 본질적인 경제적 모순들은 차지하고라도 그 위대한 약속의 실패는 다음의 두 가지 주요한 심리학적 전제에 의해 산업체계 속에 파고

들었다. 즉, (1) 삶의 목적은 사람이 느끼는 어떤 욕망이나 주관적 욕구의 충족으로서 정의된 행복, 즉 최대의 쾌락에 있다.(극단적 쾌락주의 radical hedonism) (2) 자기 중심주의, 이기심, 탐욕은 체계가 기능을 발휘하기 위해서 유발될 필요가 있는 것으로서 그것들이 조화와 평화로 이르는 길이다.

전(全) 역사를 통해서 부유층이 극단적 쾌락주의를 누려왔음은 잘 알려진 사실이다. 로마의 엘리트계급, 르네상스 시대의 이탈리아 도시의 상류계급, 18세기와 19세기의 영국과 프랑스의 엘리트층처럼 무제한적 자산자였던 이들은 무제한적 쾌락 속에서 인생의 의미를 찾으려 했다. 그러나 극단적인 쾌락주의라는 측면에서의 최대 쾌락은 어떤 시대의 어떤 부류들만이 누렸지만, 17세기까지 단 하나의 예외를 제외하고는 그것이 중국·인도·근동·유럽의 위대한 삶의 스승들이 제시한 복지 안녕의 이론이 되어 본 적이 결코 없었다. 단 하나의 예외는 희랍의 철학자 아리스티푸스(Aristipus)였다. 그는 소크라테스의 제자로서 B. C 4세기 전반에 살았고 최적의 육체적 쾌락을 경험하는 것이 삶의 목적이며, 행복은 향유한 쾌락의 총화라고 가르쳤다.

우리가 그의 철학에 관해서 알고 있는 얼마 되지 않는 지식은 디오게네스 라에르티우스(Diogenes Laertius)에 의해 전해진 것이다. 그러나 그 지식만으로도 아리스티푸스가 유일한 진짜 쾌락주의자였다는 것을 충분히 밝힐 수 있다. 왜냐하면 그에게 있어서 욕망이 존재한다는 사실이 그것을 충족시킬 권리의 토대가 되며, 따라서 삶의 목표인 쾌락을 실현할 근거도 되기 때문이다.

에피쿠루스(Epicurus)를 아리스티푸스적인 대표적인 쾌락주의자로 생각할 수 없다. 에피쿠루스에게 있어서 "순수한" 쾌락은 가장 고귀한 목표이긴 하지만 그에게 있어 이 쾌락은 "고통의 부재(不在, aponia)"와 "영혼의 침잠, ataraxia)"을 의미했다. 에피쿠루스에 따르면 욕망의 충족으로서의 쾌락은 삶의 목적이 될 수 없다. 왜냐하면 그와 같은 쾌락은 필연적으로 불쾌함이 뒤따르며, 그로 인해 인간을 그 진정한 목적인 고통의 부재로부터 멀어지게 하기 때문이다.(에피쿠루스의 이론은 여러 면에서 프로이드 이론과 비슷하다) 그럼에도 불구하고 에피쿠루스는 그의 주장에 대한 모순된 보고들이 일정한 해석을 하고 있는 점을 고려해 볼 때 아리스토텔레스의 입장과 대조되는 일종의 주관주의를 대표했던 것같이 보인다.

그 외의 위대한 스승 중에는 욕망이 사실상 존재한다고 하는 사실이 윤리적 규범을 구성한다고 가르친 사람은 아무도 없었다. 그들은 인류의 가장 적절한 안녕(vivere bene)에 관심을 두었다. 주관적으로만 느껴지고 그 충족이 순간적 쾌락만을 가져다주는 욕구와, 인간 본성에 뿌리 박고 있고 그 실현이 인간적 성장에 기여하며 복지 안녕(eudaimionia)을 생산하는 욕구 사이에는 그들의 사고가 본질적으로 다르다. 다른 말로 하면, 그들은 순수하게 주관적으로 느끼는 욕구와 객관적으로 타당한 욕구간의 구분에 관심을 가졌다. 즉, 그들은 전자의 편에서는 인간의 성장에 해를 끼치며 후자는 인간 본성의 요건에 일치한다고 보았기 때문이다.

아리스티푸스 이래로 삶의 목적이 모든 인간 욕망의 충족에 있다는 이론을 처음으로 명백하게 주장한 사람들은 17세기와 18세기의 철학자들이었다. 이런 이론은 "이익"이 (성경이나 그 후대의 스피노자(Spinoza)에게서처럼) "영혼을 위한 이익"이 아니고 물질적, 금전적 이익을 의미하게 되었던 시대와 중류계급이 그 정치적 굴레뿐만 아니라 사랑과 단결을 통한 모든 유대

관계까지 던져 버리고 단지 자신만을 위하는 것이 자기 자신을 덜 위하는 것보다 훨씬 더 나은 것이라고 믿게 될 시대에 쉽게 생겨날 수 있는 개념이었다. 홉스(Hobbs)에게 있어서 행복은 하나의 탐욕으로부터 또다른 탐욕으로 끊임없이 진보하는 것이었으며, 라 메트리(La Mettrie)는 약이 적어도 행복의 환상을 주는 것이라고 추천하기까지 했다. 드 사드(de Sade)에게 있어서는 잔인한 충동의 충족도 합당한 것이었다. 왜냐하면 바로 그런 충동이 존재하며 충족되기를 갈망하기 때문이라는 것이었다. 이들은 부르주아 계급이 결정적 승리의 시대였을 때 살았던 사상가들이었다. 전에는 귀족들의 비철학적인 형태이었던 것이 부르주아지의 행태와 이론이 되어버린 것이다.

18세기 이후에 갖가지 윤리적 이론이 발견되었다 어떤 것들은 공리주의처럼 좀더 훌륭한 형태의 쾌락주의였고, 다른 어떤 것들은 칸트, 마르크스, 드로우, 슈바이처의 이론처럼 철저하게 반쾌락적인 체계였다.

그러나, 1차대전 이래로 최근에는 점차 다시 극단적 쾌락주의의 이론과 실천으로 되돌아가 버렸다. 무제한 쾌락이라는 개념은 세련된 작업이라는 이상과의 묘한 모순을 이룬다. 이것은 강박관념적인 작업 윤리를 받아들이는 것과 휴가 기간 동안의 완전한 나태라고 할 수 있는 이상, 그 사이에서 생기는 모순과도 비슷하다. 한편에는 끝없이 펼쳐진 일괄된 작업대와 관료적인 연속적 일과가 있고, 다른 한편에는 텔레비전, 자동차, 섹스가 있음으로 해서 이 모순적 조합을 가능하게 만든다. 작업에의 몰두만을 강요하는 것이 완전한 나태에만 탐닉하는 것과 마찬가지로 사람들을 미치도록 내몰고 마는 것이다. 이 둘의 조합에 의해서 사람들은 살 수가 있다. 더욱이, 이 두 가지 모순되는 태도는 경제적 필요에도 상응된다. 즉 20세기의 자본주의는 일상화된 팀웍은 물론 생산된 상품과 서비스를 최대한도로 소비하는데 기초를 두고 있는 것이다.

인간 본성을 고려해보면 극단적 쾌락주의가 행복을 가져올 수 없다는 것과 또한 왜 그럴 수밖에 없느냐는 이유를 이론적 사고를 통해 입증할 수 있다. 그러나 이론적 분석을 하지 않더라도 관찰할 수 있는 자료만으로도 우리가 추구하고 있는 것 같은 종류의 "행복의 추구"가 복지를 만들어 내지 않는다는 것은 매우 명백히 알 수가 있다. 우리들의 사회는 악명 높은 불행한 사람들의 사회이다. 즉, 외롭고, 걱정 많고, 억눌리고, 파괴적이며, 의존적인 사람들, 그렇게 아끼려고 애쓰는 시간을 허송하고서야 오히려 기뻐하는 사람들이 바로 우리들이다.

우리의 사회는 쾌락이(안녕과 기쁨 같은 능동적 감정과 대조되는 수동적 감정으로서) 인간실존의 문제에 대한 만족스런 대답이 될 수 있느냐 하는 질문을 해결하기 위해서 최대의 사회적 실험을 하고 있는 것이다. 역사상 처음으로 쾌락적 충동의 만족이 소수의 인구에게만 주어진 특권이 아니라, 과반수 이상에게 가능한 것이 되었다. 산업화된 나라들에 있어서 이 실험은 이미 그 문제에 부정적인 대답을 해 버렸다.

개인적이고 이기적인 추구가 조화와 평화, 모든 사람의 안녕의 증대를 가져오도록 이끌 것이라는 산업시대의 제2의 심리학적 약속도 역시 이론적 근거에서도 오류이며, 또 그 오류는 관찰할 수 있는 자료에 의해 입증된다. 위대한 고전적 경제학자 중에서 단 한 사람, 즉 데이비드 리카르도(David Ricardo)만이 거부했던 이 원리가 왜 진실이어야 하는가? 이기주의자가 되는 것은 내 행동뿐만 아니라, 내 성격에도 관련된다. 그것은 다음과 같은 것을 의미한다. 즉 나는 만사를 내 스스로 하기를 원한다. 공유하는 것이 아니라 소유하는 것이 내게 쾌락을 준다. 내 목표가 소유하는 것이라면 나는 더욱 많이 소유하면 할수록 더욱 더 분명하게 존재하게 됨으로 나는 탐욕스러워질 수밖에 없다. 나는 모든 다른 사람들에 대해 적대감을 느낄 수밖에 없다. 나는 모든 다른 사람들에 대해 적대감을 느낄 수밖에 없다. 그래서 내 고객들을 속여야 하며, 내 경쟁자들을 없애야 하고, 내 노동자들을 착취해야 한다. 나는 결코 만족할 수 없다. 나의 원함에는 끝이 없기 때문이다. 나는 나보다 더 많이 가진 사람들을 시기해야 하며 더 적게 가진 사람들을 두려워해야 한다. 그러나 나는 이 모든 감정을 억누르고 (내 자신에게나 다른 사람들에게나) 모든 사람들이 가장하는 대로 미소를 머금고 합리적이며 진실하고 친절한 인간임을 스스로 드러내야만 한다.

소유를 향한 열정은 결코 끝나지 않는 계급전쟁을 유발시키고야 만다. 그들의 체제가 계급을 철폐함으로써 계급전쟁을 종식시킬 것이라는 공산주의자들의 겉치레는 허구에 불과하다. 왜냐하면 그들의 체제는 삶의 목표를 무제한적 소비의 원리에 근거를 두고 있기 때문이며, 모든 사람이 다 더 많이 가지기를 바라는 한, 계급이 필연적으로 형성되고, 계급전쟁이 생기기 마련이며, 전세계적으로는 국제전쟁이 일어나기 마련이다. 탐욕과 평화는 서로 배제하는 것이다.

18세기에 격렬한 변화가 일어나지 않았더라면 극단적 쾌락주의와 무제한적 이기주의는 경제적 행동의 지도원리로 등장할 수 없었을 것이다. 중세사회에서는 다른 고도로 발달된 여러 사회, 또는 원시사회에서와 마찬가지로, 경제적 행동이 윤리적 원칙들에 의해서 결정되었다. 따라서 학구적 신학자들에게 있어서는 가격이나 사유재산과 같은 경제적 범주가 도덕적 신학의 일부가 되어 있었다. 신학자들이 새로운 경제적 요구에 그들의 도덕 법칙을 적용시키는 형식을 발견했다고 인정한다 해도(예를 들면, 토마스 아퀴나스(Thomas Aquinas)의 "적정가격"이라는 개념의 정의처럼) 경제적 행동은 인간적 행동으로 여전히 남아 있었고, 따라서 인본주의적 윤리의 가치관에 예속되어 있었다. 수많은 단계를 거쳐 18세기 자본주의는 철저한 변화를 겪었다. 즉, 경제적 행동은 윤리 및 인간의 가치관과 분리되었다. 실제로 경제라고 하는 기계는 인간의 욕구나 인간의 의지와는 독립된 자율적 실제로 경제라고 하는 기계는 인간의 욕구나 인간의 의지와는 독립된 자율적 실체인 것처럼 생각되었다. 그것은 스스로, 그리고 잣니의 법칙에 따라 움직이는 체계였다. 우리가 더욱 규모가 큰 대기업의 성장을 위해서 점점 더 낮은 중소기업이 끊임없이 파산되거나, 노동자들이 고통받는 것이 유감스럽게는 생각될지라도, 그러한 것들이 자연 법칙의 귀결인 듯 받아들여야만 했던 것이 필연성이었다.

　이러한 경제체제의 발달은 더 이상 인간을 위해 좋은 것은 무엇인가? 라는 질문에 의해 결정되지 않고, 체제의 성장을 위해 좋은 것은 무엇인가? 라는 질문에 의해 결정되게 되었다 사람들은 이로 인한 날카로운 갈등을 감추려고, 체제의 성장(혹은 어느 하나의 대기업의 성장일지라도)은 하나의 보조적 가정의 설정에 의해 보강되었다. 즉, 그 보조적 가정이란 체제가 인간에게 요구하는 바로 그 특질—이기주의, 자기 중심주의, 탐욕—이 인간 본성에 내재되어 있다는 것이다. 따라서 체제뿐만이 아니라, 인간 본성 그 자체가 바로 그 특질을 조장한다는 것이었다. 이기주의, 자기 중심주의, 탐욕이 존재하지 않는 사회는 "원시적"이며, 그 사회의 거주자는 "어린애 같다"고 생각되었다. 사람들은 이런 특질들이 산업사회를 존재하도록 했던 자연스런 충동이 아니고 사회적 환경의 산물이라는 것을 인식하려 하지 않았다.

역시 중요한 또 하나의 요소가 있다. 즉 자연과 인간들간의 관계가 매우 심각하게 적대적이 되었다는 것이다. 우리는 우리 생존에 꼭 필요한 조건 때문에 자연 안에 있을 수밖에 없고, 우리의 이성이라는 천부의 자질에 의해서 자연을 극복해야 하는 "자연의 변종"인 까닭에, 인간과 자연과의 조화라는 미시야적 비전을 포기함으로써 자연을 정복하고, 그것을 우리 목적에 맞게 변경시킴으로써 우리의 생존의 문제를 해결하려고 하였다. 결국은 자연의 정복이 점점 더 자연의 파괴와 동일시하게 된 것이다. 정복과 적대감이라고 하는 우리의 정신이 천연자원이 유한하다는 사실, 따라서 종국적으로 그것은 고갈되어 버릴 수도 있다는 사실과 자연이 인간의 강탈에 대해 반격을 가해 오리라는 사실을 인식하지 못하게 했다.

산업사회는 자연을 경멸한다. 또한 기계로 만들어지지 않는 모든 물건, 기계를 만드는 사람이 아닌 모든 사람들(일본, 중국 등 최근의 예외를 뺀 유색인종들)에 대해서도 마찬가지의 경멸감을 갖고 있다. 오늘날 사람들은 기계적인 것, 강력한 기계, 생명이 없는 것에 매력을 느끼고 있으며, 따라서 점점 더 파괴에 매력을 느끼고 있다.

3. 인간 변혁을 위한 경제적 필연성

지금까지의 논의는 우리의 사회경제적 체제, 즉 우리의 생활방식에 의해 형성된 특징적인 성격이 병원적(病原的)이라는 것, 따라서 병든 인간, 병든 사회를 만들어 낸다는 것이었다. 그러나 전적으로 다른 관점에서 경제적, 환경적 대재난을 피하는 대안으로서 인간의 심오한 심리적 변화를 호소하는 제2의 논의가 있다. 이 논의는 로마클럽(the club of Rome)에 의해 위촉된 두 보고서에 의해 제기되었다. 하나는 D. H. 메도우즈 등에 의한 보고서이며, 다른 하나는 D. M. 메사로빅과 E. 페스텔에 의한 보고서이다. 두 보고서는 기술적 경제적 동향, 인구 동향을 세계적 규모에서 다루고 있다. 메사로빅과 페스텔은 한 마스터플랜에 따라 전세계적 차원의 경제적이고 기술적인 철저한 대 변혁만이 주요하고 궁극적인 세계적 대재난을 피할 수 있다고 결론짓고 있다. 그들이 그들의 주장을 입증하는 근거로서 제시하고 있는 자료는 지금까지 상당히 진척된 전세계적이고 체계적인 조사에 바탕 둔 것들이다.(그들의 저서는 메도우즈의 보고서보다 방법론적인 장점을 지니고 있다. 그러나 전자의 연구―메도우즈의 보고서―가 대재난을 방지하기 위해서는 더욱 철저한 경제적 변혁이 요구된다고 시사하고 있다.) 더욱이 메사로빅과 페스텔은 그와 같은 경제적 변혁이 "인간의 가치관과 태도(나는 이것을 인간 성격의 지향이라고 지칭하려 한다.)에 근본적 변화가 일어날 때에만 즉, 자연에 대한 새로운 윤리, 새로운 태도 같은 것이 생겨날 때에만" 가능하다고 강조하며 결론 짓고 있다. 그들이 말하고 있는 것은 그들의 보고서가 출판되기 이전, 혹은 이후에 다른 사람들이 말한 것을 확인하고 있는 것뿐이다. 즉 새로운 사회는 그 발전과정에 있어서 새로운 인간 존재로 발전될 때에만 좀더 적절한 표현을 쓴다면, 현재의 인간의 성격 구조에 근본적인 변화가 일어날 때에만 가능하다는 것이다.

불행하게도 그 두 보고서는 우리 시대의 두드러진 특징인 수량화·추상화·비인격화의 정신에서 씌어졌을 뿐만 아니라, 그것 없이는 어떤 실제적 계획도 세울 수 없는 정치적·사회적 요소들을 모두 완전히 제공하고 있으며 인류의 경제적 상황을 처음으로 전반적으로 다루고 있을 뿐 아니라, 그것의 가능성과 그것의 위험 등을 포괄적으로 다루고 있다. 자연에 대한 새로운 윤리와 새로운 태도가 필요하다는 이들 보고서의 결론은 이 요구가 그들의 철학적 전제와 매우 상반되기 때문에 더욱 가치가 있는 것이다.

인간 변혁을 주장하면서도 이드로가 반대 입장에 서 있는 사람은 역시 경제학자인 동시에 극단적 인본주의자인 슈마커(E. F. Schumacher)이다. 인간의 철저한 변혁을 요구하는 그의 주장은 다음과 같은 두 가지 논거에 근거하고 있다. 즉, 현재의 우리의 사회적 질서가 우리를 병들게 한다는 것과 우리가 근본적으로 우리의 사회체제를 변혁하지 않으면 경제적 대재난이 우리에게 닥치게 될 것이라는 것이다.

철저한 인간 변혁의 필요성 윤리적 혹은 종교적 요구로서, 또는 우리의 현 사회적 성격의 병원적(病源的) 본질에서 유발되는 심리적 요구로서 뿐만 아니라, 인류의 순전한 생존을 위한 조건으로서도 나타나고 있다. 올바르게 산다고 하는 것은, 이제 더 이상 윤리적·종교적 요구의 충족만이 아니다. 역사상 최초로 인류의 육체적 생존이 인간 심성의 철저한 변화에 의존하게 되었다. 그렇지만, 인간 심성의 변화는 급격한 경제적 사회적 변혁이 일어나서 인간심성에 변화를 위한 기회와 그것을 성취할 용기와 비전을 줄 수 있을 정도가 될 때에만 가능한 것이다.

4. 대재난을 막을 대안이 있는가?

지금까지 언급된 모든 자료는 출판되어서 널리 알려진 것들이다. 그러나 거의 믿기 어려운 사실은 이 무서운 인간 운명의 마지막 선고같이 보이는 것을 피하기 위한 아무런 진지한 노력도 행해지고 있지 않다는 것이다.

우리의 사적인 생활에 있어서는 우리의 전 존재에 대한 이런 위협을 보고도 무작정 가만히 있을 사람은 미치광이 이외에는 아무도 없을 것이다. 그런 반면에 현재 공무를 담당하고 있는 사람들이 실제로 아무 일도 않고 있으며, 그들에게 자신의 운명을 맡긴 사람들도 그 공무를 맡은 자들로 하여금 아무 일도 않고 있도록 내버려두고 있다.

모든 본능 중에서도 가장 강한 본능인 생존을 위한 본능이 우리에게 아무런 자극도 주지 않고 있는 것같이 보인다고 하는 것이 어떻게 가능한 것인가? 이에 대한 가장 명확한 설명중의 하나는 지도자들이 그들이 대재난을 피하기 위해 효과적인 어떤 일을 하고 있는 것처럼 보이게 하는 그럴듯한 갖가지 행동을 취하고 있기 때문이라는 것이다. 즉, 끝이 없는 회담, 결의안, 무기 감축 회담 등, 지도자들의 이러한 모든 행동이 그 문제는 인식되었고 그것을 해결하기 위한 어떤 노력이 행해지고 있다는 인상을 주고 있다는 것이다. 그러나, 정말 중요한 일은 아무것도 행해지고 있지 않다. 오히려 지도자와 피지도자들은 모두 갈 길을 알고 있고, 올바른 방향으로 나아가고 있는 척함으로써 그들의 양심과 생존에 대한 소망을 마비시키고 있는 것이다.

또 다른 하나의 설명은 이 체제가 야기시키고 있는 척함으로써 그들의 양심과 생존에 대한 소망을 마비시키고 있는 것이다.

또 다른 하나의 설명은 이 체제가 야기시키고 있는 이기주의가 지도자들로 하여금 사회적 책임보다는 개인적 성공에 더 높은 가치를 두게 하고 있다는 것이다. 정치적 지도자들이나 사업의 최고 경영자들이 개인적 이익에는 부합되는 듯 보이지만 동시에 공동체에는 해롭고 위험한 결정을 내린다고 해도, 그것은 이제 충격적인 것이 못된다.

만일 이기주의가 현대의 실천적 윤리를 떠받치고 있는 기둥 중의 하나라면, 그들이 달리 행동해야 할 이유가 있겠는가? 그들은 그들의 자식과 배우자들, 그리고 그들 스스로의 생활 속에서 느끼는 관심과 같은 그들 자신의 진정한 이익 추구에만 관심 두는 한에서는, 탐욕이(굴종처럼) 사람들을 어리석게 만든다는 사실을 모르는 것 같다.(피아제 J. Piaget)의 「어린이의 도덕적 판단(The Moral Judgment of the Child)」 참조) 동시에 일반대중도 그들의 개인적 일들에 너무 이기적으로 관련돼 있기 때문에, 개인적 영역을 초월하는 모든 것에 별로 주의를 기울일 수 없는 것이다.

우리의 생존 본능이 죽어가고 있는 데에 대한 또 하나의 설명은 미래의 대재난을 막기 위해 요구되는 삶의 변화가 너무 격렬하기 때문에 사람들은 그들이 지금 그를 위해 감수해야 할 희생보다 차라리 미래의 재난을 택하려 한다는 것이다.

케슬러(Arthur Koestler)가 스페인 시민전쟁 동안에 겪었던 경험의 기술은 이 널리 퍼진 태도를 설명해 주는 실례가 될 것이다. 케슬러는 프랑코의 군대가 진격해 온다고 보고가 되었을 때, 한 친구의 편안한 별장에 앉아 있었다. 프랑코의 군대가 밤 사이에 도착하리라는 것은 의심의 여지가 없었다. 그렇게 되면 그는 사살을 당할 가능성이 많았다. 그가 도망을 하면 목숨을 구할 수는 있었다. 그러나 그날 밤은 날씨가 춥고 비가 오고 있었으며 집안은 따뜻하고 아늑했다. 그래서 그는 그대로 머물렀다. 그 결과 포로로 잡혀서 수감되었다. 여러 주일이 지난 후에 그의 동료 저널리스트들의 노력 끝에 거의 기적적으로 그는 그의 생명을 건질 수 있었다. 이와 비슷한 종류의 행동은 진찰을 받기보다는 차라리 죽음의 위험을 무릅쓰려는 사람들에게서도 일어난다. 즉, 그들은 대수술을 요하는 심각한 병이라는 진단이 나올지도 모르는 진찰을 받느니보다는 죽음의 위험을 택하는 것이 낫다고 여기는 것이다.

삶과 죽음의 문제에 있어서의 치명적인 인간의 수동적 태도에 대한 이러한 설명 이외에 또 다른 설명이 있다. 그 설명이 내가 이 책을 쓰는 이유 중의 하나이다. 나는 우리가 기업적 자본주의, 사회 민주주의, 또는 소비에트 사회주의, 아니면 "미소짓는 얼굴을 가진" 기술 정치적 파시즘의 모델에 대한 어떤 대안도 갖고 있지 못하다는 견해를 제시하는 바이다.

이 견해가 널리 받아들여지는 것은 진정으로 새로운 사회적 모델의 실행 가능성에 대한 연구와 그것에 대한 실험을 위한 노력이 거의 기울여지지 않았었다는 사실 때문이다. 사실상, 사회의 재건설의 문제가 부분적으로나마 오늘날 과학과 기술로 해서 가장 좋은 상태에 이른 우리의 정신에 우선적으로 대치되어 들어가지 않는 한, 새롭고 현실성 있는 대안을 그려낼 만한 상상력은 부족할 것이다.

이 책의 주된 논제는 존재의 두 가지 기본적 양식 즉, 소유의 양식(mode of having)과 존재의 양식(mode of being)에 대한 분석이다. 첫 장에서 나는 두 양식간의 차이에 관한 몇몇의 개관을 제시하였다. 제2장에서는 독자들이 자기 자신의 개인적 경험 속에서 쉽사리 관련을 지을 수 있는 일상적인 경험으로부터 많은 예를 들어가면서 그 차이를 입증하였다. 제3장에서는 구약과 신약, 그리고 에크하르트의 저작들에 나타난 소유와 삶에 관한 견해를 제시하였다. 그 다음 장들에서는 가장 어려운 문제가 취급되고 있다. 즉, 존재의 양식과 삶의 양식간의 차이에 대한 분석이다. 여기서 나는 경험적 자료들에 근거해서 이론적 결론을 수집하려고 시도하였다. 이 부분에서는 주로 존재의 두 기본적 양식의 개인적 측면을 취급하고, 마지막 장에서는 새로운 인간과 새로운 사회의 형성에 있어서 이들 양식들간의 관련성을 취급하고, 쇠퇴해 가는 개인적 복지와 전세계의 파멸적인 사회—경제적 발달에 대한 대안에 대해 언급하였다.

제 1 부
소유와 존재의 차이에 대한 이해

제1장 개관
제2장 일상생활 경험에 있어서의 소유와 존재
제3장 구·신약성서와 에크하르트의 저작물들 안에 나타난
　　　소유와 존재 문제

제 1 장
개 관

1. 소유와 존재의 차이의 중요성

소유냐 존재냐고 하는 양자택일은 상식에 호소할 성질의 것이 아니다. 소유한다는 것은 우리 생활의 정상적 기능이고, 그렇게 보이기도 할 것이다. 즉, 살기 위해서 우리는 물건을 소유해야만 하는 것이다. 더욱이 우리는 물건을 소유해야만 그것을 즐길 수가 있다. 소유하는 것 아니, 더욱 많이 소유하는 것이 최고의 목표인 문화 속에서, 그리고 어떤 사람을 "백만 달러의 가치 있는 존재"라고 말할 수 있는 문화 속에서 소유와 존재간의 양자택일이 어떻게 가능할 수 있겠는가? 반대로 존재의 진수(眞髓)가 소유요, 누군가가 아무것도 소유하지 않으면 그는 존재하지 않는 것으로 보이게 될 것이다.

그러나 위대한 인생의 스승들은 소유와 존재간의 양자택일을 그들이 각각 제시한 체계의 중심 문제로 삼아 왔다. 붓다(Buddha)는 인간 발전의 최상의 단계에 도달하기 위해서는 우리가 재산을 갈망해서는 안 된다고 가르치고 있다. 예수는 다음과 같이 가르치고 있다. 즉, "누구든지 자기 목숨을 지키려고 하는 자는 잃을 것이요, 누구든지 나를 위하여 자기 목숨을 버리는 사람은 구원을 받을 것이다. 사람이 온 세계를 얻고도 자기 목숨을 잃으면 무엇이 유익하겠느냐?"(누가복음 9:24-25)라고 했다. 위대한 스승 에크하르트(Meister Eckhart)는 아무것도 소유하지 않고 자신을 열어 "텅 비게"하는 것 곧, 자기의 자아(ego)가 자신의 길을 방해하지 않도록 하는 것이 영적인 부와 힘을 성취하기 위한 조건이라고 가르쳤다. 마르크스는 "사치는 가난과 똑같은 악덕이며, 우리의 목표는 풍성하게 소유하는 것이 아니고 풍요롭게 존재하는 것이어야 한다"고 했다. (내가 여기서 언급하는 마르크스는 급진주의적, 휴머니스트인 진짜 마르크스지 소비에트 공산주의자를 제시하는 야비한 가짜 마르크스가 아니다.)

여러 해 동안 나는 소유와 존재의 이러한 구분에 대해 깊은 인상을 받아왔으며 정신분석학적 방법에 의해 개인들과 집단들에 대해 구체적 연구를 함으로써 그 구분의 경험적인 토대를 찾으려고 노력했다. 내가 본 바에 의하면, 이러한 구분은 삶에 대한 사랑과, 죽음에 대한 사랑간의 구분과 더불어 생존의 가장 결정적인 문제를 제시하며 경험적이며 인류학적이고 정신분석학적인 자료들은 소유와 존재는 경험의 두 가지 기본적 양식이며 이 각각의 힘이 개인들간의 성격 차와 사회적 성격의 여러 가지 유형들간의 차이를 결정한다는 사실을 입증하고 있다는 결론에 나는 도달하게 되었다.

2. 다양한 시적 표현 속에 담긴 실례들

실존에 있어서의 소유 양식과 존재 양식간의 차이를 이해하기 위한 서론으로서 고(故) 스즈끼(D. T. Suzuki)가 「선불교 강론(Lectures on Zen Buddihism)」에서 언급한 비슷한 내용의 두 편의 시를 예로 들겠다. 하나는 일본의 시인 바쇼(芭蕉, 1644-1694)가 지은 하이꾸(俳句)1)이며 또 하나는 19세기 영국 시인 테니슨(Tennyson)의 시이다. 두 시인은 비슷한 경험, 즉 산책을 하면서 본 꽃에 대한 자기의 반응을 표현하고 있다. 테니슨의 시는 다음과 같다.

갈라진 벼랑에
꽃 한 송이
나는 너를 틈 사이에서 뽑아내고
너를 뿌리째
내 손에 들고 있다.

작은 꽃 한 송이,
그러나 내가 이해할 수 있다면
너를
뿌리와 너의 모든 것을 송두리째.
갖고 싶다
그러면, 신과 인간이 무엇인지를
이해할 수 있으련만.

바쇼의 하이꾸를 옮기면 다음과 같다.

조심스레 살펴보니
냉이꽃 한 송이가 피어 있구나
산울타리 가에!

이 두 시의 차이점은 놀랄 만하다. 테니슨은 그 꽃을 소유하려는 바람으

---

1) 일본의 5.7.5의 3구 17음으로 되는 단형시

로 그것에 반응한 것이었다. 그는 꽃을 뿌리째 뽑아낸다. 그는 신과 인간이 본성에 대한 통찰을 얻기 위해 꽃이 할 수 있는 가능한 기능에 대한 지적 명상으로 시를 끝맺고 있지만, 꽃 그 자체는 꽃에 대한 테니슨의 관심의 결과로 죽어버린다. 테니슨은 그의 시에서 볼 수 있는 바와 같이, 생명을 해체하는 수단에 의해 진리를 찾으려는 서구의 과학자들과 비유될 수 있을 것이다.

꽃에 대한 바쇼의 반응은 전혀 다르다. 그는 꽃을 뽑으려 하지 않는다. 그는 꽃에 손을 대지도 않는다. 그는 다만 그것을 조심스레 살펴볼 뿐이다. 여기서 이 시에 대한 스즈끼의 설명을 인용해 보자.

「바쇼가 시골길을 걷다가 산울타리 가에서 보통 사람들에게는 관심조차 없는 그 무엇을 보게 된 것 같다. 그래서 그는 가까이 다가가서 그것을 자세히 들여다보았다. 그리고 그것이 하나의 야생초로 행인들이 눈길조차 주지 않는 보잘것없는 풀임을 알았다. 그런 평범한 사실을 시로 표현한 것으로 일본어 가나로 씌어진 마지막 두 음절을 제외하면 별다른 시적 감흥도 표현되어 있지 않다. 흔히 명사나 형용사, 부사 등에 붙는 이 마지막 음절은 찬미·찬양·슬픔·기쁨 등의 감정을 나타내는 것으로 때때로 아주 적절하게 가끔 영어의 감탄부호에 해당하는 뜻을 지닌다. 이 하이꾸에서는 전체의 시가 감탄부호로 끝난다.」

테니슨은 사람과 자연을 이해하기 이해서 그 꽃을 소유할 필요가 있는 것으로 나타나 있고, 그가 그것을 소유함으로써 꽃은 파괴되고 만다. 바쇼가 바라는 것은 보는 것이다. 그리고 단순히 꽃을 볼 뿐만 아니라 그것과 하나가 된다. 즉, 자신을 꽃과 하나가 되도록 하면서 꽃이 그대로 살아 있도록 하는 것이다. 테니슨과 바쇼의 차이는 괴테의 다음 시에서 완전히 설명된다.

발견

나는 숲 속을 걸었다
나 홀로
아무것도 찾지 않았다
그저 생각에 잠기면서.

그늘 속에 서 있는
조그만 꽃을 보았다
별처럼 반짝이고
아름다운 눈같이 빛나는 꽃을.

나는 그 꽃을 꺾고 싶었다
그러자 꽃이 상냥하게 속삭였다
내가 꼭 꺾여야 하나요?
그래서 시들어 죽어야 하나요?

나는 뿌리째
그 꽃을 뽑아
아름다운 내 집 정원으로
그것을 가져왔다.

그리고 조용한 곳에
꽃을 다시 심었다.
이제 그 꽃은 자꾸만 번져 나가서
만개하고 있다.

아무런 목적 없이 산책하고 있던 괴테는 아름답게 빛나는 작은 꽃에 이끌린다. 그도 테니슨과 똑같이 그것을 꺾고 싶은 충동을 잠시나마 느꼈다고 말하고 있다. 그러나 테니슨과는 달리 괴테는 그것이 꽃을 죽이는 것임을 깨닫는다. 괴테에게 있어서 꽃은 당당히 살아 있는 것으로 여겨졌고, 꽃이 그에게 말을 하며 경고한다. 그래서 그는 문제를 테니슨이나 바쇼와 다른 방법으로 해결한다. 그는 꽃을 "뿌리째" 뽑아서 그것을 다시 옮겨 심음으로써 그 생명이 파괴되지 않도록 한다. 말하자면 괴테는 테니슨과 바쇼의 중간에 서 있는 것이다. 그에게 있어서는 결정적 순간에서 생명의 힘이 단순한 지적 호기심의 힘보다 더 강하게 작용한 것이다. 말할 것도 없이, 이 아름다운 시에서 괴테는 자연탐구에 대한 그의 핵심적인 개념을 표현하고 있는 것이다.

  꽃에 대한 테니슨의 관계는 소유의 양식에 속한다. 그것은 물질적 소유가 아니고, 지시의 소유이다. 꽃에 대한 바쇼와 괴테의 관계는 각각 존재의 양식에 속한다. 존재라는 말로 나는 어떤 것을 소유하지도 않고 또 소유하려고 갈망하지도 않으면서도 즐거워하고 자기의 재능을 생산적으로 발휘하면서 세계와 하나가 되는 생존 양식을 지적하는 것이다.

  삶을 지극히 사랑하고 인간의 해체와 기계화에 대항해서 열렬히 투쟁한 사람중의 하나인 괴테는 여러 시에서 소유에 반대되는 존재를 표현하고 있다. 그의 작품인 《파우스트(Fa면)》는 소유와 존재간의 갈등을 극적으로 묘사한 것이다.〔메피스토펠레스(Mephistopheles)에 의해 소유가 표현되었다.〕 한편 다음의 짧은 시에서 그는 존재의 특징을 아주 간명하게 표현하고 있다.

재 산

    나는 내게 속해 있는 것이 아무것도 없다는 것을 안다.
    그러나, 다만 막힘 없는 생각이

영혼으로부터 흘러나올 것이다.
그리고 운명을 사랑하는
모든 흐뭇한 순간마다
나는 깊은 곳에서부터 오는 즐거움을 느낄 것이다.

소유와 존재의 차이가 본질적으로 서양과 동양의 차이는 아니다. 그 차이는 오히려 사람들에 중심을 둔 사회와 사물에 중심을 둔 사회의 차이이다. 소유지향은 돈·명예·권력에 대한 탐욕이 삶의 지배적 주제가 된 서구산업사회의 특징이다. 현대의 진보 개념에 영향받지 않은 중세사회 쥬니 인디언(Zuni Indians), 아프리카의 부족사회 등과 같이 덜 소외된 사회에서는 그들 자신이 바쇼와 같은 존재였다. 아마 몇 세대 더 진행되고 나면, 일본인들은 테니슨과 같은 존재가 될 것이다.

서구인들은 선불교(禪佛敎) 같은 동양적 체계를 충분히 이해할 수 없는 것이 아니다. (융〈C·G·Jung〉이 생각했던 것처럼). 다만 현대인은 재산과 탐욕에 중심을 두지 않은 사회의 정신을 이해할 수 없을 뿐이다. 사실, 마이스터 에크하르트의 저작들(이 저작도 바쇼 또는 선(禪)처럼 이해하기 어렵다)과 붓다의 말씀들은 같은 언어의 두 가지 방언에 불과한 것이다.

3. 관용어상의 변화

소유와 존재의 어느 쪽에 강조를 두는가의 변화는, 과거 몇 세기 동안의 서구 언어에서 명사의 사용이 점차 늘어나고 동사의 사용이 점차 줄어들고 있다는 사실에서 분명하게 나타난다.

명사는 어떤 물건에 대한 적절한 명칭이다. 나는 어떠어떠한 물건을 가지고 있다고 말할 수가 있는데, 예를 들면 나는 테이블을, 집을, 책을, 자동차를 가지고 있다고 말할 수 있다. 어떤 행동과 과정에 대한 적절한 표현을 하는 것은 동사이다. 예를 들어, 나는 존재한다, 나는 사랑한다, 나는 원한다, 나는 미워한다 등의 표현과 같은 것이다. 그러나 점점 행동을 소유의 언어로써 표현하는 것은 언어의 그릇된 사용법이다. 과정이나 행동은 소유될 수가 없기 때문이다. 그것은 경험될 수 있을 뿐이다.

오래 전의 관찰 뒤
마레—마르크스

    이러한 혼동의 나쁜 결과는 이미 18세기에 인식되었었다. 뒤 마레(Du Marais)는 그의 사후에 출간된 저서 문법의 진실한 법칙(Les Veritable Principes de la Grammaire)(1769)에서 이 문제를 아주 정확하게 지적하였다. 그는 다음과 같이 쓰고 있다. 나는 시계를 가지고 있다고 하는 예문에서 나는 가지고 있다는 표현은 그 본래의 의미로 이해되어야만 한다. 그러나, 나는 어떤 생각을 가지고 있다는 말에서 나는 가지고 있다라는 표현은 모방의 방법에 의해서만 말해질 수 있는 것이다. 그것은 빌려온 표현이다. 나는 어떤 생각을 가지고 있다는 말은 나는 생각한다. 즉 나는 이러이러한 일에 대해 어떤 방법을 품고 있다는 뜻이며, 나는 동경을 갖는다는 말은 나는 바란다는 뜻이며, 나는 의지를 가지고 있다는 것은 나는 원한다의 뜻이다.(뒤 마레에게서 따온 인용문의 번역은 노음 촘스키(Noem Chomsky) 박사에게서 도움을 받은 것이다.)

    뒤 마레가 동사가 명사에 의해 대치되는 이와 같은 현상을 관찰한 지 1세기가 지난 후에 마르크스와 엥겔스가 똑같은 문제를 다루었다. 그러나 이들은 더욱 극단적으로 이 문제를 「성스런 가족「The Holy Family」

에서 취급하고 있다. 에드가 바우어(Edgar Bauer)의 "비판적 비평"에 대한 그들의 비평 속에는 짧지만 매우 중요한 사랑에 관한 에세이가 포함되어 있다. 이 에세이 속에는 다음과 같은 바우어의 말이 인용되어 있다.

"사랑은 잔인한 여신이다. 그는 모든 다른 신들처럼 인간을 통째로 소유하려고 하며, 인간이 자기에게 그의 영혼뿐만 아니라 육체적 자아까지도 모두 희생하지 않으면 만족하지 않는다. 사랑의 여신의 제의는 고통이고 이 제의의 절정은 자기 희생이며 자살이다."

마르크스와 엥겔스는 이에 대해 다음과 같이 응답한다. 바우어는

"사랑하는 사람(loving man) 또는 사람의 사랑(love of man)을 사랑의 사람(man of love)으로 변형시킴으로써 사랑을 여신 그것도 잔인한 여신으로 변형시키고 있다. 이렇게 함으로써 그는 사랑을 인간과 격리된 존재로서 분리시키고 그것을 독립된 실체로 만든다."

마르크스와 엥겔스는 여기서 동사 대신 명사를 쓰는 결정적인 요인을 지적하고 있다. 사랑한다는 행동의 추상화에 불과한 사랑이란 명사가 인간과 분리된다는 것이다. 사랑하는 사람이 사랑의 사람이 된다. 사랑은 여신, 우상이 되며, 사람은 그 여신, 그 우상에게 그의 사랑을 쏟는다. 이런 소외의 과정 속에서 인간이 사랑을 경험하는 것이 그치게 되고, 사랑의 여신에 대한 굴종에 의해서 그의 사랑할 수 있는 능력과 겨우 접하고 있을 뿐이다. 인간은 감정을 느끼는 능동적 인간이 되길 그치고 있는 것이다. 그 대신 그는 우상의 소외된 숭배자가 되어 버린 것이다.

현대의 용법

뒤 마레이후 2백 년 동안 동사 대신 명사를 대용하는 이러한 경향은 그가 상상조차 할 수 없을 정도로 늘어났다. 여기 좀 과장된 것이지만 오늘날 언어에서의 전형적 예를 들어보자. 정신과 의사의 도움을 청하는 어떤 사람이 다음과 같은 문장으로 그의 말문을 열었다고 가정해 보자.

"박사님, 저는 문제를 가지고 있습니다. 저는 불면증을 가지고 있습니다. 저는 아름다운 집, 훌륭한 아이들, 행복한 결혼생활을 가지고 있지만 걱정거리를 많이 가지고 있습니다." 수 십년 전이라면 환자는 아마 "저는 문제를 가지고 있습니다."라는 말 대신 "저는 괴로움을 당하고 있습니다."라고, 또 "저는 불면증을 가지고 있습니다."대신 "저는 잠을 잘 수가 없습니다."라고, 그리고 "저는 행복한 결혼을 가지고 있습니다."라는 말 대신 "저는 행복한 결혼생활을 하고 있습니다."라고 말했을 것이다.

최근의 말의 스타일에서는 점점 더 깊이 만연된 소외를 드러내고 있다. "나는 괴로움을 당하고 있다." 대신에 "나는 문제를 가지고 있다."고 말함으로써 주관적 경험이 제거된다. 경험의 나가 소유의 그것으로 대치되는 것이다. 나는 내 느낌을 내가 가지고 있는 어떤 것, 즉 문제로 변형시킨 것이다. 그러나 문제는 온갖 종류의 어려움에 대한 추상적 표현이다. 나는 문제를 가질 수 없다. 왜냐하면 그것은 소유될 수 있는 물건이 아니기 때문이다. 그러나 그것이 나를 가질 수는 있다. 말하자면 나는 나 자신을 문제로 변형시킨 것이다. 그래서, 이제 내가 창안해 낸 것에 의해 소유 당하는 것이다. 이와 같은 어법은 감춰진 무의식적인 소외를 무심코 드러내고 있는 것이다.

물론, 불면증은 아픈 목구멍(인후염)이나 치통처럼 육체적 증상이라고 할 수 있다. 그래서, 아픈 목구멍을 가지고 있다고 말하듯이 불면증을 가지고 있다고 말하는 것도 타당한 것이다라고 하는 주장이 있을 수 있다. 그러나 거기에는 차이가 있다. 즉, 인후염이나 치통은 다소 민감할 수 있는 육체적 감각이며 심리적인 특질은 별로 없다. 목구멍을 가지고 있기 때문에 아픈 목구멍도 가질 수 있고 이를 가지고 있기 때문에 치통도 가질 수 있다. 반대로 불면증은 육체적 감각이 아니고 잠을 잘 수 없다는 정신적 상태이다.

"잠을 잘 수 없다"는 말 대신 "불면증을 가지고 있다"고 말한다면 나는 잠자는 것을 방해하는 걱정·긴장·불안의 경험을 밀쳐 버리고 정신적 현상을 마치 그것이 육체적 증상인 것처럼 취급하려는 소망을 은연중에 드러내는 것이다.

또 하나의 예를 든다면, "나는 너에 대한 열렬한 사랑을 가지고 있다"고 말하는 것은 의미가 없는 것이다. 사랑은 소유할 수 있는 물건이 아니라 하나의 과정, 사람이 그 주체가 되는 내적 행동인 것이다. 나는 사랑할 수 있고 사랑을 받을 수도 있다. 그러나 사랑함에 있어서 나는 아무것도 갖지 않는다. 사실상, 더욱 적게 가질수록 더욱 사랑할 수 있는 것이다.

4. 용어의 기원

소유한다(to have)는 말은 지극히 단순한 표현이다. 모든 인간은 무엇인가를 갖는다. 육체[2]·의복·안식처 그리고 현대인은 자동차·텔레비

---

[2] 여기서 잠깐 언급해 두어야 할 것은 적어도 잠정적으로는 육체에 대해서도 존재의 관계가 성립한다는 사실이다. 존재 관계는 육체를 살아가는 것으로, 이러한 존재 관계는 "나는 내 육체를 가지고 있다"라는 대신에 "나는 내 육체이다"라고 말함으로써 표현될 수 있다. 감각적 인식의 모든 운동은 이 육체의 존재 경험을 시도하고 있다.

전 수상기·세탁기 등등을 갖는다. 무엇인가를 가지지 않고 산다는 것은 사실상 불가능하다. 그렇다면 왜 소유하는 것이 문제가 되는가? 그러나, 갖는다는 말의 언어적 역사는 그 말이 실제로 문제임을 지시해 준다. 갖는다는 것이 가장 자연스런 인간 생존의 범주라고 믿는 사람들은 여러 언어에 갖는다에 해당하는 말이 없다는 사실을 알게 되면 놀랄 것이다. 예를 들면, 히브리어에서 "나는 가지고 있다"는 jesh li(=it is to me. 그것은 나에게 있다)라는 간접적 형태로 표현해야만 한다. 사실상, 소유를 "나는 갖고 있다"고 말하는 대신 이런 식으로 표현하는 언어가 매우 많다. 언어의 발달 과정에서 문장구성으로 바뀌었다는 사실은 흥미롭다. 그러나 에밀 방브니스트(Emile Benveniste)가 지적한 바와 같이 언어의 진화가 이것과 반대 방향으로 일어나지는 않는다. 이러한 사실은 갖는다에 해당하는 말이 사유재산의 발달과 관련해서 발전되었으며, 반면에 기능적 재산, 즉 쓰기 위한 소유만이 지배적인 사회에서는 갖는다는 말이 없다는 사실을 시사해 주고 있다. 사회언어학의 연구가 더욱 진행되면 이 가설이 타당한가 그리고, 어느 정도 타당한가 입증될 수 있을 것이다.

갖는다는 말이 비교적 간단한 개념처럼 보인다고 한다면, 존재 being 또는 존재한다 to be라는 말은 더욱 복잡하고 어려운 개념이다. 〈being〉이라는 말은 다음과 같은 몇 가지 다른 의미로 쓰이고 있다.

① 연사(連辭)로 쓰인다.: I am tall(나는 키가 크다) I am white(나는 희다), I am poor(나는 가난하다) 등의 am(be)처럼 동일성을 나타내는 문법적 표현으로 쓰인다(이런 의미의 to be에 해당하는 말이 없는 언어가 많다. 스페인어는 주체의 본질에 속하는 영구적 특징을 나타내는 말인, ser와 본질이 아닌 잠정적인 것을 나타내는 말인, estar로 분리해서 쓰고 있다.)

② 동사의 수동태로서, 당하는 형태로 쓰인다 : I am beaton(나는 매 맞는다)는 내가 다른 사람의 행동의 대상임을 뜻한다. I beat(내가 때린다)에서처럼 내가 내 행동의 주체가 되지 못하는 경우이다.

③ 존재한다는 뜻을 나타낸다. 방브니스트가 지적한 것처럼 존재를 나타내는 to be는 동일성을 말하는 연사인 to be와는 다른 용어이다. 즉 "두 말은 전적으로 다른 뜻이지만 지금까지 공존해 왔고 아직도 공존할 수 있다."

방브니스트의 연구는 연사로서보다 당당히 그 스스로도 쓰일 수 있는 동사로서의 to be의 의미를 새로이 밝혀 주고 있다. 인구어(印歐語)에서의 to be는 "존재를 갖는다, 실재 안에서 발견된다"는 의미를 가진 어원 es로 표현된다. 존재와 실재는 "성실하고 지속적이며 진실된 것"이라고 정의된다.(산스크리트어(Sanskrit)에서 Sant는 존재하는, 실제로 좋은, 진실된 뜻이며, 그 최상급인 Sattama는 가장 좋은 것의 뜻이다.)

"being"은 이와 같이 어원을 따져 보면, 주어와 그 한정사의 동일성을 가리키는 말 이상의 뜻을 가지고 있다. 즉, 그것은 현상에 대한 서술 용어 이상의 말이다. 그것은 누구, 또는 무엇이라는 존재의 실제를 가리키며, 또 그 신뢰성과 진실을 말하고 있기도 하다. 누구 또는 무엇이 "어떻다(is)"라고 말하는 것은 그 사람, 또는 그 사물의 본질을 말해 주는 것이다. 즉 그것은 사람의(혹은 그녀의, 그것의) 확실성과 진실을 표현한다. 어떤 사람이나 어떤 사물이 있다는 것은 그 사람의(혹은 그녀의, 그것의) 본질을 나타내는 것이지 그 외관을 표현하는 것은 아니다.

이와 같은 소유와 존재의 의미에 대한 예비적 개관으로서, 다음과 같이 결론을 지을 수 있다.

① 존재 또는 소유라는 말로써 "나는 자동차를 가지고 있다" "나는 희다" 또는 "나는 행복하다" 등과 같은 말에서 예시된 바와 같은 주체의 어떤 분리된 자질을 말하는 것은 아니다. 나는 실존의 두 가지 기본적 양식, 자아와 세계를 향한 두 가지 다른 종류의 지향(orientation), 두 가지 다른 종류의 성격 구조를 가리키는 것이다. 이들 중 어느 편이 지배적이냐에 따라 어떤 사람의 사고·감정·행동이 결정된다.

② 실존의 소유양식에서 세계에 대한 나의 관계는 소유(Possesing)나 점유(Owning)의 관계이다. 즉 그 관계 속에서 나는 나 자신을 포함한 모든 사람, 모든 물건을 내 재산으로 만들고 싶어한다.

③ 실존의 존재양식에 있어서 우리는 두 가지 형태의 존재가 있음을 분명히 해야 한다. 하나는 뒤 마레의 진술에서 예시되었듯이 소유와 대조를 이루는 것으로, 살아 있음과 세계에 진실로 관련되어 있음을 의미한다. 또 하나의 형태는 존재는 외관(appearing)과 대조를 이루는 것으로 방브니스트적 being의 어원에서 예시되는 것처럼 겉으로 보이는 외관에 대조되는, 어떤 사람이나 어떤 사물의 진정한 본성, 참 실재를 가리키는 것이다.

5. 존재의 철학적 개념

존재의 개념에 대한 논의는 수천 권의 철학 서적의 주제가 되어왔고, "존재란 무엇이냐?"가 서양철학의 가장 중요한 문제의 하나였기 때문에 한층 더 복잡하게 되었다. 여기에서는 존재의 개념이 인류학적, 심리학적 관점에서 다루어질 것이지만, 물론 철학적 논의와 인류학적 문제와 무관한 것은 아니다.

　소크라테스 이전의 철학으로부터 현대철학에 이르는 서양 철학사에서 존재의 개념의 발전 과정을 아주 간단히 언급한다 하더라도 이 책의 주어진 한계를 벗어나는 것이므로, 나는 다만 가장 중요한 한 가지 점(존재 내(內)의 한 요소로서의 과정·활동·운동)의 개념만을 언급하겠다. 게오르그 짐멜(George Simmel)이 지적한 것처럼 존재가 변화를 포함한다는 생각, 즉 존재는 생성(becoming)이라는 생각은 서양 철학의 초기와 그 절정기에 각각 한 사람씩의 가장 위대하고 가장 비타협적인 대표자를 갖고 있다. 그들은 헤라클리투스(Heraclitus)와 헤겔(Hegel)이다.

　파르메니데스(Parmenides), 플라톤(Plato) 및 스콜라 학파의 실재론자들에 의해 표명된 바와 같이, 존재를 영원하고, 시간에 구애 받지 않고, 불변하는 실체이며, 생성과는 반대되는 개념으로 보는 입장은 사상(idea)이 궁극적 실재라는 이상주의적 개념의 토대 위에서만 의미가 있다. 사랑이라는(플라톤이 말하는 의미에서의) 이데아가 사랑함의 경험보다 더욱 실재적이라면 우리는 이데아로서의 사랑이 영구적이며 불변하는 것이라고 말할 수 있다. 그러나 우리가 존재하고 사랑하고 미워하며 고통받는 인간 존재들의 실재를 파악하기 시작하면, 존재하면서 동시에 생성하고 변하지 않는 그런 존재는 없다는 것을 알게 된다. 살아 있는 조직체는 생성하는 경우에만 존재할 수 있다. 또한 변화할 때에만 존재할 수 있다. 변화와 성장은 생명 과정의 고유한 특질이다.

　생명을 실체로 보지 않고 과정으로 보는 헤라클리투스와 헤겔의 극단적인 개념은 동양의 불교철학에서 그 평행되는 개념을 찾을 수 있다. 불교사상에서는 사물이든 자아든 영구적으로 지속되는 실체라는 개념이 있을 여지도 없다. 실재적인 것은 아무것도 없으며 그것들은 모두 과정에 불과할 뿐이다.3) 현대의 과학 사상은 과정사고(Process thinking)라는 철학 개념을 발견해서 자연과학에 응용함으로써 이 철학 개념의 부흥기를 가져왔다.

6. 소유와 소비

생존의 소유양식과 존재양식의 몇몇 간단한 실례를 논의하기 전에 소유의 또 다른 하나의 표상, 즉 합체(incorporating)라는 형태의 표상에 대해서 언급되어야만 한다. 예를 들면, 먹거나 마심으로써 어떤 물건을 합체시키는 것은 그 물건을 소유하는 낡은 형태이다. 성장의 어떤 시점에서 유아는 자기가 원하는 물건을 입 속으로 집어넣는 경향을 보인다. 이것은 유아의 소유물을 취하는 형태이다. 신체적 발달이 아직 소유를 제어하는 다른 형태를 가질 수 없기 때문에 일어나는 현상이다. 우리는 여러 가지 형태의 식인 풍습에서도 합체와 소유간의 똑같은 연관성을 발견하게 된다. 예를 들면, 다른 인간을 먹음으로써 나는 그 사람의 힘을 얻는다. 따라서 식인 풍습은 노예를 획득하는 것과 비견되는 주술적 형태라고도 볼 수 있다. 용감한 사람의 심장을 먹음으로써 나는 그의 용기를 갖게 되며, 토템 동물을 먹음으로써 나는 그 토템 동물이 상징하는 신성한 실체를 얻게 된다는 것이다.

물론 대부분의 물체는 육체적으로 합체될 수 없다(또 합체될 수 있더라도 배설 과정에서 다시 상실하게 된다). 그러나 상징적 또는 주술적 합체도 있다.

---

3) 별로 알려지지는 않았지만 뛰어난 체코의 철학자중의 한 사람인 피제(Z. Fiser)는 불교의 과정이라는 roksua을 정통적인 마르크스 철학에 관련시켰다. 나는 개인용 영어 번역으로 읽었지만 불행하게도 그의 저서는 체코어로만 간행되었을 뿐이므로 대개의 서구 독자들은 접할 수가 없다.

내가 신이나 아버지 또는 동물의 이미지를 합체한다고 믿으면 그것은 누가 빼앗아갈 수도 없고 배설될 수도 없다. 나는 그 물체를 상징적으로 삼키고 그것이 상징적으로 내 속에 있음을 믿는다. 예를 들면, 프로이드가 초자아(Superego)를 설명한 방법이 바로 이것이다. 즉, 그는 초자아란 아버지의 금지와 명령이 잠재의식 속에 투사된 총화라고 설명했다. 권위·제도·생각·이미지 등도 똑같이 잠재의식 속에 투사될 수 있다. 말하자면, 나는 이것들을 내 배속에 영구히 보관한 채 소유한다는 것이다. ("내적 투사〈introjection〉"라는 말과 "동일화(identification)"라는 말은 흔히 동의어로 쓰이지만 두 말이 정말 같은 과정인지는 결정 짓기 어렵다. 어쨌든, "동일화"라는 말은 함부로 사용해서는 안 된다. 모방(imitation) 혹은 종속(subor-dination)이라는 말을 쓰는 편이 나을 때도 "동일화"라는 말을 쓰는 경우를 종종 본다.)

 생리적 욕구에 관련되지 않은, 따라서 제한을 받지 않은 여러 형태의 합체가 있다. 소비지상주의에 담겨 있는 고유한 태도는 온 세계를 삼키려는 태도이다. 소비자는 우유병을 달라고 아우성치는 영원한 젖먹이다. 이러한 태도는 알코올중독, 약물중독 같은 병리적 현상에서 뚜렷이 나타난다. 우리는 이들 중독을 분명히 배척한다. 그 이유는 그 중독 결과가 중독된 사람들의 사회적 의무 수행에 방해를 주기 때문이다. 심한 흡연은 그렇게 비난받지 않는다. 왜냐하면, 흡연으로 중독이 될지라도 그것이 흡연자의 수명기간에는 영향을 미칠지 모르지만, 그들의 사회적 기능 수행에는 방해를 하지 않기 때문이다.

 일상생활에 나타나는 여러 형태의 소비지상주의에 대한 더욱 자세한 논급은 이 책의 뒷부분에서 취급할 예정이다. 다만 여기서 강조해 둘 것은 여가에 관한 한 자동차·텔레비전·여행·섹스가 오늘날 소비지상주의의 주된 대상이라는 점이다. 우리는 그런 활동을 여가 활동이라고 말하고 있지만 그것은 수동적 여가 활동(leisure-time passivities)이라고 부르는 편이 나을 것 같다. 요약하면 소비는 소유의 한 형태이다. 아마 오늘날 풍요한 산업사회의 가장 중요한 소유형태일 것이다. 소비는 모호한 특질을 가지고 있다. 즉, 자기가 가지고 있는 것을(소비해 버렸기 때문에) 빼앗길 수 없다는 이유에서 소비는 걱정을 경감해 준다. 그러나, 한편 그것은 사람으로 하여금 항상 더 많이 소비할 것을 요구하게 한다. 왜냐하면 이전의 소비가 곧 그 만족성을 상실하기 때문이다. 현대의 소비자들은 다음과 같은 식으로 자기를 확인한다고 할 수 있다. 즉, 나는 존재한다=내가 소유하고 있는 것+내가 소비하는 것.

제 2 장
일상생활 경험에 있어서의 소유와 존재

　우리가 살고 있는 사회는 재산을 획득하고 이윤을 남기는데 전념하고 있기 때문에, 우리는 생존의 존재 양식에 대한 어떠한 증거도 별로 보지 못하며, 대부분의 사람들은 소유양식을 가장 자연적인 생존양식으로 보고 있으며, 심지어는 우리가 받아들일 수 있는 유일한 생활방식으로 알고 있기조차 하다. 이러한 모든 것은 사람들로 하여금 존재 양식의 본질을 이해하고 나아가서는 소유는 가능한 하나의 지향에 지나지 않는다는 사실을 이해하는 것을 특히 어렵게 만들고 있다. 그럼에도 불구하고, 이 두 개념은 인간 경험에 뿌리 박고 있다. 그 어느 쪽도 추상적이고, 순전히 이지적인 방법으로 검토되어서는 안 되며 또 그렇게 검토될 수도 없다. 두 가지 모두가 우리의 일상생활에 반영되어 있으며, 따라서 구체적으로 검토되어야 한다.

　소유와 존재가 일상생활에서 어떻게 나타나고 있는가 하는 것에 대한 다음과 같은 간단한 예들은 독자들이 이 두 가지 양자택일적인 생존양식을 이해하는데 도움이 될 것이다.

1. 학 습

　실존의 소유양식을 가지고 있는 학생들은 선생이 가르치는 말들을 듣고 그 내용의 논리적 구조와 의미를 이해하기 위하여 강의에 귀를 기울일 것이며, 가능한 한 그 말을 모두 노트에 기록할 것이다. 그래서 후에 그 노트를 암기하여 시험에 합격할 수 있다. 그러나 그 내용은 그들 자신의 개인적인 사고체계의 일부가 되지 못하므로 그들의 사고를 풍요하게 또 폭넓게 하지는 못한다. 그 대신에 그들은 그들이 들은 말들을 고정된 사고의 덩어리 또는 전체 이론으로 변경시켜 저장한다. 학생들은 각각 제삼자에 의해 만들어진 진술들의 수집물의 소유자가 되었다는 사실을 제외하면, 학생들과 강의 내용은 서로 생소한 상태 그대로이다.(그런데 제삼자로서는 그 진술을 스스로 창조했거나 또는 다른 출처에서 옮겨왔었을 것이다.)

　소유양식 속에서 살고 있는 학생들은 단 한 가지 목표를 갖고 있다. 즉 그들이 배운 것을 단단히 기억하거나 혹은 노트를 조심스럽게 간직함으로써 "배운 것"을 고수하는 것이다. 그것은 결코 어떤 새로운 것을 생산하거나 창조하지는 않는다. 사실상 소유형의 사람은 어떤 주제에 관한 새로운 사고나 개념에 대해 오히려 당혹감을 느낀다. 왜냐하면 새로운 것은 그들이 가지고 있는 고정된 양의 정보에 의문을 제기하기 때문이다. 실제로, 소유를 세계와 관계를 맺는 주요 형태로 믿고 있는 사람에게는 쉽고 고정될 수 없는(또는 쉽게 기록할 수 없는) 개념들은 성장하고 변화하며, 따라서 제어할 수 없는 다른 모든 것과 마찬가지로 그들을 두렵게 하는 것들이다.

　세계에 대하여 존재양식으로 관계를 맺고 있는 학생들에게 있어서는 학습의 과정은 전적으로 다른 성질을 가지고 있다. 무엇보다도 그들은 백지

상태(tabulae rasae)로는 한 코스 강좌에도 참석치 않으며, 심지어 그 코스의 첫 시간에도 출석하지 않는다. 그들은 그 강좌에서 다룰 문제를 미리 생각하며, 그들 자신의 어떤 질문과 문제를 이미 마음속에 그린다. 그들은 강의 주제에 완전히 몰두하게 되며, 그 주제가 그들의 관심거리가 된다. 그들은 그들이 들은 말과 개념의 수동적인 저장소가 되는 대신에, 귀를 기울여서 듣고, 그리고 가장 중요한 것은 능동적이고 생산적인 방법으로 그들은 받아들이고 반응한다. 그들이 듣는 것이 그들 자신의 사고 과정을 자각한다. 새로운 질문, 새로운 개념, 새로운 전망이 그들 마음속에 일어난다. 그들이 강의를 듣는다고 하는 것 그 자체가 하나의 살아 있는 과정이다. 그들은 관심 있게 귀를 기울이며, 교수가 강의하는 것을 들으며 자발적으로 그들이 듣는 것에 응답하면서 활기를 느낀다. 그들은 단순히 집으로 가져가서 암기할 수 있는 그러한 지식을 습득하지 않는다. 학생 개개인은 강의를 통하여 영향을 받고 변화되는 것이다. 학생 개개인은 강의를 받은 후에는 강의를 받기 전과는 달라진다. 물론, 이러한 학습양식은 강의가 고무적인 자료들을 제공할 때에만 가능하다. 존재양식 안에서는 공허한 이야기는 아무런 반응도 받을 수 없으며, 그러한 경우 존재양식을 가지고 있는 학생들은 전혀 귀를 기울이지 않고 그들 자신의 사고 과정에만 전념하는 것이 최상책이라고 알고 있다.

여기에서 현재의 어법(語法)에서는 모호해지고 닳아빠진 표현이 되어버린 단어 "interests(흥미, 관심)"에 관해 잠시라도 참고로 살펴 볼 필요가 있다고 본다. 이 단어의 본질적 의미 iner-ess, 즉 "……안에 또는 가운데 있다"는 뜻으로서 라틴어에서 어원을 찾아서는 "to list"(형용사는 listy, 부사는 listily)란 단어로 사용되었다. 현대영어(現代英語)에 와서는 "to list"는

"a ship lists(배가 기울다)"와 같이 오직 공간적인 의미에서만 사용되고 있으며, 정신적인 의미를 가지고 있던 원래의 의미는 오직 부정적인 "listless(무관심한)"란 용어에만 남아 있다. "to list"는 한때 "……을 능동적으로 추구하게 된다" 또는 "…에 진실하게 관심을 갖게 된다"는 뜻을 가지고 있었다.

이 단어의 어원은 "lust(욕망)"와 같지만 "to list"는 우리가 추구하는 욕망이 아니라, 자유롭고 적극적인 관심 또는 분투이다. "to list"는 익명의 저자(14세기 중반)가 저술한 《미지(未知)의 구름 The Cloud of Unkno- wing》이라는 저작 중에서 가장 핵심적인 의미로 표현되고 있는 말이다. 언어가 부정적인 의미에서만 그 단어의 표현을 존속시키고 있다는 사실은 13세기로부터 20세기에 이르기까지 그 사회에서 일어난 정신적 변화(精神的變化)의 특징을 잘 대변해 주고 있는 것이다.

2. 암 기

암기는 소유의 양식에서도 존재의 양식에서도 일어날 수 있다. 이 두 가지 암기 형태 사이의 차이에서 가장 문제가 되는 것은, 암기가 어떤 종류의 연관에 의해 형성되느냐 하는 것이다. 암기의 소유 양식에 있어서는 한 단어와 다음 단어와의 연관이 그 빈도에 의해서 확고하게 성립되는 경우에서 알 수 있는 바와 같이 그 결합은 전적으로 기계적이다. 아니면, 서로 상반되는 연관이나 한 점으로 수렴되는 개념의 관계나 시간·공간·크기·색채의 결합 혹은 주어진 사고 체계내의 연관과 같이, 그 연관은 순전히 논리적일 수도 있다.

존재의 양식에 있어서, 암기는 말·개념·광경·그림·음악 등을 능동적으로 상기하는 것이다. 즉, 암기되어야 할 단일한 자료와 그것과 관계되고 있는 수많은 기타 자료를 연관시키는 짓이다. 존재양식의 경우에 있어서 그 연관은 기계적인 것도 아니고 순수하게 논리적인 것도 아니며 살아 있는 결합이다. 하나의 개념은 우리가 올바른 단어를 탐구할 때 활성화되는 생산적 사고(또는 감정)의 행위에 의해서 다른 개념과 관계를 맺는다. 간단한 예를 들어보자. 내가 "두통"이란 단어와 "고통"이나 "아스피린"이란 단어를 결부시킨다면 나는 논리적이고 관습적 연상을 형성하고 있는 것이다. 그러나, 두통이란 단어와 스트레스나 분노라는 단어를 관련시킨다면 나는 주어진 자료로 가능한 한의 원인, 즉 현상을 연구함으로써 도달한 통찰과 연결하고 있는 것이다. 이 후자의 암기형은 그 자체가 생산적인 사고 행위를 작위하는 것이다. 이러한 종류의 살아 있는 암기에 대한 가장 탁월한 예는 프로이드가 고안해 낸 자유연상(free association)이다.

자료를 축적하는 습관이 거의 없는 사람들은 그들의 기억이 효율적인 기능을 발휘하게 하기 위해서는 강렬하고 즉각적인 관심(interest)을 필요로 한다는 것을 알게 될 것이다. 예를 들면 우리는 오랫동안 잊고 있던 어떤 외국어 단어를 꼭 기억해 내야 할 중요한 이유가 있을 때는, 그것을 마침내는 기억해 낸다. 그리고 나 자신의 경험에 비추어 보면 나는 특별히 뛰어난 기억력을 타고나지도 않았는데도, 내가 어떤 사람과 다시 얼굴을 맞대고 그의 모든 인격적 특징에 관하여 생각을 집중시켜 보면 그 시기가 두 주일 전이든 5년 전이든 간에 과거에 내가 분석한 그 사람의 꿈을 기억해 내게 된다. 그러나 그에 대해 냉담한 채로 있던 5분 전까지만 해도 나는 그 꿈을 전혀 기억해 낼 수가 없었다.

존재 양식에 있어서 암기는 전에 보았거나 들은 어떤 것을 소생시키는 것을 의미한다. 우리는 우리가 언젠가 보았던 어떤 사람의 얼굴 또는 광경을 마음속에 그리려고 노력함으로써 이러한 생산적인 기억을 경험할 수 있다. 우리는 어느 한쪽의 경우도 즉, 얼굴이나 풍경을 즉시는 기억할 수 없을 것이다. 그렇기 때문에 우리는 주제를 재창조하여 그것을 우리 마음속에 소생시켜야 한다. 이러한 종류의 기억이 언제나 쉬운 것만은 아니다. 즉 얼굴이나 광경을 완전하게 상기하기 위해서는 일단 그것이 보여지도록 충분한 집중력을 기울여야 한다. 그러한 기억이 완전히 떠오를 때, 마치 그 사람 또는 그 광경이 자기 앞에 현실적이고 물리적으로 있는 것처럼, 그 얼굴이 상기된 사람은 살아 있는 것 같고, 또 기억된 풍경은 실물 그대로인 것 같다.

소유양식을 가지고 있는 사람들이 어떤 인물이나 광경을 기억하는 방식은 대부분의 사람들이 사진을 바라보는 방식과 같은 유형으로 볼 수 있다. 사진은 어떤 사람이나 어떤 광경을 확인하는 데 있어서 그들의 기억에 대한 보조물로써만 도움이 되고 있으며, 그것이 이끌어 내는 일상적인 반응은 "맞아요, 그 사람이에요" 또는 "네, 맞아요. 나는 그곳에 가본 적이 있어요"라는 것이다. 사진은 대부분의 사람들에게 하나의 소외된 기억이 되고 있다.

종이에 의존한 기억은 또 다른 형태의 소외된 기억이다. 내가 기억하고자 하는 것을 적어 놓음으로써 나는 그 정보를 소유하고 있다고 확신하게 되고, 따라서 나는 그것을 나의 머리에 새겨 놓으려고 하지 않는다. 내가 나의 노트를 잃어버림으로써 정보에 대한 나의 기억도 함께 잃어버리는 경우를 제외하고는, 나는 그 정보를 소유하고 있다고 확신한다. 그리고 나의 기억의 은행이 노트의 형태로 표현화된 나의 일부가 되었기 때문에, 나의 기억 능력은 나를 떠나 버린 것이다.

현대사회를 살고 있는 사람들이 기억할 필요가 있는 수많은 자료를 고려한다면, 노트 속에 어느 정도의 기록들을 하고, 책속에 있는 정보에 의존할 수밖에 없음은 불가피한 사실이다. 그러나 기억하기 위해 적어 놓는 행위가 우리의 기억력을 감퇴시킨다는 사실은 우리 자신 속에서 가장 쉽고 잘 관찰할 수 있다. 그리고 몇 가지 다음의 전형적인 예는 우리의 이해에 도움이 될 것이다.

매우 일상적인 예는 상점에서 볼 수 있다. 오늘날 점원은 간단한 두세 가지 품목조차 머릿속에 넣어 두지 않고, 즉시 기계를 사용할 것이다. 학교의 수업 시간은 또 다른 예를 제시한다. 강의 한 마디 한 마디를 빠짐없이 받아 적는 학생들이 자신의 이해력을 신뢰하며 최소한 요점만 기억하는 학생들보다 십중팔구 훨씬 적게 이해하고 기억할 것이라는 사실을 선생들은 관찰할 수 있다. 그리고 조금만 몰라도 너무 자주 악보를 보는 사람들이 악보 없이 음악을 기억하기가 무척 힘들다는 사실을 음악가들은 잘 알고 있다.(기억력이 비상하다고 알려져 있던 토스카니니는 존재양식을 가지고 있는 음악가의 좋은 예이다.) 마지막 예를 들면, 멕시코에서 나는 다음과 같은 것을 관찰했다. 즉 문맹자나 글을 겨우 쓸 줄 아는 사람들이 글을 잘 읽고 쓰는 산업화된 나라 사람들보다 훨씬 뛰어난 기억력을 갖고 있다는 것이다. 이러한 사실은 무엇보다도 읽고 쓰는 능력이란 결코 널리 선전되고 있는 것과 같이 축복 받은 것만이 아니라는 것을 암시하고 있다. 사람들이 읽고 쓰는 것은 단순히 자신이 경험하고 상상하는 능력을 약화시키는 자료를 읽는 데에만 사용할 때 특히 그렇다.

3. 대　화

　소유의 양식과 존재의 양식은 대화의 두 가지 예를 통해서 쉽게 관찰될 수 있다. A는 X라는 의견을 가지고 있고 B는 Y라는 의견을 가지고 있는 두 사람 사이의 전형적인 좌담식의 논쟁을 예로 들어보자. 각자는 자신의 의견 그 자체가 되어 버린다. 이 두 사람에게 문제가 되는 것은 자기의 견해를 옹호하기 위해서는 더 좋은, 즉 더 합리적인 논의를 발견하는 길뿐이다. 양쪽 모두가 자기 자신의 견해가 변하거나 또 상대방의 견해가 변할 것을 기대하지 않고 있다. 엄밀하게 말해서, 그 견해가 자기 소유물의 하나이기 때문에, 그래서 그것을 상실하는 것은 자신이 빈곤하게 되는 것을 의미하는 것이기 때문에, 두 사람은 모두 자기 자신의 견해가 변하는 것을 두려워하는 것이다.

　논쟁이 되지 않는 그러한 대화에서는 상황이 다소 다르다. 누구나 저명하고 명성이 있고 실제적인 자질까지도 갖춘 사람과 아니면 무언가 그로부터 얻고 싶은, 즉 직장을 부탁하거나 사랑을 받아 보고 싶다거나 칭찬을 기대해 보고 싶은 그러한 사람과 만난 경험이 있을 것이다. 그런 경우 많은 사람들은 적어도 막연하게 나마 불안한 마음을 갖게 되는 수가 있으며 흔히 중요한 만남에 대비해서 "준비"를 한다. 그들은 상대방에게 흥미를 일으키는 화제를 생각하고, 대화를 어떻게 시작할까 하는 것까지 미리 생각한다. 어떤 사람은 심지어 자신의 대화 부분에 관심을 갖고, 전체 대화를 상세하게 계획하기까지 한다. 또 그들은 자기가 가지고 있는 것, 즉 자기의 과거의 성공, 자기의 매력적인 개성(또는 그 역할이 더 효과적일 경우에는 상대방을 위협하는 개성), 자기의 사회적 지위, 자기의 사교관계, 자기의 외모와 의

상 등에 관해 생각함으로써 자기 자신을 단단히 보강한다.

한 마디로 말해서, 그들은 정신적으로 상대방과 자신의 가치의 균형을 유지시키며, 이러한 가치 평가에 근거하여, 곧 이어지는 대화에서 자신의 상품을 과시하는 것이다. 이러한 것을 탁월하게 잘해 내는 사람은 실로 많은 사람에게 깊은 인상을 준다. 비록 그 창출된 인상이 개인의 연기에는 부분적으로만 기인하고 대부분은 사람들의 판단력의 빈곤에 기인하고 있을지라도 만일, 그 연기자가 별로 영리한 사람이 아닐 경우, 그 연기가 어색해서 꾸며낸 듯하고 지루한 것이면 큰 관심을 끌지 못할 것이다.

아무것도 미리 준비하지 않고 어떤 방식으로든지 자신을 보강하지 않은 채, 상황에 접근하는 사람들은 그와 대조를 이룬다. 그들은 자발적으로, 그리고 창조적으로 반응한다. 즉, 그들은 자기 자신에 관해서는, 그리고 그들이 가지고 있는 진실이나 지위에 관해서는 전혀 고려하지 않는다. 그들은 그들이 이기심(ego)에 방해를 받지 않으면, 그들이 다른 사람과 그들의 생각에 충실하게 반응할 수 있는 것은 바로 이러한 이유에서이다.

그들은 어떤 것을 고수하려 하지 않기 때문에 새로운 개념을 창안하는 것이다. 소유형의 사람들은 그들이 가지고 있는 것에 의존하는 반면, 존재형의 사람들은 그들이 존재한다는 사실, 즉 그들이 살아 있다는 사실, 또 그들이 나아가서 반응케 할 용기만 있다면 새로운 어떤 것이 탄생할 것이라는 사실을 신뢰하고 있는 것이다. 그들은 자기가 가지고 있는 것에 걱정스런 관심으로 인해 안달하지 않기 때문에 대화 속에서 충분히 활기를 갖는다. 그러한 활기는 전염성이 있어서, 가끔 다른 사람들로 하여금 자기 중심적인 태도를 초월할 수 있도록 도와주기도 한다. 따라서, 대화가 상품(정보·지식·지위)의 교환에만 그치지 않으며 누가 옳은가 하는 것은 더 이상 문제가 되지 않는 대화가 된다.

결투자들은 함께 춤추기 시작하며, 또 그들은 승리감이나 슬픔—이것들은 양쪽 다 무익하다—을 안고 헤어지지 않고, 기쁜 마음으로 헤어진다(정신분석요법의 본질적인 요소는 이와 같이 환자를 활기 있게 만드는 것이다. 만일 치료의 분위기가 무겁고, 생기가 없고 또 지루하다면 아무리 많은 정신분석학적으로 해석해도 아무런 효과가 없을 것이다.)

4. 독 서

대화에 있어서 진리라고 여겨지는 것은, 저자와 독자 사이의 대화인—또 마땅히 그래야 하는—독서에 있어서도 마찬가지로 진리로서 여겨진다. 물론 독서에 있어서(개인적인 대화에서도 마찬가지로) 내가 누구의 작품을 읽는가(또는 누구와 이야기하는가) 하는 것이 중요하다. 예술성이 없는 값싼 소설을 읽는 것은 백일몽에 지나지 않는다. 그것은 생산적인 반응을 일으키지 못한다. 그 본문은 텔레비전의 쇼처럼, 아니면 텔레비전을 보면서 우적우적 먹는 감자튀김처럼 삼켜질 뿐이다.

그러나 발자크(Balzac)의 소설은 내적 참여와 함께, 생산적으로, 다시 말하여 존재양식으로 읽혀질 수 있다. 그러나 아마도 대부분의 독서 시간이 소비의 양식 즉, 소유 양식으로 읽는 일로 허송되고 있다. 독자들은 호기심에만 이끌려서 플롯을 아는 데만 열중하게 된다. 즉, 주인공이 죽었는가 살았는가, 여주인공이 유혹 당했는가 저항했는가 등에 관심하고, 또 결과를 알고 싶어한다. 소설은 그들을 자극시키기 위한 일종의 전희로서 작용한다. 즉, 행복한 또는 불행한 결말을 통하여 그들의 경험은 절정에 이르게 되는 것이다. 그들이 결말을 알았을 때 그들은 마치 자신의 기억에서 그 결말을 찾아낸 것과 같이 거의 현실적으로 전체 스토리를 소유하는 것이다. 그러나, 그들은 자신의 지식을 고양시키지는 못한다. 즉, 그들은 소설 속의 인물을 이해하지 못하며 따라서 인간 본성(人間本性)에 대한 자신의 통찰력을 심화시키지 못할 뿐만 아니라, 그들 자신에 관한 지식조차도 얻지 못하는 것이다.

독서양식은 그 대상이 철학이나 역사를 주제로 한 책들에 관해서도 마찬가지이다. 우리가 철학서적이나 역사서적을 읽는 방식은 교육에 의해서 형성된다. 아니, 변형된다고 해야 더 좋을 것이다. 학교는 개개의 학생에게 어느 정도의 "문화적 재산"을 주는 것을 목표로 삼으며, 학교 교육이 끝날 때에 학생들은 적어도 그 최소량을 가지고 있다고 확인되게 된다. 그들은 저자의 주요 사상을 암송할 수 있게 하는 독서 교육을 받는다.

이런 식으로 학생들은 플라톤, 아리스토텔레스, 데카르트, 스피노자, 라이프니쯔, 칸트, 하이데거, 사르트르 등을 안다. 고등학교에서 대학원까지의 다양한 교육 수준 사이의 차이는 주로 획득된 문화적 재산의 양에 있으며, 이것은 학생들이 이후의 생애에서 소유하기를 기대하는 물질적 재산의 양과 대충 상응하는 것이다. 소위 우수한 학생이란 다양한 철학자들이 각기 말한 것을 가장 정확하게 암기할 수 있는 사람이다. 그들은 잘 교육받은 박물관의 안내인과 비슷하다. 그들은 이러한 종류의 재산적 지식을 뛰어넘을 수 있는 방법은 배우지 못한다. 그들은 철학자에게 질문하고 그들과 말하는 법을 배우지 못한다. 그들은 철학자 자신의 모순과, 그가 어떤 문제를 무시하고 어떤 장점을 회피하고 있는 가를 구분하는 방법도 배우지 못한다.

또 그들은 저자가 당대에는 새로웠던 것과, 작자가 그들 시대의 "상식"

이었기 때문에 생각하지 않을 수 없었던 것을 구별하기 위한 방법도 배우지 않는다. 또 그들은 작가가 단지 그의 머리로만 말할 때와 머리와 가슴이 함께 말할 때를 구별할 수 있도록 듣는 법도 배우지 못한다. 그들은 작가가 진실한지 아니면 거짓말쟁이 인지를 알아내는 법도 배우지 못한다. 이외에 얼마든지 그러한 사실을 지적할 수 있다.

존재양식을 가지고 있는 독자는, 높은 평가를 받고 있는 책조차도 전혀 가치가 없거나 극히 제한된 가치밖에 없다는 결론에 종종 도달할 것이다. 또는 그들은 저자 자신이 중요하다고 쓴 모든 것들에 관해 고려했을 작가보다 때로는 더 완전하게 그 책을 이해할 수도 있을 것이다.

5. 권위의 행사

소유양식과 존재양식 사이의 차이에 대한 또 다른 예는 권위의 행사에서 볼 수 있다. 결정적인 요점은 권위의 소유와 권위의 존재 사이의 차이에 나타나 있다. 우리들은 거의 모두가 적어도 인생의 어느 단계에서는 권위를 행사한다. 어린이를 키우는 사람들은 자신의 아이들을 위험에서 보호하고 또 적어도 갖가지 상황에서 어떻게 행동해야 하는가에 대한 최소한의 충고를 해주기 위해서, 그들이 원하든 원하지 않든 간에 권위를 행사해야만 한다. 가부장적 사회에서는 여자들도 남자를 위한 권위의 대상이다. 우리의 사회와 같이 관료적이고 계층적인 사회의 구성원은 단지 권위의 대상만 되고 있는 최하층 사회 계급의 사람들을 제외하고는 거의 모두가 권위를 행사하고 있다.

두 가지 양식의 권위에 대한 우리의 이해는 "권위"가 전적으로 다른 두 가지 의미를 동시에 가지고 있는 광범위한 용어라는 사실을 어떻게 인식하느냐에 달려 있다. 즉, 그것은 "합리적" 권위일 수도 있고 "비합리적" 권위일 수도 있다. 합리적인 권위는 능력에 기초를 둔 것으로써, 그것에 의존하는 사람이 성장하는 데 도움을 준다. 비합리적인 권위는 권력에 기초를 두고 있으며 그것에 종속된 사람을 착취하는 데 쓰인다.

가장 원시적인 사회, 다시 말해서 사냥꾼과 식량 채집자들 사이에서의 권위는 일을 하는 능력에 있어서 유능하다고 일반적으로 인정받고 있는 사람에 의해 행사된다. 이러한 유능한 능력이 어떠한 특징에 근거를 두고 있는가 하는 것은 특정한 환경에 달려 있지만 거기에는 경험·지혜·관용·숙련·풍채·용기 등이 포함되어 있으리라 본다.

이러한 많은 부족들에 있어서는 영속적인 권위란 존재하지 않으며 권위는 필요한 경우에 나타난다. 또 전쟁, 종교적인 행사, 분쟁의 조정과 같이 서로 다른 경우에 따라서 다른 권위가 존재하기도 한다. 권위가 근거를 두고 있는 특질이 사라지거나 약화될 때, 권위 그 자체는 끝나는 것이다. 이와 매우 유사한 형태의 권위는, 능력이 육체적인 힘에 의해서가 아니라, 흔히 경험이나 "지혜"와 같은 특징에 의해서 인정되고 있는 수많은 원시사회에서 관찰될 수 있다. 원숭이를 가지고 매우 기묘한 실험을 통하여, 델가도(J. M. R. Delgado)는 만일 독재하고 있는 동물이 그 능력을 구성하고 동물이 그 능력을 구성하고 있는 특질을 일시적으로라도 잃으면 그 권리는 끝난다는 것을 보여 주었다.

존재의 권위는 어떤 사회적 기능을 수행하는 개인의 능력뿐만 아니라, 그와 똑같이 고도의 성장과 완성을 성취한 인격의 정수에 근거를 두고 있다. 그런 사람들은 권위를 발(發)하기 때문에 명령·위협·뇌물 따위가 필요 없다. 그들은 주로 행동이나 말을 하지 않고 자기를 있는 그대로 내보이며, 인간 본연의 모습을 보여 주는 고도로 개방된 사람들이다. 위대한 인생의 스승들은 그러한 권위자였으며 이보다 조금 못 미치는 수준의 스승들은 모든 교육 수준과 다양한 문화 사이에서 찾아 볼 수 있다.(교육의 문제는 이러한 점에 의존되어 있다. 만일 부모들 자신이 더욱 개발되어 있고 初志—貫한다면 권위주의 교육과 자유방임주의 교육 사이의 대립은 거의 존재하지 않을 것이다. 이와 같은 존재의 권위가 필요한 어린이는 대단한 열성을 가지고 그 권위에 반응한다. 그 반면에, 어떤 사람들이 성장하고 있는 어린이들에게 바라는 노력을 그들 자신은 해본 적이 없다는 게 행동으로 나타날 때 어린이들은 그런 사람에 의한 압박·무시 등에는 반항한다.)

계급적인 질서에 근거를 두고 있고 수렵사회와 노역사회보다 훨씬 더 크고 복잡한 사회가 형성됨과 더불어 능력에 의한 권위는 사회적 지위에 의한 권위로 넘어갔다. 이것은 기존하는 권위가 반드시 무능하다는 것을 의미하지는 않고, 다만 능력이 권위의 본질적 요소는 아니라는 것을 의미할 뿐이다. 우리가 군주제의 권위—유전인자가 능력의 질을 결정한다고 믿는—를 다루든, 또는 살인이나 배반행위에 의해 권위자가 되는 데 성공한 파렴치한 범죄인을 다루든, 또는 현대 민주국가에 흔히 있듯이 선거에 쓸 수 있는 많은 돈이나 사진을 잘 받는 멋진 외모를 기반으로 하여 선출된 권위자를 다루든 간에, 이 모든 경우에 있어서 능력과 권위 사이에는 거의 아무런 관련도 없다.

그러나 약간의 능력을 근거로 하여 확립된 권위의 경우에는 더욱 심각한 문제가 있다. 즉, 어떤 지도자는 한 분야에서는 유능하지만 다른 분야에서는 무능할 수 있다. 예를 들면, 어떤 정치가는 전쟁을 지휘하는 데에는 유능하지만, 평화 시기에는 무능할 수가 있다. 또 자기 경력의 시초에는 정직하고 용기 있는 지도자가 그러한 자신의 성품을 권력의 유혹에 의해서 잃어버릴 수도 있다. 결국 PR전문가들이 창조한 인위적인 이미지에 의해서만 자기들의 입후보자를 알고 있는 우리 체제의 수백만의 사람들보다, 소규모 부족의 구성원들이 권위의 행동을 판단하기가 훨씬 더 쉽다는 것을 우리는 고려해야만 한다는 것이다.

  능력을 형성하고 있는 특성을 상실하게 한 이유가 무엇이든 간에, 대부분이 계급적으로 조직된 대규모 사회에 있어서는 권위의 소외 과정이 발생되고 있다. 진정한 능력 또는 이른바 초유의 능력은 제복이나 권위를 표시하는 칭호로 변모하였다. 만일 권위자가 적당한 제복을 입고 있거나 어울리는 직함을 가지고 있다면, 이러한 능력의 외부적인 표시가 실질적으로 그가 가진 능력이나 특질을 대신할 것이다. 국왕—이러한 형의 권위에 대한 하나의 상징으로서 이 직함을 사용한다면—은 어리석고 부도덕하며 사악할 수도 있다. 즉 그는 하나의 권위의 존재이기에는 완전히 무능하지만 그는 권위를 가지고 있다. 그가 그 직함을 가지고 있는 한, 그는 특정한 능력을 소유하고 있다고 여겨진다. 만일, 임금님이 발가벗고 있다고 할지라도 모든 사람은 그가 아름다운 옷을 입고 있다고 믿는다.

  사람들이 제복과 직함을 능력의 참된 특징이라고 생각하는 것은 저절로 일어나게 된 어떤 것은 아니다. 이들 권위의 상징을 가지고 있는 사람들과 그것을 빙자로 이익을 얻는 사람들은 그들에게 복종하는 사람들의 현실적인, 즉 비판적인 사고를 둔감하게 하고 허구를 믿게끔 만들어야 한다. 이것에 대하여 머리를 짜내는 사람들은 누구나 선전의 책략을 알고 있고, 비판적인 판단을 파괴시키는 방법을 알고 있다. 또 상투적인 문구로써 복종케 함으로써 어떻게 마음을 달래는가를 알고, 사람들이 의존을 원하고 어떻게 하면 자신의 눈과 판단을 믿는 능력을 잃게 되어서 그들이 벙어리가 되어 버리는가를 잘 알고 있다. 그들은 자기들이 믿고 있는 허구 때문에 현실을 보지 못한다.

6. 지식의 소유와 앎의 의미

앎의 영역에 있어서 소유양식과 존재양식 사이의 차이는 "나는 지식을 가지고 있다"와 "나는 알고 있다"의 두 가지 공식에 나타나 있다. 지식을 소유하는 것은 유용한 지식(정보)이라는 소유물을 차지하고 지키는 것이고, 앎은 기능적인 것으로서 생산적인 사고 과정의 일부이다.

생존의 존재양식에 있어서 앎의 특질을 이해하기 위해서는 붓다, 유대의 예언자, 예수, 마이스터, 에크하르트, 프로이드, 마르크스와 같은 사상가들의 통찰력이 큰 도움이 된다. 그들의 견해에 따르면 우리가 생각하는 물질적인 현실이 "참으로 실재적인" 것과 일치하지 않는다는 의미에서, 그리고 대부분의 사람들이 비몽사몽의 상태에 있으며, 그들이 참되고 자명하다고 주장하는 것의 대부분이 그들이 살고 있는 사회적 세계의 암시적인 영향에 의해 생긴 환상이라는 사실을 모르고 있다는 의미에서, 앎은 우리들의 상식적인 지각의 사기성(deceptiveness)을 인식하는 것에서부터 시작된다. 따라서 앎은 환상을 깨부수는 것과 더불어 즉, 환상에서 깨어나는 것(Ent-ta-uschung)에서부터 시작된다. 앎은 뿌리에 도달하기 위해서, 그리하여 그 근거에까지 도달하기 위해 표면을 뚫고 들어가는 것을 의미한다. 즉 앎은 현실을 있는 그대로 보는 것을 의미한다. 앎은 진리를 소유하고 있는 것을 의미하지 않는다. 그것은 진리에 훨씬 더 가까이 접근하기 위해 표면을 뚫고 들어가며 비평적으로 그리고 능동적으로 노력하는 것을 의미한다.

이러한 창조적인 간파력의 특성은 히브리어 Jadoa에 잘 표현되어 있는데, 그 뜻은 알고 사랑한다는 것으로 남성의 성적이입(性的移入)의 의미로 쓰여졌다. 붓다, 곧 깨달은 자는 사람들에게 물질의 추구가 행복에 이른다는 환상으로부터 깨어나서 해방되기를 요구하고 있다. 유대 예언자들은 사람들로 하여금 그들의 우상이 그들 자신의 손으로 만든 것에 지나지 않으며 환상이라는 사실을 알리고 호소하고 있다. 예수는 "진리가 너희를 자유케 하리라"고 말했다. 에크하르트는 앎에 대한 그 자신의 개념을 여러 번 표현했다. 예를 들면 신(神)에 관해 이야기를 할 때 그는 "지식은 어떤 특별한 생각이라기보다 오히려 지식은(모든 껍질을) 벗겨내고, 사심이 없게 되는 것이며, 신을 접하고 파악할 때까지 벌거벗은 채 그에게로 달려가는 것이다."(Blakeny p.243)라고 말하고 있다. ("벌거벗음"이나 "벌거벗은"이라는 단어는 에크하르트뿐만 아니라, 그의 동시대인으로 "미지의 구름"의 저자 역시 즐겨 사용한 표현이다.)

마르크스에 따르면 환상이 불필요하게 되는 조건들을 창조하기 위해서는 환상을 파괴할 필요가 있다고 한다. 프로이드의 자각의 개념은 무의식적인 실재를 인식하게 되기 위한 환상의 파괴(합리화)라는 생각에 그 근거를 두고 있다.(계몽주의 사상가의 마지막 사람인 프로이드는 20세기의 관점에서가 아니라 18세기 계몽 철학의 관점에서 보면 혁명적인 사상가라고 할 수 있다.)

이러한 모든 사상가들은 인간의 구원에 관심을 갖고 있다. 즉, 그들은 모두 사회적으로 받아들여진 사고 유형에 비판적이었다. 그들에게 있어서 앎의 목적은 사람이 그를 인해 안전하다고 느낄 수 있는 "절대적 진리"의 확실성이 아니라, 인간 이성의 자기 긍정의 과정이다. 알고 있는 사람에게 무지는 지식만큼 좋은 것이다. 비록, 이러한 종류의 무지가 생각이 없는 사람들의 무지와는 다를지라도, 무지와 지식은 모두 앎의 과정의 일부분이기 때문이다. 존재의 양식에 있어서 최적의 지식은 더 깊이 아는 것이다. 그러나 소유의 양식에 있어서는 그것은 더 많은 지식을 소유하는 것이다.

우리의 교육은 일반적으로 사람들로 하여금 지식을 그들이 그후의 생애에서 가질 법한 사회적 명성 또는 재산의 양과 대체로 비례하는 하나의 소유물로 소유케 하는 훈련에 힘쓰고 있다. 그들이 얻는 최소한의 교육이란 그들의 일을 올바르게 완수하는 데 필요하게 될 양이다. 또 그들의 훌륭한 감정을 고양시키기 위해 그들에게는 "사치품 지식 꾸러미(luxury-knowleage package)"가 추가로 주어졌다. 그런 꾸러미의 크기는 그 사람의 그럴 듯한 사회적 명성과 일치한다. 비록 학교측에서는 학생들을 인간 정신의 가장 높은 성취에 접하게 하려고 한다고 항상 주장하고 있다. 그러나 학교는 주장하는 것과는 반대로 종합적인 지식 꾸러미를 생산하는 공장이다. 수많은 대학들은 이러한 환상을 양육하는 데 능숙하다. 인도의 사상과 예수로부터 실존주의와 초현실주의에 이르기까지 광대한 지식의 메뉴를 제공하며, 학생들은 여기서 조금 저기서 조금씩 영양을 섭취하고 자발성과 자유의 이름으로 하나의 주제에만 집중하거나 심지어는 한 책을 통독하는 것조차 강요되지 않고 있다. 학교 제도에 대한 이반 일리히(Ivan Illich)의 과격한 비판은 학교 제도의 허다한 실패의 요인들에 초점을 맞추고 있다.

7. 믿 음

종교적 정치적, 또는 개인적 의미에 있어서 믿음의 개념은 그것이 소유양식에서 사용되고 있는가 아니면 존재양식에서 사용되고 있는가에 따라

전적으로 다른 두 가지 의미를 가질 수 있다.

소유양식에 있어서의 믿음이란 우리가 그것에 대해 아무런 합리적인 증거도 없는 막연한 해답을 소유하는 것이다. 그것은 다른 사람들에 의해 만들어진 공식으로 이루어져 있으며 우리는 흔히 그 다른 사람들, 즉 관료주의에 굴복하기 때문에 그 공식을 받아들이는 것이다. 그 공식은 관료주의의 실질적인(또는 단지 상상되어진) 힘으로 인해 확실성이 있다는 느낌을 준다.

그것은 규모가 큰 인간집단으로 편입되기 위한 입장권이다. 그것은 우리에게 자신의 힘으로 생각하고 결정을 내리는 것과 같은 힘든 일을 덜어 준다. 우리는 올바른 믿음의 행복한 자유자(beati possidentes) 중의 한 사람이 된다. 소유의 양식에 있어서 믿음은 확실성을 준다. 즉 그 믿음은 믿음을 전파하고 보호하는 사람들의 힘이 확고부동하고 믿을 수 있기 때문에 그것에 대해 궁극적이고 확고한 지식을 표명할 것을 요구한다. 사실, 믿음이 요구하는 모든 것이 단지 우리의 독립을 양보하는 것뿐이라면, 누가 확실성을 선택하지 않을 것인가?

원래는 우리가 자신의 내면에서 경험할 수 있는 가장 높은 가치에 대한 상징인 신(神)이 소유양식에 있어서는 우상이 된다. 예언자적인 개념에서는 우상은 우리 자신이 만들고 우리 자신의 힘을 투사시켜서 우리 자신을 메마르게 하는 어떤 사물이다. 그렇게 되면 우리는 자신의 창조물에 굴복하며, 그 굴복에 의해서 우리는 소외된 형태로 우리 자신과 접하게 된다. 우상은 하나의 사물이기 대문에 나는 그것을 소유할 수 있는 한편, 그와 동시에 내가 그것에 굴복함으로써 그것은 나를 소유하게 되는 것이다.

일단 신이 우상화되기만 하면 일반적으로 단언된 신의 특성은 우리와 소외된 정치적 이론들이 그런 것처럼, 나의 개인적 경험과는 거의 관계가 없다. 우상이 자비스런 주님으로 찬양될지도 모르지만 어떤 잔인성이 그 이름으로 자행될지도 모른다. 이것은 인간적인 유대성 속에서 소외된 믿음이 가장 비인간적인 행위를 저지르면서도 그러한 사실에 대한 의욕조차 일으키지 않는 것과 똑같다. 소유양식에 있어서의 믿음이란 확신을 갖기를 원하는 사람들, 즉, 감히 스스로 찾아 나서지 않으면서도 인생에 대한 대답을 원하는 사람들을 위한 하나의 버팀목이다.

존재의 양식에 있어서의 믿음은 전적으로 다른 현상이다. 우리는 믿음이 없어도 살 수 있는가? 젖먹이는 그 어미의 젖을 믿어서는 안 되는가? 우리는 모두 다른 인간, 우리가 사랑하는 사람들, 그리고 우리 자신을 믿어서는 안 되는가? 우리는 우리 삶의 규범의 타당성을 믿지 않고서는 살 수 있는가? 실제로 우리에게 믿음이 없으면 삶은 메마르고 희망이 없어지고, 우리 존재의 핵심에 대해 두려워하게 된다.

존재의 양식에 있어서 믿음은 일차적으로 어떤 관념들에 대한 믿음이 아니라(비록 그것이 그럴 수 있다손 치더라도, 역시) 내적 지향, 즉, 하나의 태도이다. 어떤 사람이 믿음을 가지고 있다고 말하는 것보다는 믿음 속에 있다고 말하는 것이 더 낫다.(신념인 믿음 〈fides quae creditur〉과 신념으로서의 믿음 〈fides qua creditur〉 사이의 신학적 구별은 믿음의 내용과 믿음의 행위 사이의 유사한 구별을 반영하고 있다.) 사람은 자기 자신 또는 타인을 향한 믿음 속에 있을 수 있으며, 종교적인 사람은 하나님을 향한 믿음 속에 있을 수 있다. 구약성서의 하나님은 무엇보다도 우상의 부정, 사람이면 누구나 가질 수 있는 신들의 부정으로서의 하나님이다. 동방의 왕에 대한 유추에서 표현된 것이지만 신의 개념은 그 처음부터 그 개념 자체를 초월하고 있다. 신은 이름을 가져서는 안 된다. 즉, 신에 대해서는 어떠한 이미지라도 만들어져서는 안 된다.

그 후로부터 유대교와 기독교의 발전에 있어서 하나님의 완전한 탈우상화(脫偶像化)를 성취하기 위한 노력, 아니, 오히려 하나님의 특성조차도 말해질 수 없다는 것을 요구함으로써 우상화의 위험과 싸우기 위한 노력이 이루어졌다. 또는 기독교적 신비주의—(가짜) 아레오파고스의 디오니시우스(Dionysius)에서부터 미지의 구름의 익명의 저자와 마이스터 에크하르트에 이르기까지—에서 더욱 급진적으로 하나님의 개념이 베다(Vedas)나 신플라톤학파 철학에 표현된 견해들을 합치시키면서 "신성"(Godhead)(즉, 무물자 〈無物者〉 유일자적 개념으로 되는 경향을 보인다.

신에 대한 이러한 믿음은 자신 속에 있는 신적 특성의 내적 경험에 의해 보충되고 있다. 즉, 그것은 끊임없이 능동적인 자기 창조의 과정이다. 또는 에크하르트가 말했듯이 우리 속에서 예수가 영원히 태어나는 과정이다.

나 자신에 대한, 타인에 대한, 인류에 대한, 완전히 인간적으로 되기 위한, 우리의 능력에 대한, 나의 믿음도 역시 확실성을 내포하고 있다. 그러나 이러한 확실성은 나 자신의 경험에 근거를 두고 있지, 어떤 신념을 명령적으로 강요하는 권위에 대한 나의 복종에 근거를 두고 있지는 않다. 그것은 합리적으로 증거를 강요한다고 해서 입증되어질 수는 없지만, 나의 경험을 통한 주관적인 증거로 인해 내가 확신하고 있는 진리의 확실성이다. (믿음에 해당하는 히브리어 단어는 emunah로서 "확실성"이라는 의미이며, amen은 "확실히"라는 의미이다.)

만일 내가 인간의 성실성을 확신하고 있다면 나에게 인간의 마지막 날까지 인간의 성실성을 증명할 방법은 없을 것이다. 즉 엄밀하게 말해서 만일 인간의 성실성이 그가 죽는 시간까지 여전히 침해당하지 않는다손 치더라도 그러한 사실이 만약 그가 더 오래 살았더라면 그의 성실성이 손상당했을지도 모른다고 실증주의적인 관점을 배제하지는 못할 것이다. 나의 확실성은 다른 사람들과 나 자신의 사랑 및 성실성의 경험에 대해서 내가 깊은 차원에서 가지고 있는 지식에 근거를 두고 있다. 이러한 종류의 지식은 내가 자신의 이기적 자아를 저버리고 타인에게서 그의 됨됨이를 볼 수 있는 정도로 타인에게 있는 힘의 구조를 인식하고 그의 개성을 아는 동시에 그의 보편적인 인간성을 볼 수 있는 정도에까지 도달해야만 가능하다. 그런 다음에야 나는 그가 무엇을 할 수 있고 무엇을 할 수 없으며 무엇을 하지 않으려 할 것인가를 안다. 물론 나의 이 말이 내가 그의 미래의 모든 행동을 예기할 수 있다는 것을 뜻하는 것은 아니며, 단지 성실성과 책임감 등과 같이 근본적인 성격의 특성에 뿌리 박고 있는 행동의 일반적 경향만을 예기할 수 있다는 것을 말한다.(「MAN FOR HIMSELF」 중에서 "성격 특성으로서의 믿음"에 관한 장을 참조할 것).

이러한 믿음은 사실에 근거하고 있다. 그러므로 그것은 합리적이다. 그러나 사실이란 관습적인 방법과 실증주의적 심리학(Positivistic Psychology)의 방법에 의해서 인식할 수 있거나 "입증할 수 있는" 것은 아니다. 즉 살아 있는 인간으로서 나는 사실을 "기록"할 수 있는 도구일 뿐이다.

8. 사 랑

사랑 역시 그것이 소유의 양식에서 말해지는가 아니면 존재의 양식에서 말해지는가에 따라 두 가지 다른 의미를 갖는다.

우리가 사랑을 소유할 수 있는가? 만약 그렇게 할 수 있다면 사랑은 하나의 사물, 즉 우리가 갖고 소유할 수 있는 하나의 물질이 될 필요가 있다. 그런데 실은 "사랑"과 같은 그러한 사물은 없다.

"사랑"은 일종의 추상이며, 아마도 여신 또는 어떤 우리 된 존재이다. 그렇지만 아무도 이 여신을 본 적은 없다. 실제에 있어서는 사랑의 행위만이 존재하고 있다. 사랑하는 것은 생산적인 활동이다. 그것은 사람·나무·그림·사상 등에 대한 돌봄·앎·반응·긍정·즐거움 등을 뜻한다. 그것은 소생시키는 것 즉, 그의(그녀의 또는 그것의) 생명력을 증대시키는 것을 뜻한다. 그것은 자신을 재생시키고 자신을 증대시키는 하나의 과정이다.

사랑이 소유양식에서 경험될 때 그것은 그 사람이 "사랑하는" 대상을 제한하고 감금하고 통제하는 것을 의미한다. 그것은 생명을 주는 것이 아니라 목을 조르고 질식시키며 죽이는 것이다. 사람들이 사랑이라고 부르는 것은 그들이 실제로 사랑하고 있지 않다고 하는 사실을 숨기기 위해 가장 많이 사용하고 있는 언어의 남용인 것이다.

얼마나 많은 부모들이 그들의 자식을 사랑하고 있는가는 여전히 전적으로 의문시되고 있다. 모제(Lloyd de Mause)는 지난 2천년 동안의 서양 역사 동안 자식들에 대한 잔인성에 관해 수많은 기록이 있었다고 발표했다. 그 잔인성은 육체적인 것에서부터 정신적인 고문·무관심·단순한 소유욕 및 사디즘(Sadism) 등에까지 이르고 있어서 우리는 사랑을 하고 있는 부모가 대부분이라기보다는 오히려 예외임을 믿어야 할 정도로 충격적인 것이다.

결혼에 관해서도 똑같은 말을 할 수 있다. 그들의 결혼이 사랑에 근거를 두고 있든, 아니면 과거의 전통적인 결혼처럼 사회적인 편의나 관습에 근거를 두고 있든 간에 진심으로 서로 사랑하는 부부는 예외적인 것처럼 보인다. 사회적 편의·관습, 서로간의 경제적 이해, 자식에 대한 공동의 관심, 상호의존 또는 상호 증오나 공포 등은 부부가 서로 사랑하지 않으며 또 결코 사랑한 적도 없었다는 사실을 어느 한쪽 또는 양쪽 모두가 알아차릴 순간까지 그것들은 의식적으로 "사랑"으로 경험된다. 오늘날 이러한 점에 관해서 어떤 발전이 이루어졌음을 주목할 수 있다. 즉 사람들은 더욱 현실적이고 냉정하게 되었으며 많은 사람들이 이제 성적(性的)으로 이끌리는 것이 사랑하는 것을 뜻하지 않으며 또 다소 멀긴 하지만 다정한 협동 관계가 사랑의 표현은 아니라고 느끼게 되었다. 이러한 새로운 견해는 파트너를 더욱 자주 바꾸는 것과 마찬가지로 더욱 정직해지는 경향을 만들기는 했다. 그러나 그것은 반드시 사랑의 빈도를 더욱 많게 한 것은 아니며, 또 옛 파트너들보다는 새 파트너들이 더 적게 사랑을 할 수도 있는 것이다.

"사랑에 빠지는 것"으로부터 사랑을 "소유하는" 환상에로 변화하는 것은 "사랑에 빠진" 부부들의 이야기에서 종종 구체적인 상세한 내용을 관찰할 수 있다. 「사랑의 기술(THE ART OF LOVING)」에서 나는 "사랑에 빠진다"는 구절의 "빠진다"라는 단어 그 자체가 모순임을 지적했다. 사랑은 생산적인 활동이므로, 우리는 사랑 속에 서거나 걸을 수 있을 뿐이며 사랑에 "빠질" 수는 없다. 왜냐하면 빠지는 것은 수동적 행위를 나타내기 때문이다.

구애(求愛) 기간 중에는 어느 쪽도 아직 상대방에 대한 확신을 갖지 못하지만 서로 상대방을 이기려고 노력한다. 생기는 항상 얼굴을 아름답게 하기 때문에 양쪽은 모두 활기를 띠고 매력적이며, 관심 있어 하며 아름답기까지 하다. 양쪽 다 아직 상대방을 소유하고 있지 못하고 따라서 각자의 활력은 존재에로 향하게 된다. 즉 이 활력은 상대방에게 주고 상대방을 자극하는 데 쏠려 있다.

결혼이라는 행위와 함께 상황은 흔히 근본적으로 변한다. 결혼 계약은 파트너 각자에게 상대방의 육체·감정 및 관심의 독점을 가져다준다. 사랑은 그가 소유하고 있는 어떤 것, 즉 하나의 재산이 되었기 때문에 아무도 더 이상 상대방을 이기려고 할 필요가 없다. 두 사람은 사랑스러우려고 노력하거나 사랑을 연출하려는 것을 그치게 되고, 따라서 그들은 권태를 느끼게 되며 그들의 아름다움은 사라지고 만다. 그들은 실망하고 당혹해진다. 그들은 이제는 옛날의 그 사람들이 아닌가? 그들은 처음부터 잘못을 저질렀는가? 이렇게 각자는 대개 상대방에게서 변한 원인을 찾으며 기만당했다는 느낌을 갖는다. 그들은 서로가 사랑할 때의 그들과 똑같은 사람이 이미 아니라는 것을 알지 못한다. 즉 사랑을 소유할 수 있다는 생각이 사랑하지 못하게끔 한 실수임을 알지 못한다. 이제 그들은 서로 사랑하는 대신에 그들이 가지고 있는 것 즉, 돈·사회적 지위·가정·지식 등을 함께 소유하는 것에 안주한다. 이와 같이 어떤 경우에는 사랑을 기반으로 해서 시작된 결혼이 다정한 소유의식으로서 두 이기주의가 하나의 뭉쳐진 법인(法人) 즉, "가정"이라는 법인으로 변형된다.

부부가 옛 사랑의 감정을 소생시키려는 열망을 실현할 수 없을 때, 부부의 어느 한쪽은 새로운 파트너가 자신의 열망을 만족시킬 것이라는 환상을 가질 수 있다. 그들은 자신이 갖고 싶어하는 것이란 오직 사랑뿐이라고 느낀다. 그러나 그들에게 있어서 사랑이란 그들의 존재의 표현이 아니다. 그것은 그들이 굴복하기를 원하는 여신이다. "사랑은 장의 아들이다"(옛 프랑스 노래에 나오는 구절과 같이) 때문에 그러한 사람들은 반드시 사랑에 실패하며, 사랑의 여신을 숭배하는 사람은 결국 너무나 수동적이 되어 권태에 빠지고 그녀 또는 그의 옛 매력의 나머지조차 잃어버린다.

　이러한 말들로써 결혼은 서로 사랑하는 두 사람을 위한 가장 좋은 해결책일 수 없다는 것을 의미하려고 하는 것은 아니다. 난점은 결혼에 있는 것이 아니라 두 사람의 소유적이고 실존적인 구조에, 궁극적으로는 그들이 속한 사회구조에 있는 것이다. 오늘날의 집단 결혼, 파트너 교환, 그룹 섹스 등과 같은 공동 생활 양식의 주차장들은 내가 보기에는 한 사람만을 사랑할 수 있기보다는 또 항상 새로운 자극으로 권태를 치료함으로써, 여러 연인들을 소유하기를 원함으로써, 그들 사랑에 있어서 어려운 문제를 회피하려고 노력하고 있을 뿐이다.(「THE ANATOMY OF HUMAN DISTRUCTIVENESS」의 제10장에 있는 능동적 자극과 수동적 자극 사이의 구별에 관한 논의를 참조할 것.)

제 3 장

구·신약성서와 에크하르트의 저작물들에 나타난 소유와 존재

1. 구약성서

구약성서의 주요한 주제 가운데 하나는 네가 소유하고 있는 것을 버리고 모든 속박으로부터 네 자신을 해방하라. 그리고 존재하라!(be!)는 것이다. 히브리 부족들의 역사는 최초의 히브리 영웅 아브라함에게 내려진 명령, 즉 그의 고향과 종족을 버리라는 명령으로 시작된다. 즉, "너는 너의 나라와 친척과 아버지의 집을 떠나 내가 네게 지시할 땅으로 가라(창세기 12:1)."

아브라함은 그가 소유한 것—땅과 가족—을 버리고 미지의 곳으로 가야만 했다. 하지만, 그의 후손들은 새로운 땅에 정착하고 새로운 부족으로 발전한다. 이러한 과정은 더욱 심한 속박으로 인도한다. 그들은 이집트에서 부유하고 강력해졌기 때문에 노예가 되고, 유목시대의 조상들의 신관 곧, 유일신관을 잃고 훗날 그들의 지배자가 된 부유한 사람들의 신들인 우상들을 숭배한다.

　두 번째 영웅은 모세(Moses)이다. 그는 하나님으로부터, 자기 민족을 해방시키고 그들의 고향이 되어 버린 나라(결과적으로 노예의 고향이 되어 버렸지만)로부터 그들을 인도해 내서 "제사를 지내도록" 광야로 이끌어 가도록 위임을 받는다. 히브리인들은 커다란 불안에 떨면서 마지못해서 그들의 지도자 모세를 따라 광야로 간다.

　광야는 이 해방에 있어 핵심적인 상징이다. 광야에는 집도 없고 도시도 없다. 거기에는 풍요함도 없다. 그곳은 그들이 필요로 하는 것만을 소유하는 유목민들의 장소이며, 그리고 그들이 필요로 하는 것들은 생활 필수품들이지 소유물은 아니다. 역사적으로 볼 때 출애굽기 속에는 유목민의 전통이 뒤섞여 있다. 그리고 이같은 유목민의 전통이 비기능적인 재산을 거부하는 경향을 결정했고 자유로운 생활을 위한 준비로서 광야에서의 생활을 택했던 것은 당연하다고 하겠다.

　그러나 이같은 역사적 요인들은 매이지 않고 재산을 소유하지 않는 삶의 상징으로서의 광야의 의미를 강조할 뿐이다. 유대인 축제의 몇몇 주요 상징들은 광야와 관련되어 있는 기원을 갖고 있다. 누룩을 넣지 않은 빵은 (無酵餠) 급히 떠나야 하는 사람들의 빵이며 유랑자들의 빵이다. 수카(Suka,帳幕)는 유랑자들의 집이며 천막에 해당하는 것으로 쉽게 세우고 쉽게 걸을 수 있다. 탈무드에 규정된 대로 수카는 소유하는 "고정주거(固定住居)"가 아니라 그 안에서 살기 위한 "임시주거"이다.

　히브리인들은 이집트의 고기가마를 갈망하고 고정주택을 동경하며 가난하지만 먹을 음식만은 보장되어 있는 사람들을 부러워하고, 눈에 보이는 우상들을 동경한다. 그들은 재산이 없는 광야 생활의 불확실성을 두려워한다. 그들은 "우리가 애굽 땅에서 고기가마 곁에 앉았던 때와 빵을 배불리 먹던 때에 여호와의 손에 죽었더라면 좋았을 것을 너희가 이 광야로 우리를 인도하여 내어 이 온 회중을 주려 죽게 하는도다"(출애굽기 16:3)라고 말한다. 해방의 전 역사에서와 같이 하나님은 그의 백성들의 도덕적 약함에 응답한다. 하나님은 아침에는 "빵"(만나)으로 저녁에는 메추라기고 그들을 먹여줄 것이라고 그들에게 약속한다. 하나님은 각자가 자기의 필요에 따라 거두어야 한다는 두 가지 중요한 명령을 덧붙인다. "이스라엘 자손이 그같이 하였더니 어떤 자는 많이 거두고 어떤 자는 적게 거두었도다. 오멜로 되어 본즉 많이 거둔 자도 남음이 없고 적게 거둔 자도 부족함이 없이 각자는 먹을 만큼 거두었더라"(출애굽기 16:17-18).

여기에서 처음으로 마르크스를 통해 유명하게 된, "각자는 각자의 필요에 따라 몫이 돌아간다"는 원리가 형성된다. 부양 받을 권리는 아무런 자격심사 없이 확립되었다. 여기서 하나님은 그의 자녀를 양육하는 어머니이다. 자식들은 부양 받을 권리를 확립하기 위해 아무 일도 할 필요가 없는 것이다. 두 번째 명령은 저장과 탐욕과 소유에 대한 금지이다. 이스라엘 사람들은 다음날 아침까지 아무것도 저장하지 말라는 명령을 받았다. "그러나 그들이 모세의 말에 귀 기울이지 않고 더러는 아침까지 두었더니 벌레가 생기고 냄새가 난지라 모세가 그들에게 노하니라. 무리가 아침마다 각기 먹을 만큼 거두었으나 해가 뜨겁게 쪼이면 그것이 스러졌더라"(출애굽기 16:20-21).

안식일(Sabbath)을 준수한다는 개념도 음식을 모은다는 것과 관련되어 도입되었다. 모세는 금요일에는 평상시의 음식량보다 두 배를 모으라고 히브리인들에게 말한다.

"육일 동안은 너희가 그것을 거두되 제 칠일은 안식일인즉 그날에는 아무것도 없으리라"(출애굽기 16:26).

안식일은 가장 중요한 성서적 개념이며 후기 유대교의 중요한 개념이 된다. 안식일은 십계명 가운데서도 가장 엄격한 종교적 계명이다. 다른 계명에 대해서는 입장이 다른 비제사적(非祭事的)인 예언자들도 안식일을 지키는 것만은 강조한다. 이스라엘 사람들이 이스라엘 땅을 떠나 세계에 분산되어 방황하던 디아스포라(Diaspora) 생활의 지난 2천 년간을 통해, 안식일은 그것을 지키기가 어렵고도 힘든 생활 속에서도 가장 엄격하게 준수되어 온 계명이었다.

유대인들에게는 안식일이 생명의 원천이었다는 사실은 의심의 여지가 없다. 뿔뿔이 흩어지고 무력하고 자주 모멸과 박해를 받았던 유대인들은 그들이 열왕과 같이 안식일을 지킬 때면 긍지와 위엄을 새롭게 했다. 안식일은 사람들을 노동의 부담으로부터 적어도 하루만은 해방시켜 준다는 세속적인 의미에서의 휴식일에 불과한가? 분명, 그러하다. 그리고 이러한 휴식의 기능은 인류 진화에 있어 위대한 혁신중의 하나라는 존엄성을 안식일에 부여했다. 하지만 그러한 기능이 전부라면 안식일이, 내가 방금 설명했던 중심적인 역할을 하지는 못했을 것이다.

이같은 역할을 이해하기 위해서 우리는 안식일 제도의 핵심을 투시하지 않으면 안된다. 안식일은 육체적 혹은 정신적으로 아무런 노력도 하지 않는다는 의미로서의 휴식 그 자체는 아니다. 그것은 인간들 사이의, 그리고 인간과 자연간의 완전한 조화의 회복이라는 의미에서의 휴식이다. 아무것도 건설되어서는 안된다. 안식일은 세계와 인간 사이의 싸움에 있어서 휴전의 날이다. 풀잎 하나를 뜯는 일까지도 이 조화를 파괴하는 것으로 간주

되며, 성냥 한 개피를 켜는 일 역시 그러하다. 사회적 변화도 일어나서는 안된다. 자기 집 정원 안에서는 무거운 짐을 운반하는 것이 허용되는 반면 거리에서는 어떤 것(비록 그 무게가 손수건 하나 정도로 가볍다 하더라도)의 운반도 금지되는 것은 그 같은 이유에서이다. 중요한 점은 짐을 운반하는 노력이 금지되는 것이 아니라, 한 개인이 사유하는 땅으로부터 어떤 물건을 다른 사람의 땅으로 옮김이 금지된 것이다. 왜냐하면 원래는 그것이 재산의 이동을 뜻하기 때문이다. 안식일에는 개인은 그가 마치 아무것도 소유하지 않은 것처럼 생활하며 존재하는 것 이외의 어떤 목적도 추구하지 않는다. 즉 기도하고 공부하고 먹고 마시고 노래 부르고 사랑을 하는 등 그의 본질적인 힘만을 표현하며 사는 것이다.

안식일은 기쁨의 날이다. 왜냐하면 인간은 안식일에 온전히 본연의 자기 자신이 되기 때문이다. 탈무드가 안식일을 메시야의 시대(Messianic Time)에 대한 예기(豫期)라고 부르고 메시야의 시대를 영원한 안식일이라고 부르는 것도 그 때문이다. 그날에는 재산이나 돈은 애통이나 슬픔과 마찬가지로 금기(tabu)이며 그 날에는 시간이 아무런 의미가 없고 순수한 존재가 지배한다.

안식일의 역사적인 전신인 바빌로니아의 샤파투(Babylonian shapatu)는 슬픔과 두려움의 날이었다. 오늘날의 일요일은 재미와 소비의 날이며, 자기 자신으로부터 도망가는 날이다. 우리는 지금이 조화와 평화의 보편적인 날로서, 인간의 미래를 예기하는 인간적인 날로서 안식일을 재정립할 때가 아니냐고 물을 수도 있다.

메시야의 시대에 관한 비전은 세계 문화에 대한 유대인들의 또 다른 특별한 공헌이다. 그리고 그것은 본질적으로 안식일의 개념과 같은 것이다.

안식일과 같은 메시야의 시대에 관한 비전은 유대인들이 생활을 지탱해 가는 희망이었고, 2세기의 바르코흐바(Bar Kochba)의 시대로부터 오늘날에 이르기까지 거짓 메시야로 말미암은 지독한 실망에도 불구하고 결코 포기하지 않았던 희망이었다. 안식일과 마찬가지로 그것은 소유가 의미가 없게 되고 두려움과 전쟁이 끝나며 우리의 본질적인 힘의 표현이 삶의 목표가 되는 어떤 역사적 시대에 대한 비전이다.

출애굽의 역사는 비극적인 종말로 진행한다. 히브리인들은 소유함이 없이 산다는 것을 견딜 수 없었다. 비록 그들은 고정된 거주지 없이도 살 수 있고 매일 하나님이 주는 음식 외의 다른 음식 없이도 살 수 있지만 그들은 눈에 보이는 현존하는 "지도자"가 없이는 살 수 없었다.

그래서 모세가 산 속으로 사라졌을 때, 절망적인 히브리인들은 아론으로 하여금 그들이 숭배할 수 있는 어떤 눈에 보이는 표상 즉, 황금 송아지를 만들도록 한다. 여기서 우리는 그들이 이집트로부터 금과 보석을 갖고 나오도록 허용한 하나님의 과오에 대해 그들이 갚음을 한 것이라고 말할 수도 있다. 그들은 황금과 함께 부(富)에 대한 갈망을 그들의 내심에 지니고 나온 것이며, 절망의 시간이 닥치자 그들 실존의 소유적 구조가(所有的 構造)가 다시 나타난 것이다. 아론이 그들의 황금을 가지고 그들에게 송아지를 만들어 주자 백성들은 말한다. "이스라엘아, 이는 너희를 애굽 땅에서 인도하여 낸 너희 신이로다"(출애굽기 32:4).

그 세대 모두가 죽어버렸고, 모세마저도 새로운 땅에 들어가는 것이 허용되지 않았다. 새로운 세대 역시 그들의 조상들이 그랬던 것처럼 구속을 받지 않을 수 없었고 땅에 얽매이지 않고는 땅위에서 살 수가 없었다. 그들은 새로운 땅을 정복하고 그들의 적들을 전멸시켰으며 적의 땅에 정착했고 적의 우상들을 숭배했다. 그들은 자기들의 민주적인 부족 생활을 동방의 전제주의의 생활로 변형시켰다. 확실히 그들은 조그만 나라이면서도 당시의 강대국들을 모방하는 데 열중했다. 혁명은 실패하고 말았다. 만일, 성취할 수 있는 것이 하나 있다면, 그 유일한 혁명의 성취는 히브리인들이 이제는 노예가 아니라, 지배자가 되었다는 것이었다. 만일 새로운 메시지가 모세처럼 지도력의 부담이나 특히 독재적인 권력의 방법을 사용하고 싶은 욕구에 의해서 오염되지 않은 혁명적 사상가들이나 이상가들을 통해 표현되지 않았더라면 히브리인들은 오늘날 근동 역사의 학술적 각주 정도 외에는 기억조차 되지 않았을는지 모른다(독재적 권력을 휘두른 예로는 코라가 이끄는 반역자에 대한 대규모적 학살을 들 수 있겠다.)

이같은 혁명적 사상가들인 히브리 예언자들은 인간의 자유에 대한 비전을 새롭게 했다. 이들은 인간의 자유란 물질의 구속을 받지 않는 것이며, 인간 자신의 손으로 만들어진 작품인 우상들에의 굴복을 거부하는 것임을 분명히 했다. 그들은 타협하지 않았으며 이스라엘 백성들이 땅에 지나치게 집착하여 자유로운 사람들로서 그 땅에서 살 수가 없게 될 때, 즉 땅에 몰두하여 자신을 잃어버리지 않고는 땅을 사랑할 수 없게 될 때, 그들은 그 땅에서 다시 추방당하지 않을 수 없게 되리라고 예언했다. 예언자들에게는 그 땅으로부터의 추방은 하나의 비극이었으나, 궁극적인 해방으로 이르는 유일한 길이었다.

새로운 광야는 한 세대를 위해서가 아니라, 많은 세대들을 위해서 지속될 것이었다. 예언자들은 새로운 광야를 예언하면서도 어떤 땅의 오랜 거주자들을 추방하거나 전멸할 것을 요구하지 않으면서도 평화와 풍요를 약속해 주는 메시야적 비전에 의해 유대인의 신앙을, 결과적으로는 전인류의 신앙을 지탱해 오고 있다.

　히브리 예언자들의 진실한 후계자들은 위대한 학자들인 랍비(Rabbi)이었으며, 초기 유대인 그리스도교(Diaspora)의 창시자 요하난 벤 자카이(Jochanan ben Sakai)야말로 그 중에서도 가장 두드러진 랍비였다. 서기 70년 로마인에 대항한 전쟁의 지도자들이 패전으로 나라를 잃느니보다 죽는 것이 모두에게 낫다고 결정했을 때, 랍비 자카이는 "반역"을 범했다. 그는 몰래 예루살렘을 떠나 로마의 장군에게 투항하여 유대인 대학 창립을 허락할 것을 요청했다. 이것은 풍요로운 유대 전통의 시작이었으며, 그와 동시에 유대인들이 소유했던 모든 것—국가·교회·관료적 성직제도, 관료적 군사제도, 제물로 받치는 동물들, 의식(儀式) 등—의 상실의 시작이었다. 모든 것을 잃었다. 그들은 존재의 이상(ideal of being)을 제외하고는 아무것도 갖지 않은 하나의 집단으로서 남았다. 즉 알고 배우고 사색하고 메시야의 출현을 희망하는 이외엔 아무것도 소유하지 않았다.

2. 신약성서

　신약성서는 생존의 소유구조에 대한 구약성서의 저항을 계속 이어 받고 있다. 신약성서의 저항은 초기 유대인의 저항보다 더 철저하다. 구약성서는 가난하고 짓밟힌 계급의 산물이 아니라, 유목하는 목양자나 독립적인 농부들에게서 나온 것이었다. 그로부터 1천 년 후 학식이 있고 탈무드라는 문학 작품을 가지고 있던 바리새인(Pharisces)은 아주 가난한 사람들로부터 아주 잘 사는 사람들에 이르기까지의 중간계급을 대변하고 있었다. 두 집단은 사회적 정의의 정신, 가난한 사람들의 보호, 과부나 소수민족(Gerim) 등, 무력한 모든 사람들에 대한 도움 등을 염두에 두고 있었다.

그러나 대체로 그들은 부를 나쁘다거나 존재의 원리에 모순된다고 비난하지는 않았다.(Louis Finkelstein의 「바리새인」 참조)

그와는 반대로 초기의 기독교인들은 주로 가난하고 사회적으로 멸시받고 짓밟히고 소외당한 사람들의 집단이었다. 이들은 구약성서의 몇몇 예언자들과 같이 부자들과 권력자들을 혹평했고 부와 세속적 권력과 성직의 권력을 지독한 악으로서 그것들과 타협하기를 거부했다.(THE DOGMA OF CHRIST참조). 마르크스 웨버가 말했듯이 산상설교는 확실히 위대한 노예 반란의 연설이었다. 초기 크리스천들의 분위기는 완벽한 인간적 결속의 분위기로 그러한 분위기가 때때로 모든 물질적 재산에 대한 자발적인 공동소유라는 이념 속에 표현되었다.(우츠(A.F.Utz)는 초기 크리스천의 공동 소유제도와 사도 누가가 알고 있던 초기 그리스인들의 예를 논하고 있다)

이러한 기독교의 혁명적 정신은 아직은 유대교와 분리되지 않았던 크리스천 공동체들에게 알려져 있던 바와 같이, 복음서의 가장 오래된 부분들 속에 특별히 명백하게 나타난다. 복음서의 오래된 부분들은 마태복음과 누가복음의 공동자료들로부터 재구성할 수 있으며, 신약성서의 역사 전문가들은 그것들을 Q자료(Q는 독일어 Quelle 〈원천〉에서 왔다)로 부른다. 이 분야의 기초작업은 지그리트 슐츠(Siegried Suhulz)에 의해 이루어졌는데 그는 Q자료보다 오랜 전통과 새로운 전통을 구분한다.

이같은 자료들 속에서 우리는 사람들이 모든 탐욕과 소유에의 열망으로부터 그리고 소유 구조로부터 스스로를 완전 해방시켜야 하며, 또 역으로 모든 긍정적인 윤리규범은 존재와 공동소유, 결속의 윤리 속에 뿌리 박고 있다는 사실을 중심적인 주장으로서 발견한다. 이 기본적인 윤리적 입장은 한 개인과 다른 사람들과의 관계, 그리고 한 개인과 물질과의 관계에도 다같이 적용된다. 원수를 사랑하라는 명령(마태복음 5:44-48, 누가복음 6:27이하: 32-36)은 개인적 권리들에 대한 철저한 거부(마태복음 5:39 -42, 누가복음 6:29이하)와 마찬가지로 구약의 "이웃을 사랑하라"는 계명보다 더 철저하게 타인에 대해 관심을 가질 것과 이기심의 완전 포기를 강조하고 있다. 다른 사람을 심판하지 말라는 규범(마태복음 7:1-5, 누가복음 6:37이하, 41이하)은 자신의 이기적 자아(ego)를 잊어야 한다는 원리, 그리고 다른 사람들에 대한 이해와 다른 사람들의 안녕에 전적으로 헌신하라는 원리의 진일보된 확대이다.

또한 물건들에 대해서도 소유 구조의 완전 포기가 주장되고 있다. 가장 오래된 공동체는 재산에 대한 철저한 포기를 주장했다. 그 공동체는 재산을 모으는 데 대해서 경고했다. "너희는 자신을 위하여 재물을 땅에 쌓아 두지 말라. 땅에서는 좀이 먹고, 녹이 슬어 없어지며 도둑이 뚫고 들어와 훔쳐간다. 그러므로 너희 재물을 하늘에 쌓아 두라. 거기는 좀이 먹거나 녹이 슬어 없어지는 일이 없고 도둑이 뚫고 들어와 훔쳐 가지 못한다. 너희의 재물이 있는 곳에 너희의 마음도 있다"(마태복음 6:19-21, 누가복음 12:33이하). 예수가 "너희 가난한 사람들은 복이 있나니, 하나님의 나라가 너희의 것이로다"(누가복음 6:20, 마태복음 5:3)라고 말한 것도 그와 같은 정신에서이다.

확실히, 초기 기독교는 가난하고 고통받는 사람들의 공동체였으며, 하나님의 구원 계획에 따라 현존 질서가 최종적으로 사라질 때가 왔다는 묵시적 확신에 차 있었다.

"최후의 심판"이라는 묵시적 개념은 당시의 유대인들 사이에 널리 인정되고 있었던 메시야 이념의 번안이었다. 최종적인 구원과 최후의 심판에 앞서 혼돈과 파괴의 기간이 있는데, 이 기간은 너무 무시무시한 나머지 탈무드를 쓴 랍비들이 하나님에게 메시야 이전의 시대에 살도록 자기들을 구원해 달라고 간청할 정도이다. 기독교에 있어서 새로운 점은 예수와 그를 따르는 자들이 그때가 왔다.(혹은 가까운 장래에 온다)고 믿었으며, 그때는 예수의 출현과 더불어 이미 시작되었다고 믿은 점이다.

실제로, 우리는 초기 크리스천들의 상황을 오늘날 세계에서 일어나고 있는 상황과 관련시키지 않을 수 없다. 종교인들(여호와의 증인은 제외하고)보다도 과학자들 가운데 적지 않은 사람들이 인류가 세계의 종국적인 대파멸에 접근하고 있다고 믿고 있다. 이것은 합리적이고 과학적으로도 주장할 수 있는 관망이다. 크리스천들의 상황은 전혀 달랐다. 그들은 권력과 영광의 절정에 있던 로마제국의 한 작은 지역에서 살았다. 당시 대파국을 경고하는 징조는 하나도 없었다. 그러나 팔레스타인 지방의 가난한 이 작은 유대인 집단은 그 강력한 세계가 곧 파멸할 것이라는 확신을 지니고 있었다. 현실적으로 볼 때 확실히 그들은 실수를 했다. 예수의 재림이 이루어지지 않자, 예수의 죽음과 부활은 복음서에서 새로운 시대의 시작으로서 해석되어 있으며, 콘스탄티누스 황제 이후에 예수의 중재자적 역할을 교황이 교회에 넘기기 위한 시도가 행해졌다. 마침내 온갖 실질적인 목적 때문에 교회는 비록 이론적으로는 아니지만 사실에 있어서는 새로운 시대에 대한 대체물이 되었다.

이 소집단의 거의 믿을 수 없는 정도의 극단주의를 잘 이해하기 위해서는 대부분의 사람들이 하는 것보다, 더욱 진지하게 초기 기독교를 대하지 않으면 안된다. 그들은 오로지 자기들의 도덕적 확신에만 근거해서 현존하는 세계에 대해 판단을 내렸던 것이다. 한편, 찢어지게 가난하고 무참히

짓밟힌 사람들에 속하지 않는 대다수의 유대인들은 다른 길을 선택했다. 그들은 새로운 시대가 시작되었다는 것을 믿기를 거부했고 계속 메시야를 기다렸다. 그 메시야는 인류(유대뿐만 아니라)가 종말론적 의미에서가 아니라, 역사적인 의미에서 정의와 평화와 사랑의 나라가 이룩될 수 있는 시점에 다가섰을 때 오게 될 것이다.

더욱 후대의 "Q"자료는 그 기원을 초기 기독교의 발전의 보다 진행된 단계에 두고 있다. 여기서도 역시 우리는 같은 원리를 발견한다. 여기서는 예수가 사탄으로부터 유혹을 받은 이야기가 그 원리를 아주 간결한 형태로 표현하고 있다. 이 이야기에서는 물건을 소유하고 싶은 욕망과 권력에 대한 열망, 그리고 소유 구조의 기타 표상들이 비난을 받았다. 첫 번째 유혹 곧, 돌을 빵으로 변형시키라는―물질에 대한 갈망을 상징적으로 표현한― 유혹에 대하여 예수는 이렇게 대답한다. "사람이 떡으로만 사는 것이 아니라, 하나님의 입에서 나오는 말씀으로 사는 것이다"(마태복음 4:4, 누가복음 4:4). 그러자 사탄은 예수에게 자연을 지배할 수 있는 완전한 권력(중력의 법칙을 변화시키는)을 준다는 약속으로 예수를 유혹했다. 그리고 마지막으로 땅위의 모든 왕국들을 지배하는 무제한적인 권력으로써 유혹을 하나, 예수는 거부한다(마태복음 4:5-10, 누가복음4:5-12).(라이너 펑크(Rainer Funk)는 유혹이 사막에서 있었다는 사실로서 나의 주목을 환기시켰고, 그래서 출애굽기의 주제를 다루게 되었다.)

여기서 예수와 사탄은 두 가지 정반대 되는 원리의 대변자로서 나타난다. 사탄은 물질적 소비의 대변자이자 자연과 인간을 지배하는 권력의 대변자이다. 예수는 존재의 대변자이자 소유하지 않음이 존재의 전제가 된다는 이념의 대변자이다. 복음서의 시대 이래 세상은 사탄의 원리들을 추종해 왔다. 그러나 이같은 사탄의 원리들의 승리에도 불구하고 예수와 그의 이전과 이후에 살았던 여러 위대한 스승들에 의해 표현되었던 존재의 완전한 실현에 대한 열망을 파괴할 수는 없었다.

　존재에로의 지향을 위해 소유지향을 거부하는 윤리적 엄격성은 에세네파(Essens)와 사해문서에 기원을 두고 있는 교단과 같은 유대 공동체 교단들 속에서도 역시 발견된다. 기독교 역사 전체를 통해서 볼 때, 이러한 윤리적 엄격성은 재산을 소유하지 않고 빈곤하게 살겠다는 서약에 근거를 둔 교단들 사이에서 계속되고 있다.

　초기 기독교의 극단적 개념의 또 다른 표현들이 정도의 차이는 있지만, 교부들의 저작물들 속에서 발견된다. 이들 교부들은 이 점에 있어서는 사유재산 대(對) 공유재산이라는 주제에 관한 그리스의 철학사상에서도 영향을 입고 있다. 지면 관계상 이러한 가르침을 상세히 논의할 수가 없고, 이 문제에 관한 신학적, 사회적 문헌들은 더욱 검토할 수가 없다.(이런 문제들에 관해서는 웃츠(A.F.Utz), 실링(O.Schilling), 슈마커(H.Schumacher)등 등의 옥고(玉稿)를 참조할 것)

　비록 극단주의적 정도에 몇몇 차이가 있고 교회가 더 강력한 제도가 되면 될수록, 덜 급진적인 견해로 기울지만, 초기 교회의사상가들이 한결같이 사치와 탐욕을 날카로이 비난하고 부를 경멸했다는 것은 부정할 수 없다.

　2세기 중엽 유스티누스는 이렇게 썼다. "한때 재물과 재산을 무엇보다도 더 사랑했던 우리는 이제 우리가 이미 갖고 있는 것을 공동재산으로 만들어 그것을 빈궁한 사람들과 공유한다." 역시 2세기에 씌어진 디오그네투스의 편지에는 조국이 없는 것에 대한 구약성서의 사상을 연상케 하는 아주 흥미로운 구절이 있다. "어떤 낯선 나라도 그들 '크리스천'의 조국이며 모든 조국은 그들에게 낯선 나라이다" 3세기의 터툴리아누스(Tertullianus)는 모든 상거래를 탐욕의 결과라고 생각하고 탐욕에서 자유로운 사람들 사이에서는 상거래가 필요 없다고 했다. 거래는 항상 그 자체에 우상숭배의 위험성을 지니고 있다고 그는 선언한다. 그는 탐욕을 모든 악의 뿌리라고 부른다.4)

다른 교부들과 마찬가지로 바실리우스(Basilius)에게 있어서 모든 재물의 목적은 사람들에게 봉사하는 데 있다. 다음과 같은 질문이 그의 특성을 말해준다.

"다른 사람으로부터 의복을 빼앗아가는 사람은 도둑이라고 불린다. 그렇다면 그럴 만한 능력이 있는데도 가난한 사람들에게 의복을 입혀 주지 않는 사람은 도둑이 아닌 다른 이름으로 불릴 자격이 있는가?"

바실리우스는 원래적인 물품 공동체를 강조했고, 몇몇 저자들에 의해 공산주의적 경향을 대변한 것으로 이해되어졌다. 잉여물자는 생산하지도 소비하지도 말아야 한다는 4세기의 크리소스토무스(Chrysostomus)의 경고로써 나는 이 간략한 기술을 끝맺는다. 그는 이렇게 말한다.

"나는 내 것을 쓴다고 하지 말라. 당신은 당신의 것이 아닌 것을 사용하고 있다. 방탕하고 이기적인 사용은 당신의 것을 당신과는 관계없는 것으로 만든다. 당신은 아무런 감각 없이 그것을 사용하고 당신의 것으로 당신만이 사는 것이 옳다고 주장하기 때문에 나는 그것을 당신의 것이 아니라고 부르는 것이다."

---

4) 이 구절은 오토실링(Otto Schilling)의 저서에서 인용되었다. 실링이 파너(K.Farner)와 솜머라드(T.Sommerlad)에게서 인용한 부분을 참조할 것.

사유재산과 어떤 소유물의 이기적인 사용은 부도덕하다는 교부들의 견해들을 여러 페이지에 걸쳐서 인용할 수도 있다. 하지만 구약시대로부터 초기 기독교를 거쳐 그 뒤의 몇몇 세기에서 우리가 알 수 있듯이 소유 지향이 계속 거부되고 있다는 사실은 앞에 든 주장만으로도 충분히 지적할 수 있다. 공공연한 공산주의 분파와 투쟁한 아퀴나스(Aquinas)까지도 사유재산 제도는 그것이 모든 사람들의 안녕을 만족시킨다는 목적에 잘 이바지함으로써 정당화된다고 결론 내리고 있다.

고전불교는 신·구약보다 소유의 포기에 대한 핵심적 중요성을 훨씬 더 강력하게 주장한다. 즉 거기에서는 자기 자신을 포함해서 물질이 영원히 지속된다는 개념, 심지어는 자기완성에 대한 갈망 등 모든 종류의 소유를 포기해야 한다고 했다.5)

3. 마이스터 에크하르트(1260-1327경)

에크하르트는 생존의 소유양식과 생존의 존재양식 사이의 차이점을 어떤 교사도 능가할 수 없을 정도로 통찰력이 있고 명백히 분석하여 서술했다.

독일 도미니크회(Dominican Order)의 주요인물인 에크하르트는 박학한 신학자였고 독일 신비주의의 가장 위대한 대표자이자 가장 심오하고 급진적인 사상가였다. 그의 최대의 영향력은 그가 독일어로 쓴 설교집을 통해서 빛을 발했고, 이 설교집은 그의 동시대인과 제자들뿐만 아니라, 그의 뒤에 나타난 독일 신비론자들과 무신론자, 합리적이면서도 종교적인

---

5) 불교를 좀더 이해하기 위해서는 니야나포니카 마하테라(Nyanaponika Mahatera)의 저서들, 특히 「불교적 명상의 정신(The heart of Buddhist Meditation)」과 「불교 사상에의 길(Pathways of Buddhist Thought:Essays from the Wheel)」을 참조할 것.

생활철학에의 진정한 인도를 원하는 오늘날의 사람들에까지 영향을 끼쳤다.

다음에 다룰 에크하르트에 대한 인용은 요제프 L. 크빈트(Joseph L. Quint)의 에크하르트에 관한 위대한 저작,「마이스터 에크하르트의 독일어 저작집(Meister Eckhart, Die Deuschen Werke)」과「마이스터 에크하르트, 독일어 설교집과 종교 논문(Meister Eckhart, Deutsche Predigten und Traktate」과 레리몬드 B. 블래크니(Raymond B. Blankney)의 영문 번역판「마이스터 에크하르트」(여기서는 블래크니라고 언급됨)가 그 출처이다.

여기서 한 가지 밝히고 넘어가야 할 것은 크빈트의 편저에서는 크빈트 자신이 에크하르트의 저작임에 틀림없다고 생각하는 구절들만을 포함시키고 있는데 반해, 블래크니의 편저는 크빈트가 아직 진실성을 인정하지 않는 구절들도 포함하고 있다는 사실이다. 그러나 크빈트도 자신이 확실하다고 한 것도 이 잠정적인 것에 불과하여 에크하르트가 쓴 것이라고 여겨진 다른 많은 저작들도 앞으로 출처가 확인되어야 할 것이라고 지적하고 있다. 아래에서 출처를 밝히는 숫자들을 위에 세 저작에서 일치된 에크하르트의 설교들을 가리키는 것이다.

에크하르트의 소유의 개념

소유의 양식에 대한 에크하르트의 견해가 나타나 있는 고전적 자료는 빈곤에 관한 그의 설교로서 마태복음 5장 3절의 "마음이 가난한 자는 복이 있나니 하늘 나라가 그들의 것이오"에 근거하고 있다.

이 설교에서 에크하르트는 마음의 빈곤이란 무엇인가라는 의문을 논하고 있다. 그가 외면적인 빈곤, 즉 물질적인 빈곤을 이야기하고 있지 않다는 말로서 그는 논의를 시작한다.(물질적인 빈곤도 좋은 것이고 권장할 만한 것이라고 말하고 있을지라도) 그는 복음서 구절에 나오는 빈곤, 곧 내면적인 빈곤을 말하고자 했으며, 그 내면적인 빈곤을 이렇게 정의한다.

"가난한 사람이란 아무것도 원하지 않고, 아무것도 알지 못하며 아무것도 소유하지 않는 사람이다."(Blakney 28, Quint D. W. 52, Quint D. P. T. 32)

아무것도 원하지 않는 사람은 누구인가? 금욕적인 생활을 선택한 남자나 혹은 여자가 그 질문에 대한 우리의 공통된 대답이 될 것이다. 그러나 이것이 에크하르트가 의미하는 그러한 대답은 아니다. 그는 아무것도 원하지 않음을 참회하거나 외면적인 종교적 실천으로 이해하는 사람을 꾸짖는다. 그는 아무것도 원하지 않음을 이런 개념으로 이해하는 것을 찬성하는 사람들을 이기적 자아에 집착한 사람들로 본다.

"이러한 사람들은 외관에 기초를 둔 성자다운 존재로서의 평판을 얻을 것이다. 그러나 내면적으로 볼 때 그들은 어리석은 사람들이다. 그들이 신적 진리의 참뜻을 파악하지 못하기 때문이다."

에크하르트가 관심을 지닌 "원함"이 불교사상에서도 역시 근본적인 것이며, 이 원함이란 곧, 물질과 자기 이기에 대한 탐욕과 갈망을 말한다. 붓다는 이같은 원함(=집착, 갈망)을 즐거움이 아니라, 인간의 고통의 원인이라고 여긴다. 에크하르트가 계속해서 의지를 갖지 말라고 이야기할 경우, 그는 인간이 허약해야만 한다는 뜻으로 말하는 것은 아니다. 그가 말하는 의지는 인간이 그것에 의해 움직여지는 의지, 즉 갈망과 동일한 뜻이다. 그것은 참다운 의미에서의 의지는 아니다. 에크하르트는 인간이 하나님의 의지를 행하려고 원해서도 안 된다고까지 주장한다. 왜냐하면 이것도 일종의 갈망이기 때문이다. 아무것도 원하지 않는 사람은 무엇에 대해서도 탐욕을 갖지 않는 사람이다. 이것이 에크하르트의 비집착의 개념의 본질이다.

아무것도 알지 못하는 사람은 누구인가? 에크하르트가 무식한 벙어리 같은 사람, 교육을 못 받고 미개화된 사람을 그런 사람이라고 설정한 걸까? 교육받지 못한 사람들을 교육하는 일에 주된 노력을 쏟았고 그 자신이 해박한 지식인이었고, 또 그러한 사실을 숨기거나 과소평가하는 일이 전혀 없었던 에크하르트가 어떻게 그러한 설정을 할 수 있었겠는가?

아무것도 알지 못함에 대한 에크하르트의 개념은 지식을 소유함과 앎의 행동 사이의 차이점과 관계가 있다. 즉 앎의 행동이란 사물의 뿌리까지 파고들어 원인을 알아내는 것을 의미한다.

에크하르트는 어떤 특별한 사상과 사고의 과정을 매우 명백히 구분한다. 그는 신을 사랑하는 것보다 신을 아는 것이 더 좋다는 것을 강조하면서 이렇게 적고 있다.

"사랑은 욕망과 목적에 관련이 있다. 그러나 지식은 어떤 특별한 사상이 아니다. 오히려 그것은 모든 '껍질'을 벗겨내고 사심 없이 적나라하게 하나님에게로 달려간다. 그래서 마침내 신을 접하고 그를 파악하게 된다."

그러나 또 다른 차원에서(에크하르트는 여러 가지 차원에서 이야기를 하고 있다.) 에크하르트는 한 걸음 더 나아가 이렇게 쓰고 있다.

"다시 말하거니와 아무것도 모르는 사람이 가난한 사람이다. 인간은 자아를 위해서도, 진리를 위해서도, 신을 위해서도 살지 않는 것처럼 살아야만 한다고 말해 왔다. 그러나 이 점에 대해서 우리는 무언가 다른 말을 해야 하고, 한 걸음 더 나아가야만 한다. 이러한 빈곤을 성취한 사람은 자기가 자기 자신을 위해서도, 진리를 위해서도 신을 위해서도, 살지 않는다는 것조차 모르는 사람으로서 살아야 할 것이다. 뿐만 아니라, 그는 자기에게서 모든 지식을 없애버려야만 한다. 그래서 신에 대한 어떠한 지식도 그 사람 속에 존재하지 않아야 한다. 왜냐하면 인간의 생존이 신의 외면적인 형식일 경우 그에게는 다른 생활이 있지 않기 때문이다. 즉, 그의 삶이 그대로 그 자신인 것이다. 그러므로 우리 인간은 그가 존재하지 않았던 때 그랬던 것처럼 자신의 지식을 텅 비게 해야만 한다고 말한다. 그리하여 하나님이 원하는 것을 성취하고 인간을 자유롭게 하도록 해야만 한다. (Blankeny 28, Quint D. W. 52, Quint D. P. T. 32).

에크하르트의 입장을 이해하기 위해서는 이러한 말들의 참된 의미를 파악할 필요가 있다. 에크하르트가 "인간은 자신의 지식을 텅 비게 해야만 한다"고 말할 때, 그는 그것을 알고 있는 것을 잊어버려야 한다는 뜻이 아니라, 알고 있다는 사실 그 자체를 잊어버려야 한다는 것을 의미한다. 이것은 곧 지식을, 곧 그것이 우리에게 일체감을 주고 우리가 그 속에서 안전을 얻는 하나의 소유물로 보아서는 안 된다는 것을 말하려는 것이다. 그리고 또 우리는 지식으로 "배워서는" 안 되고 지식에 매달리거나 지식을 갈구해서도 안 된다는 것을 말하려는 것이다. 지식은 우리를 노예로 만드는 도그마의 성질을 띠어서는 안 된다. 이 모든 것들은 소유양식에 속한다. 존재양식에 있어서는 지식은 확실성을 발견하기 위해 정체에 빠지는 일이 없는 꿰뚫는 사고 활동일 뿐이다. 에크하르트는 계속해서 다음과 같이 말한다.

"인간이 아무것도 소유하지 말아야 한다는 말은 무엇을 의미하는가? 이제 이 점에 대해서도 가장 진지한 주의를 기울이자. 내가 자주 말했고, 위대한 권위자들이 동의하는 바와 같이, 인간이 하나님을 위한 적절한 처소가 되어 하나님이 역사하기에 적합하자면, 인간은 내적으로나 외적으로나 자신의 소유물과 자신의 행동으로부터 자유로워야 한다. 그러면 이렇게 말할지도 모른다. 만일, 인간이 물건이나 생물 혹은 그 자신이나 신을 갖지 않고 비어 있는데도 하나님은 여전히 인간 속에서 자신이 역사할 수 있는 장소를 발견할 수 있다면 우리는 이렇게 말할 것이다. 그 장소가 존재하는 이상, 이 인간은 가장 직접적인 빈곤의 상황에도 불구하고 가난하지 않다고 말이다. 왜냐하면 하나님은 인간이 그가 역사(役事)할 장소를 예비해 놓기를 바라지 않기 때문이며, 진정한 마음의 빈곤은 인간이 하나님과 그 역사(役事)마저도 없애 버리도록 요구하기 때문이다. 따라서 만일 하나님이 인간의 영혼 속에서 역사하기를 원할 경우, 하나님 자신이 자기가 역사하는 장소가 되어야 하며, 그리고 신은 바로 이런 것을 바라고 있다. … 따라서 인간은 신이 역사할 장소도 갖지 못할 만큼, 아주 가난해야 한다는 말이다. 장소를 예비한다는 것은 구별을 유지하는 것이 된다. 그래서 나는 하나님께 기도한다. 하나님이 나로부터 신을 물러가게 해 달라고. (Blakney pp. 230-231)

에크하르트가 소유하지 않음에 대한 그의 개념을 더 이상 철저하게 표현할 수는 없었을 것이다. 무엇보다도 우리는 우리가 가진 물건과 우리 자신의 행동으로부터 자유롭게 되어야 한다. 이 말은 우리는 아무것도 소유하지 말아야 하고 아무 일도 하지 말아야 한다는 뜻은 아니다. 이 말은 우리는 우리가 갖고 있는 것, 곧 소유물에게, 심지어 신에게도 묶이거나 속박받지 말아야 한다는 것을 의미한다.

에크하르트는 소유물과 자유와의 관계를 논의할 때, 또 다른 차원에서 소유의 문제에 접근한다.

"인간의 자유는 우리의 소유물, 일 그리고 마침내는 자신의 자아에 속박되는 정도에 따라 제약된다. 우리는 우리의 자아에 묶임으로써 스스로 자신의 길을 가로막으며, 결실을 방해 당하고 우리 자신을 완전히 실현하는 것을 방해받는다. 나의 견해로는 미이드(D. Mieth)의 말이 전적으로 옳은 것 같다. 진실한 생산성의 조건으로서의 자유는 자신의 자아를 포기하는 것일 뿐이며, 이것은 바울적 의미로서의 사랑이 자기 속박으로부터 해방되는 것과 마찬가지다"

라고 그는 주장한다. 속박되지 않고, 물건과 자기의 자아에 집착하려는 갈망으로부터 벗어난다는 의미의 자유는 사랑과 생산적 존재를 위한 조건이다. 에크하르트에 의하면 우리의 인간적 목표는 완전한 존재에 도달하기 위해서 자기 구속(egoboundedness)과 자기 중심(egocentricity)의 차고, 말하자면 생존의 소유양식을 제거하는 것이다. 에크하르트가 말하는 소유지향의 본질에 관해서 내 생각과 가장 비슷한 사람은 미이드인 것 같다. 그가 인간의 재산구조(Besitzstrukturdes Menschen)에 관해 논술하고 있는 방식은 내가 본 바 대로는 "소유양식" 또는 "생존의 소유구조"에 대해 논술하고 있는 방식과 똑같다. 그는 인간의 내적 재산구조의 철저한 파괴를 얘기하면서 마르크스의 "재산 몰수"(expropriation) 개념을 언급하고 있다. 재산구조의 파괴야말로 가장 극단적 형태의 재산 몰수라고 그는 덧붙이고 있다.

생존의 소유양식에 있어서 문제가 되는 것은 소유하는 여러 가지 대상물이 아니고 인간으로서의 우리의 전체적 태도이다. 무엇이나 그 어떤 것도 갈망의 대상이 될 수 있다. 우리가 일상생활에서 쓰는 물건들 재산·의식·선행·지식 그리고 사상 등이 모두 갈망의 대상이 될 수 있다. 이것들 자체는 "나쁜" 것이 아닌데 나쁘게 변한다. 즉 우리가 거기 집착할 때 그래서 그것들이 우리의 자유를 간섭하는 사실이 될 때 그것들은 우리의 자기실현을 방해한다.

에크하르트의 존재의 개념

에크하르트는 존재 being을 두 가지 서로 다른 의미로 사용하고 있다. 물론 이 두 가지 의미는 서로 관련되어 있다. 협의의 심리적 의미에서의 존재는 인간을 변하게 하는 실제적인 그리고 흔히 무의식적인 동인을 나타낸다. 이것은 단순한 행위나 견해와는 대조가 되며, 행동하고 생각하는 인간과도 구별되는 것이다. 크빈트는 에크하르트를 영혼의 비범한 분석자 (genialer seelenanalytiker)라고 칭했는데, 이것은 매우 적절한 평가인 것 같다.

에크하르트는 인간 행위의 가장 은밀한 속박, 가장 깊이 숨겨진 이기심과 의도와 견해의 활발한 동요를 밝혀내고 그리고, 감사와 보상을 바라는 강렬한 동경을 고발하는 데 결코 지칠 줄 모른다"(Quint D. P. T.서론 p.29). 숨겨진 동기에 대한 이와 같은 통찰로 인해 에크하르트는 프로이드 이전 시대의 소박성과, 아직도 유행하고 있는 행동주의적 견해의 소박함을 극복한 프로이드 이후의 독자들에게 가장 큰 관심의 대상이 되고 있다. 행동주의적 주장은 20세기 초의 과학자들이 원자를 더 이상 쪼갤 수 없는 최종 물질 단위로 보았듯이 행동과 견해를 더 이상 분석할 수 없는 두 개의 최종자료라고 보는 것이다. 에크하르트는 여러 논술에서 위와 같은 견해를 표명했는데, 다음 구절은 가장 특색 있는 논술이다.

"사람은 자기가 무엇을 해야 하느냐보다 자기가 무엇인가를 고려해야 한다… 따라서, 선하게 존재하는데 중점을 두도록 할 것이며, 행해질 일의 수나 종류를 강조해서는 안 된다. 차라리 너의 일의 토대가 되는 근본적인 것을 중시해야 한다."

우리의 존재는 실재이며 우리를 움직이는 정신이며 우리 행동을 추진하는 성격이다. 반면에, 우리의 역동적 핵심에서 분리된 행위나 견해는 어떤 실재성도 갖지 못한다.

존재의 두 번째 의미는 더욱 광범위하고 근본적이다. 존재는 생명이며, 활동이며, 탄생이며, 재생이며, 넘쳐남이며, 흘러나옴이며, 생산성이다. 이 의미에서의 존재는 소유의 반대이며, 자기구속, 자기 중심주의의 반대이다. 에크하르트에게 있어 존재는 능동적이라는 의미이다. 여기서 능동적이라는 것은 바쁘다고 하는 현대적 의미에서가 아니라, 자기의 인간적 힘을 생산적으로 나타내는 고전적 의미에서이다. 그에게 있어 능동성은 "자기 자신에서 나오는 것"(Quint D. P. T.6)을 의미한다. 그는 이것을 여러 가지 말로써 표현한다. 즉 그는 존재를 "끓"는 과정, "낳는"과정, "그 자체 내에서 그리고 그 자체를 넘어서 자꾸 흐르는" 어떤 것이라고 표현하고 있다. 때로 그는 능동적 성격을 나타내기 위해서 달림(running)이라는 상징을 사용하기도 한다.

"평화 속으로 달려들어가라! 달리는 상태에 있는 사람, 평화 속으로 끊임없이 달려들어가는 상태에 있는 사람은 천상의 사람이다. 그는 끊임없이 달리고 움직이며, 달리는 가운데서 평화를 찾는다."(Quint D. P. T.8)

또 하나의 능동성의 정의는 다음과 같은 것이다. 활동적이고 활발한 사람은 "가득 차면 늘어나게 되어 결코 가득 채워지지 않는 용기(容器)(Blakney, p. 233 Quint)는 이 구절이 에크하르트가 쓴 것이라고 확증하지 않음)" 와 같다는 것이다.

소유양식을 철저히 파괴하는 것이 모든 진정한 능동성을 위한 조건이다. 에크하르트의 윤리 체계에서 최상의 덕은 생산적인 내적 능동성의 상태이다. 왜냐하면 내적 능동성이 모든 형태의 자기 구속과 갈망을 극복하는 전제가 되기 때문이다.

제 2 부
두 가지 생존양식 사이의 근본적 차이에 대한 분석

제4장 소유양식이란 무엇인가?
제5장 존재양식이란 무엇인가?
제6장 소유와 존재의 새로운 측면

제4장
소유양식이란 무엇인가?

1. 취득사회 - 소유양식의 토대

우리는 사유재산·이윤·권력을 그 실존의 지주로 삼고 있는 사회에 살고 있으므로 판단이 극도로 편파적이다. 취득하는 것, 소유하는 것, 이윤을 남기는 것이 산업사회에 사는 개인의 신선하고 양도할 수 없는 권리이다.6) 재산의 출처가 무엇인가 하는 것은 아무런 문제도 되지 않는다. 소유가 재산 소유자에게 어떤 의무를 지우느냐도 문제가 되지 않는다.

"내가 내 재산을 어디서 어떻게 획득했느냐, 또는 내가 그 재산을 가지고 어떤 일을 하느냐 하는 것은 내 자신의 문제일 뿐 다른 어느 누구도 상관할 바가 아니다. 내가 법을 어기지 않는 한 내 권리는 제한 받지 않으며 절대적이다"라는 것이 이러한 산업사회의 원칙이다.

---

6) 토오니 R. H. Tawney의 1920년 저서인 취득사회(The Acquisitive Society)는 현대 자본주의와, 인간과 사회의 변화에 대한 선택권을 이해하는 데 아직도 가장 훌륭한 저서이다. 마르크스 웨버, 브렌타노, 샤피로, 파스칼, 좀바르트, 크라우스 등의 기고들에도 인간존재에 대한 산업사회의 영향을 이해하기 위한 기본적인 통찰이 포함되어 있다.

이런 종류의 재산을 사유재산이라고 부를 수 있다. 이 사유(Prioate)의 어원은 라틴어의 Privare인데 그 뜻은 "빼앗는다"라는 것이다. 왜냐하면 그것을 소유하고 있는 사람, 혹은 사람들이 그것의 유일한 주인으로, 그것의 사용이나 향유를 다른 사람들로부터 빼앗는 완전한 권한을 행사하기 때문이다.

사유재산제가 자연스럽고 보편적인 범주로서 생각되고 있지만, 인류의 전 역사(선사시대를 포함한)를 생각해 보면, 그리고 특히 경제가 생활의 주된 관심사가 아니었던 유럽 이외의 문화를 생각해 보면 사실 사유재산제는 통례라기보다는 예외적인 것이다. 사유재산 외에 순전히 자신의 일의 결과인 자기 창조적 재산(self-created-property), 동료를 도울 의무에 의해 제한되는 제한재산(restricted property), 일을 위한 도구, 향락을 위한 물건 등을 가리키는 기능적 혹은 개인적 재산(functional or personal property), 이스라엘의 키부츠(Kibbutzim)같이 공동 유대의 정신에 따라 한 그룹이 공유하는 공유재산(Common Property) 등이 있다.

사회를 움직이는 규범이 또한 그 구성원들의 특성(사회적 특성)을 형성한다. 산업사회의 이런 규범은 재산을 취득하려는 욕구, 그것을 유지하려는 욕구, 그것을 증가시키고 이익을 남기려는 욕구 등이다. 재산을 가진 자들은 찬양 받고, 또 우월한 존재로 부러움의 대상이 된다. 그러나 대다수의 사람들은 자본과 자본재의 진정한 의미에서의 재산을 소유하고 있지 않으며, 따라서 곤란한 문제가 일어난다. 즉 그런 사람들이 재산을 획득하고 유지하려는 그들의 열정을 어떻게 만족시키거나 극복할 수 있을 것인가? 그들이 이렇다 할 재산이 없는데 어떻게 재산의 소유와 같은 느낌을 가질 수 있겠는가?

　물론 분명한 해답은 아무리 가난한 사람이라도 무엇인가 가지고 있으며, 더욱이 보잘것없는 소유물을 자본주의자들이 그 재산을 귀중히 간직하는 것만큼이나 소중하게 간직한다는 점이다. 또 가난한 사람들도 대재산의 소유주들처럼, 그들이 가지고 있는 것을 보존하고 조금씩이라도 증가시키려는 소망에 사로잡혀 있다는 것이다(예를 들면 여기서 1페니를 저축하고, 거기서 2센트를 저축하는 식으로).

　아마 가장 큰 즐거움은, 물질적인 것을 소유하는 것보다 살아 있는 존재를 소유하는 데 있을 것이다. 가부장적 사회(Patriarchal Society)에서는 가장 가난한 계급의 가장 비참한 사람들일지라도 그의 아내, 자녀들, 짐승(가축)들과의 관계에서 재산의 소유자가 될 수 있다. 이들에 대해서 그는 자기가 절대적 주인임을 느낄 수 있다. 적어도 가부장적 사회의 남자에게 있어서는 자녀를 많이 갖는 것이 소유권을 획득하기 위해 일할 필요도 없이 또 자본 투자도 별로 하지 않고 사람들을 소유하는 유일한 방법이다. 아이를 낳는 모든 부담이 여자의 것임을 고려할 때, 가부장적 사회에서의 자녀의 생산은 여성에 대한 지독한 착취 행위임을 부정하기 어렵다.

　그러나 한편 어머니는 어머니대로의 독자적 소유형태를 갖는다. 자녀들이 어릴 때 그들을 소유하는 것이다. 이 관계는 끝없는 악순환을 이룬다. 즉, 남편은 아내를 착취하고 아내는 어린 자녀들을 착취하며, 청년기에 접어든 남자는 곧 여자를 착취하는 어른들의 대열로 끼여들고, 또 그런 악순환이 계속된다.

　가부장적 질서에서의 남성의 지배는 어림잡아 6천 내지 7천 년간 계속되어 왔으며, 아직도 가장 빈한한 나라, 사회의 최하층 계급에서는 여전히 통용되고 있다. 그러나 보다 풍요한 국가나 사회에서 그것은 점점 쇠퇴하고 있다. 사회의 생활 수준이 향상되는 시기와 정도에 따라 여성·어린이·청소년의 해방이 진행되고 있는 것 같다. 이와 같이 구식의 가부장적 인간의 소유형태가 서서히 소멸되면서, 완전히 진보된 산업사회의 중산층 시민들은 재산을 획득하고, 유지하고 증가시키려는 그들의 열정을 어디서 충족시킬 수 있을 것인가? 이에 대한 해답은 소유의 영역을 확장시켜 친구·연인·건강·여행·예술품·하나님·자신의 자아 등을 그 속에 포함시키는 데 있다.

부르주아의 재산에 대한 강박관념을 훌륭하게 묘사한 사람은 마르크스 슈티르너(Max Stirner)이다. 그에 의하면, 사람은 물건으로 변형되며 서로간의 관계가 소유의 성격을 띠게 된다는 것이다. "개인주의(個人主義)"는 긍정적인 의미로는 사회적 속박으로부터의 해방을 의미하지만, 나쁜 의미로는 "자기 소유"를 뜻한다. 즉, 자기의 에너지를 자기 자신이 소유한 사람, 곧 자기 자신의 성공에 투자할 권리―그리고 의무―를 말한다. 우리의 자아는 우리의 재산 감정의 가장 중요한 대상이다. 왜냐하면 그것은 여러 가지를 포함하고 있기 때문이다. 즉 우리의 신체·이름·사회적 지위·소유물(지식을 포함한), 우리가 자신에 대해 갖기를 바라는 이미지 등이 포함된다. 우리의 자아는 지식이나 기술 같은 실체적인 자질과 우리가 현실이라고 하는 핵 주위에 건설하는 가공적 자질과의 혼합체이다.

그러나 본질적인 점은 자아의 내용이 무엇이냐라기보다, 자아가 우리들 각자가 소유하고 있는 어떤 물건으로 느껴지며, 그리고 이 "물건"이 우리의 주체의식의 토대가 된다는 점이다.

재산에 대한 논의에서 밝혀야 하는 점은 19세기에 성행했던 중요한 재산 집착 형태가 1차대전이 끝난 후 수십 년 동안 점점 쇠퇴하여, 오늘날에는 별로 눈에 띄지 않게 됐다는 것이다. 옛날에는 소유한 물건은 무엇이나 소중히 보존하고 돌보고 쓸 수 있을 때까지 사용되었다. 구매는 "보존하기" 위한 구매였고 19세기 당시의 표어는 "오래된 것은 아름답다(old is beautiful)라는 것이었다. 오늘날에는 보존보다는 소비가 강조되고 있으며, 구매는 "쓰고 내버리는" 구매가 되었다. 사는 물건이 자동차이건 옷이건 기계장치이건 간에 얼마 동안 쓰고 나면 싫증이 나서 어떻게 하면 "낡은" 것을 처분하고 최신형을 사는데 열중한다. 취득→잠정적 소유와 사용→내버림(혹은 가능하면 더 좋은 모델과 유리하게 교환한다)→새로운 취득, 이것이 소비형 구매의 악순환을 형성하고 있으며 오늘의 표어는 "새로운 것이 아름답다.(New is beautiful)"라고 할 수 있을 것이다.

　아마도, 오늘날 소비형 구매현상의 가장 충격적 예는 자가용 자동차일 것이다. 우리의 시대는 "자동차의 시대"(the age of the automobile)라고 부를 만하다. 이것은 우리의 전경제가 자동차 생산을 중심으로 형성되어 있고 우리의 전체 생활이 자동차의 소비자 시장의 호경기와 불경기에 의해 크게 좌우되기 때문이다.

　자동차를 가진 사람들에게는 그들의 자동차는 절대로 중요한 필수품처럼 보이며 아직 소유하지 못한 사람, 특히 소위 사회주의 국가에 사는 사람들에게는 자동차는 행복의 상징이다. 그러나 분명한 사실은 자기 자신의 자동차에 대한 애정은 깊고 지속적인 것은 못되고 잠깐 동안 계속되는 사랑 사건에 불과한 것이다. 자동차 소유자들은 그 자동차를 자주 바꾼다. 2년쯤 지나면, 어떤 경우엔 1년밖에 안 되어서, 차의 주인은 "헌 차"에 싫증을 느끼고 새 자동차를 "잘 구매하기" 위해서 쇼핑을 시작한다. 쇼핑에서부터 구매에 이르는 일련의 거래는 하나의 게임처럼 보인다. 이 게임에서는 속임수까지도 때로는 주요한 요소로 등장하며 잘 구매한다는 것이 목적한 상품인 최신형 승용차 이상은 아니더라도 그에 못지 않게 향락의 대상이 된다.

  차주들의 차에 대한 소유 관계와 차에 대한 그들의 매우 짧게 지속되는 관심간에는 외면적으로 보아도 매우 극심한 모순이 있는 것같이 보인다. 이러한 모순의 수수께끼를 풀기 위해서는 몇 가지 요소가 설명되어야만 한다. 첫째로, 차와 그 소유자간의 관계에 비인격화적 요소가 있다. 자동차는 그 소유주가 좋아하는 구체적 대상이 아니고, 지위의 상징, 권력의 신장, 즉 자아를 형성해 주는 것이다. 자동차를 획득함으로써 그 소유자는 실제로 새로운 한 조각의 자아(ego)를 획득하게 된다. 두 번째 요소는 이를테면, 새 차를 6년마다 구입 대신 2년마다 구입함으로써 구매자의 취득의 드릴이 증가된다는 것이다. 새 차를 자기 것으로 하는 행위는 일종의 꽃을 따는 행위와 같다. 그것은 지배감을 높여 주는 행위이다. 이런 행위가 더욱 자주 일어날수록 그 드릴도 더욱 커진다. 세 번째 요소는 차를 자주 산다는 것은 "거래할" 기회를 그만큼 자주 마련해 준다는 점이다. 즉, 교환에 의해 이윤을 남길 기회를 자주 갖는다는 것인데, 그것은 오늘날 남자에게나 여자에게나 깊이 뿌리 박혀 있는 만족이다. 네 번째 요소는 매우 중요한 것으로서 새로운 자극을 경험해야 하는 필요성이다. 옛 자극은 얼마 안 가서 그 효능이 상실되어 아무 소용이 없어가기 때문이다. 그전에 자극에 대해 논하면서, (「THE ANATOMY OF HUMAN DISTRUCTIVENESS」에서) 나는 "능동적"자극과 "수동적" 자극을 구분하고 다음과 같은 공식을 제시하였다.

"자극이 '수동적'이 될수록 그것은 그 강도 또는 그 종류에 있어서 더욱 자주 바뀌어야 한다. 자극이 "능동적"이 될수록 그 자극의 성질이 더 오래 지속되고 강도나 내용의 변화가 덜 요구된다." 다섯째 요소는 가장 중요한 요소인데, 지난 1세기 반 동안에 일어난 사회적 성격의 변화이다. 즉, "축적적" 성격에서 "시장적" 성격으로 변화한 것이다. 이 변화가 소유지향을 벗어난 것은 아니지만, 그것을 상당히 수정하고 있다.(축적적 성격에서 시장적 성격에로의 이러한 발전은 제7장에서 논의되어 있다.)

소유적 감정은 다른 관계에서도 보여진다. 예를 들면 의사 · 치과의사 · 변호사 · 사장 · 노동자들에 대해서도 그런 감정이 나타난다. 사람들은 흔히 내 의사, 내 치과의사, 내 일꾼 등등의 표현을 쓴다. 인간에 대한 재산적 태도는 그만두고라도, 사람들은 수없는 대상들, 혹은 감정까지를 재산으로서 경험한다. 건강이나 병을 예로 들어보자. 사람들은 건강을 이야기할 때 소유적 감정을 갖고 이야기한다. 즉, 내 병이니, 내 수술이니, 내 치료니, 내 식이요법이니, 내 약이니 하고 얘기한다. 그들은 확실히 건강과 병을 자기 재산으로 생각하고 있다. 나쁜 건강에 대한 그들의 소유 관계는 이를테면 폭락하는 주식시장에서 원가 이하로 떨어지는 주식에 대한 주주의 관계와 비유할 수 있다.

사상이나 신념도 또한 재산이 될 수 있고, 습관까지도 재산이 될 수 있다. 예를 들면 매일 아침 똑같은 시간에 똑같은 메뉴의 아침을 먹는 사람은 그 절차가 조금만 달라져도 당황하는 수가 있다. 그의 습관이 재산이 되어 그것을 잃게 되면 그의 안전이 위협 당하기 때문이다.

생존의 소유양식의 보편성에 대한 이런 설명은 많은 독자들에게 너무나 부정적이고 일방적이고 느낌이 떠오르게 할 것이고, 사실 그렇기도 하다. 나는 가능한 한 실상을 명확하게 제시하기 위해서 먼저 사회적으로 만연되어 있는 태도를 제시한 것이다. 그러나 위에 제시한 설명에 어느 정도 균형을 줄 수 있는 또 다른 요소가 있다. 이 요소는 젊은 시대 사이에 자라나고 있는 태도로 대다수가 지니고 있는 태도와는 여전히 다른 태도이다. 이 젊은이들 사이에서 우리는 감춰진 형태의 취득과 소유가 아니고, 어떤 "지속적인" 것을 그 보상으로 기대하지 않으면서도, 자기가 하고 싶은 장소를 보기 위해서 만나고 싶은 사람들을 만나기 위해서 종종 고생을 하면서 먼 거리를 여행한다. 그들의 목적이 그들이 생각하는 만큼 가치 있는 것인가 아닌가는 여기서 문제가 되지 않는다.

그들이 충분한 진지성, 준비 혹은 집중력이 없다고 하더라도 혹시 이 젊은이들은 과감히 존재하려 하며 그들이 보상으로 무엇을 얻느냐, 무엇을 보존할 수 있느냐에 관심을 갖지 않는다. 그들은 또 흔히 철학적으로 정치적으로 순진하기는 하지만 구세대보다 훨씬 더 성실한 것처럼 보인다. 그들은 시장에서 바람직한 "상품"이 되기 위해서 항상 자신의 자아를 때빼고 광내지는 않는다. 그들은 알면서도 모르면서도 끊임없이 거짓말을 하며, 그들의 이미지를 보호하지 않는다. 그들은 다른 대다수의 사람들이 그렇듯이, 진실을 억누르는데 그들의 에너지를 소모하지 않는다. 그리고 흔히 그들은 그들의 정직성으로 그들의 어른들에게 깊은 감명을 준다. 왜냐하면 연장자들은 진실을 보거나 말할 수 있는 사람들을 속으로는 존경하기 때문이다. 그들 사이에는 갖가지 색채를 띤 정치적·종교적 지향을 가진 단체들도 있고, 특별한 이데올로기나 신조가 없이 다만 자신을 "탐구하고 있다"고 스스로 말하는 단체들도 많다. 그들이 자신이나 혹은 생활 방식의 지침이 될 목표를 아직 찾아내지 못했다 해도, 그들은 소유와 소비 대신 그들 나름대로 존재하기 위해서 탐구하고 있는 것이다.

그러나 이 긍정적 요소는 그 질을 분류할 필요가 있다. 이들 같은 젊은이들의 다수는(60년대 말부터 이들의 숫자는 눈에 띄게 줄어들고 있다)…로부터의 자유에서 …로의 자유로 진보하지 못했다. 그들은 다만 반항했을 뿐, 제재와 의존으로부터의 자유라는 목표 외에는 향해 나갈 목표를 찾아내려는 의도를 갖지 않았다. 부르주아인 그들 부모들의 표어나 마찬가지로 그들의 표어는 "새로운 것은 아름답다"는 것이었으며 가장 위대한 정신이 만들어낸 사상을 포함한 모든 전통에 대해 거의 공포증적인 무관심을 표출하였다. 일종의 순진한 자기 도취에 빠져 그들은 발견할 만한 가치가 있는 모든 것을 그들의 힘만으로 발견할 수 있을 것으로 믿었다. 근본적으로 그들의 이상은 다시 어린애가 되는 것이었고, 마르쿠제(Marcuse) 같은 저자들은 어린애 시절로 되돌아가는 것이—성숙함으로의 발전이 아니라—사회주의와 혁명의 궁극적 목적이라는 편리한 이데올로기를 만들어 냈다. 그들은 이 도취감이 지속될 만큼 젊은 동안은 행복했다. 그러나 그들 중 다수는 기반이 확고한 확신도 얻지 못한 채, 그들 자신의 내면에 구심점도 갖지 못한 채, 심한 실망과 함께 이 시기를 지나쳐 버렸다. 그들은 흔히 결국에 가서는 실망에 빠진 냉담한 사람이 되거나 불행한 파괴의 광신자가 되었다.

그러나 큰 희망을 갖고 출발한 사람들이 모두 환멸로 끝난 것은 아니다. 하지만 불행하게도 그렇지 않은 사람들이 얼마나 되는가를 알 길이 없다. 나의 지식으로는 타당한 통계자료나 올바른 추정조차도 찾아볼 수 없으며, 그런 자료가 있다고 해도 각 개인을 평가하는 방법을 믿기가 거의 불가능하다. 오늘날, 미국과 유럽의 수백만의 사람들이 그렇게 길을 보여줄 수 있는 전통 및 스승을 접하려 하고 있다. 그러나 대부분의 신조나 스승은 속임수가 아니면 야단스런 자기선전(P. R의 정신에 의해)에 타락되었거나, 각각의 도사(導師)의 재정적 또는 이권적 사심으로 오염되어 있다. 어떤 사람들은 가짜에 불과한 그런 방법에 의해서도 진정으로 이익을 얻을 수도 있을 것이다. 또 다른 사람들은 이들에게서 아무런 내적 변화도 얻지 못할 것이다. 그러나 새 신자들에 대한 자세한 양적·질적 분석만이 각 그룹에 얼마나 많은 숫자가 소속되어 있는가를 알려줄 수 있을 것이다.

내 개인적 평가로는 소유양식에서 존재양식으로 그들의 태도를 바꾸려는데 진지한 관심을 가진 젊은이들(그리고, 일부 나이 먹은 사람들)의 숫자는 여기저기 흩어진 몇몇 개인들보다 훨씬 많다고 본다. 나는 아주 많은 수의 단체 및 개인이 존재의 방향으로 움직여 가고 있으며, 이들은 대다수의 사람들의 소유지향을 초월하려는 새로운 경향을 대표하고 또 이들은 역사적 의미를 갖고 있다고 믿고 있다. 소수의 사람들이 역사발전이 행하게 될 경로를 지시한 것은 이번이 처음은 아닐 것이다. 이 태도가 생겨날 수 있게 한 일부 요소가, 거의 역전될 가망이 없는 역사적 변화, 즉 여자들에 대한 가부장적 지배와 젊은이에 대한 부모의 지배의 붕괴라는 역사는 변화이기 때문에 이러한 희망은 더욱 실제적인 것이다. 20세기의 정치적 혁명인 러시아 혁명은 실패한 반면(중국 혁명의 최종 실패를 가름하기에는 시기가 너무 이르다), 금세기의 성공적인 혁명으로는 비록 초기 단계에 있기는 하지만 여성혁명, 어린이의 혁명, 성(性)의 혁명을 들 수 있다.

이들 혁명의 원칙들은 이미 수많은 개인들의 의식을 통해 받아들여졌으며, 매일같이 옛 이데올로기들은 더욱 엉터리가 되어가고 있다.

2. 소유의 본질

생존의 소유양식의 본질은 사유재산의 모든 본질로부터 추정된다. 이 생존양식에서 문제가 되는 모든 것은 재산을 취득하는 것, 내가 취득한 것을 보존할 수 있는 나의 무제한의 권리뿐이다. 소유양식은 다른 모든 것들을 제거한다. 소유양식은 내 편에서 더 이상 내 재산을 보전하거나 그것을 생산적으로 사용하기 위한 노력을 요구하지 않는다. 석가는 이런 행동 양식을 갈망이라 표현했고 유대교나 기독교에서는 탐욕이라고 한다. 그것은 모든 사람과 모든 것을 죽은 것과 다른 사람의 권력에 복종하는 것으로 변형시킨다.

"나는 무엇을 가지고 있다"는 문장은 주어인 나(혹은 그, 우리, 너, 그들)와 목적어인 대상 사이의 관계를 나타내고 있다. 이 문장은 주어도 영원하고 목적어도 영원하다는 것을 암시하고 있다. 그러나 주어가 영원한가? 또 목적어 역시 영원할 것인가? 나는 죽을 것이며 또 내가 무엇을 소유하도록 보장해 주는 사회적 지위를 잃을 수도 있다. 목적어도 마찬가지로 영원하지 않다. 그것은 파괴될 수도 있고, 잃어버릴 수도 있으며, 또 그 가치를 잃어버릴 수도 있다. 어떤 것을 영원히 소유한다고 말하는 것은 영속적이고 파괴될 수 없는 물체가 있다는 환상에 근거를 두고 있다. 내가 모든 것을 가지고 있는 것처럼 보일지라도 실제로 나는 아무것도 가지고 있지 않다. 왜냐하면 내가 어떤 물체를 보유, 소유 지배한다는 것은 삶의 과정 중의 잠정적 순간에 불과하기 때문이다.

결국, "내가(주어) 대상(목적어)을 가지고 있다"는 말은 나의 정의를 목적어에 대한 나의 소유를 통해 표현하고 있다는 말이다. 주어는 나 자신이 아니고 가지고 있는 나이다. 내 자신이 나 자신과 나의 주체를 형성한다. "나는 나다"하는 말에 들어 있는 기초적 사상은 "나는 X를 가지고 있기 때문에 나다"라는 것이며, 이때 X는 내가 그것을 지배하고 영구적으로 내 것으로 할 수 있는 권한을 통해 내가 나 자신과 관련을 짓는 모든 자연물과 사람과 동일한 것이다.

소유양식에 있어서는 나와 내가 가지고 있는 것 사이에는 살아 있는 관계가 없다. 그것과 나는 물건이 되어 버리며, 나는 그것을 내 것으로 할 수 있는 힘을 가지고 있기 때문에 그것을 소유하고 있는 것이다. 그러나 또한 역(逆)의 관계도 성립한다. 즉, 그것이 나를 소유하는 것이다. 나의 주체의식, 즉 온전한 정신의식이 내가 그것을(가능한 많은 것들을) 소유한다는 사실에 의존하고 있기 때문이다. 생존의 소유양식은 주어와 목적어의 살아 있는 생산적 관계에 의해 확립되는 것이 아니다. 그것은 목적어와 주어를 모두 물체로 만들어 버린다. 그 관계는 살아 있는 관계가 아니며 죽음의 관계이다.

소유 — 힘 — 반항

자기 자신의 본성에 따라 성장하려는 경향은 모든 생물에 공통된 것이다. 따라서 우리는 우리의 구조에 의해 결정된 방식으로서의 우리의 성장을 방해하려는 어떠한 시도에도 저항한다. 그 저항이 의식적이든 아니든 간에 이를 분쇄하기 위해서는 물리적 혹은 정신적 힘이 필요하다. 무생물은 그 원자구조 및 분자구조에 내재한 에너지를 통해 다양하게 그 물리적 구성의 통제에 저항한다. 그러나 그것들은 쓰여지는데 대항해서 싸우지는 않는다. 생물체에 대한 타율적 힘의 사용(즉, 우리의 주어진 구조와 반대방향으로 우리를 억누르는 힘, 다시 말해 우리의 성장에 유해한 힘)은 저항을 일으킨다. 이 저항은 여러 가지 형태를 취할 수 있다. 개방적·효율적·직접적·능동적 저항에서부터 간접적, 비효과적 또는 흔히 무의식적 저항에까지 갖가지 형태가 있을 수 있다.

유아의, 어린이의, 청소년의 그리고 궁극적으로는 성인의 의지의 자유롭고 자발적인 표현이 제한되며, 지식과 진실에 대한 그들의 갈증, 애정에 대한 그들의 욕구도 제약을 받는다. 사람은 자라나면서 그의 자율적이고 진정한 욕망과 관심, 그리고 그 자신의 의지를 포기하고, 자발적이 아닌 사상과 감정의 사회적 유형에 의해 덧붙여진 의지·욕망·감정을 취하도록 강요된다. 사회와 사회의 심리사회적 대행자로서의 가정은 "한 사람의 의지를 어떻게 하면 그가 모르게 분쇄하느냐" 하는 어려운 문제를 해결해야만 한다. 그러나 가정과 사회는 주입(注入)·보상·처벌·적절한 이데올로기 등의 복잡한 과정을 통해 이 과제를 대체로 잘 수행함으로써 대부분의 사람들은 그들이 자기 자신의 의지대로 살고 있다고 믿고 있으며, 그들의 의지 자체가 통제되고 조작된다는 사실을 모르고 있다.

의지에 대한 이러한 억압 중에서 가장 큰 어려움은 아마 성(性)에 관한 것일 것이다. 우리는 성문제에서 어떤 다른 욕망보다도 조종하기 어려운 자연적 질서의 강력한 경향을 다루게 되기 때문이다. 이런 이유로 사회는 다른 어떤 욕망에 대해서보다도 더욱 맹렬한 싸움을 성욕을 상대로 해서 하려고 한다. 도덕적인 근거(그 악성)에서 건강상의 이유(자위행위는 육체적 건강을 해친다)에 이르는 갖가지 형태의 성에 대한 비방을 여기서 인용할 필요는 없을 것이다. 교회는 산아제한을 금하고 있다. 하지만 실제로 생명의 신성함에 대한 관심 때문이 아니라,(즉 살인죄와 전쟁이라고 하는 비난을 받게 되리라고 하는 관심 때문이 아니라) 생산을 목적으로 하지 않는 성행위를 모독하기 위한 것이다.

성(性)을 억제하기 위한 이제까지의 노력이 성 자체만을 대상으로 한 것이라고 한다면, 이해가 되기 힘들 것이다. 그러나 성을 비방하는 이유는 성에 있지 않고 인간의지의 분쇄에 있다. 소위 말하는 수많은 원시사회에서는 어떠한 성의 금기(tabu)도 없었다. 그 사회는 착취와 지배 없이 가능함으로, 즉 개인의 의지를 분쇄할 필요가 없는 것이다.

원시사회는 성을 나쁜 것이라고 낙인을 찍으려 하지 않고 죄책감 없이 성관계의 쾌락을 즐길 수 있었다. 이러한 원시사회에서 가장 주목할 만한 점은 이성적 자유가 성적 탐욕으로 타락하지 않는다는 점이다. 비교적 일시적인 성관계의 시기가 지나가면 서로 자기의 짝을 발견하게 되고, 그 후에는 그들은 상대를 바꾸려 하지 않으며 사랑이 식어져 버리면 또 자유롭게 갈라선다는 것이다. 소유지향이 아닌 어떠한 집단들에 있어서는 성적 향락이 존재의 표현이며 성적 소유의 결과가 아니다.

내가 이렇게 말하는 것은 우리가 이들 원시사회와 같은 생활로 돌아가야 한다는 뜻이 아니다. 또한 우리가 원한다 해도 그럴 수는 없을 것이다. 왜냐하면 문명이 가져온 개인화, 개인적 차별과 거리감으로 인해 개인적 사랑이 원시사회의 그것과 다른 특질을 갖게 되었다는 단순한 이유 때문이다. 우리는 원시 사회로 복귀할 수 없다. 다만 전진할 수만 있을 뿐이다. 문제는 새로운 형태의 무산성(無産性, Propertylessness)으로서, 모든 소유사회의 특징이 되고 있는 성적 탐욕을 제거하는 일이다.

성욕은 일생의 아주 초기에 표현되는 독립(자위행위)의 한 표현이다. 그에 대한 금기는 어린이의 의지를 꺾는 데 도움을 주며, 그에 대해 죄의식을 느끼게 함으로써 그를 더욱 복종적으로 만든다. 성적 타부를 깨려는 충동은 대부분 그 본질에 있어서 자유를 회복하려는 데 목적을 둔 반항의 시도이다. 그러나 성적 타부를 분쇄하는 것, 그 자체로는 더 큰 자유로 발전하지 못한다. 말하자면, 그 반항은 성적 만족 속에, 그리고 그에 뒤따르는 죄의식 속에 익사하고 만다.

내적 독립의 성취만이 자유를 유도하며, 결과 없는 반항에의 욕구를 끝맺는다. 이것은 자유를 회복하려는 시도로서 금지된 것을 행하는 모든 다른 행동에 있어서도 마찬가지다. 사실 타부는 성적 강박관념과 성적 도착을 만들어 낸다. 그러나 성적 강박관념과 성적 도착은 자유를 만들어 내지 못한다.

어린이의 반항은 여러 가지 다른 방식으로 나타난다. 청결 훈련의 규칙을 받아들이지 않는 행위, 먹지 않거나 또는 과식하는 행위, 공격과 가학성(sadism), 그 밖의 여러 가지 자기 파괴적 행동 등으로 나타난다. 흔히, 이 반항은 일종의 일반적인 "태업"으로 나타나기도 한다. 세상에 대해 흥미를 느끼지 않고, 게을러지며 수동적이 되며, 심한 경우는 서서히 자기를 파괴하는 가장 심한 병리적 형태에까지 이른다. 어린이와 부모간의 이 힘의 투쟁의 결과가 데이빗 E. 쉑터(David E. Schecter)의 유아발달이라는 논문의 주제가 되고 있다. 모든 자료는 어린이와 그후의 성장 과정에 대한 타율적인 간섭은 모든 정신병리 특히 파괴 성향의 가장 깊은 원인임을 나타내고 있다.

그러나 자유는 자유방임(Laissez-faire)이나 독단(arbirariness)이 아니라는 것을 분명히 이해해야만 한다. 인간도 다른 종과 마찬가지로 특별한 구조를 갖고 있으며, 이 구조를 통해서만 성장할 수 있다. 자유는 모든 지도 원리들로부터의 자유를 의미하지는 않는다. 그것은 인간 생존의 구조의 법칙(자율적 제한)에 따라 성장하는 자유를 뜻한다. 그것은 최상의 인간 발전을 지배하는 법칙에의 순응을 뜻한다. 이 목표를 진전시키는 어떤 권위든 간에 이 진전이 어린이의 활동, 비판적 사고, 생에 대한 신뢰를 활성화시키는데 도움을 주는 방식으로 성취되면 그것은 "합리적 권위"(rational authority)이다. 반대로 권위가 어린이에게, 어린이의 특수한 구조에 맞는 목적이 아니라 권위의 목적에 봉사하는 타율적 규범을 부과할 때 그것은 "불합리한 권위"(irrational authority)이다.

재산과 이윤에 중점을 두는 태도인 생존의 소유양식은 필연적으로 힘에 대한 욕망—실제론 궁핍—을 만들어 낸다. 다른 인간들을 지배하기 위해서는 우리는 그들의 저항을 분쇄하는 힘을 사용할 필요가 있다. 사유재산에 대한 독점적 지배를 유지하기 위해서 우리는 그 재산을 빼앗아가려는 사람들로부터 지키는데 힘을 사용할 필요를 느낀다.

누구든 충분히 소유할 수 없기 때문에 항상 빼앗으려는 자는 있기 마련이다. 사유재산을 소유하려는 욕망은 공공연한 욕망을 불러일으킨다. 소유양식 안에서 사람의 행복은 다른 사람에게 대한 우위(優位)·힘 그리고 결국엔 정복하고 빼앗고 죽이는 자기의 능력에 달려 있다. 존재양식 안에서는 행복은 사랑하고, 공유하고, 주는 행동에 있다.

3. 소유양식을 지탱하는 기타 요소들

언어는 소유지향을 강화시키는 중요한 요소이다. 사람의 이름—우리는 모두 이름을 갖고 있다.(비인간화로 향하는 현재의 추세가 계속된다면 아마 이름 대신 숫자를 갖게 될 것이다.)—은 자기가 유일하고 불멸의 존재라는 환상을 창조한다. 사람과 이름은 같은 가치를 갖고 있다. 이름은 그 사람이 하나의 과정이 아니라, 지속적이고 파괴될 수 없는 실체라는 것을 과시한다. 몇몇 명사들도 똑같은 기능을 갖는다. 즉 사랑 · 자랑 · 증오 · 기쁨 같은 명사는 고정된 실체인 것 같은 느낌을 준다. 그러나 이런 명사는 실재가 아니며, 인간 속에서 계속해서 진행되는 과정에 우리가 관련되어 있다는 통찰을 흐리게 할 뿐이다. 책상이나 등(燈) 같은 물건의 이름인 명사까지도 우리를 잘못 인도한다.

이런 말들은 우리가 고정된 실체를 얘기하고 있음을 나타낸다. 그러나 실상 물건은 우리의 신체조직 내에 어떤 감각을 불러일으키는 에너지의 과정에 불과하다. 그리고 이 감각은 책상이나 등과 같은 특수한 물건의 지각은 아니다. 이 지각은 학습이라는 문화적 과정의 결과이다. 그 학습은 어떤 감각으로 하여금 특수한 지각의 형태를 띠도록 하는 과정이다. 우리는 소박하게 책이나 등 같은 물건이 그 자체로 존재한다고 믿는다. 그리고 우리는 사회가 우리에게 감각을 지각으로 변형시키게끔 가르치고 있다는 사실을 알지 못한다. 그러나 실상은 이런 지각에 의해 우리 주위의 세계를 조작함으로써 우리는 주어진 문화 속에서 살아갈 수 있게 된다. 일단 그런 자각에 이름을 붙이고 나면, 그 이름이 그 지각의 최종적이고 변화할 수 없는 실재를 보장하는 것처럼 보인다.

소유의 욕구는 아직 또 다른 근거를 지니고 있다. 그것은 생물학적으로 주어진 살려는 욕망이라는 근거이다. 우리가 행복하건 불행하건 간에 우리의 육체는 우리로 하여금 불멸을 갈구하도록 충동질한다. 그러나 우리는 우리가 죽을 것이라는 것을 경험에 의해 알기 때문에 경험적 증거에도 불구하고 우리는 죽지 않는다는 것을 믿게끔 하는 해결책을 찾는다. 이 소망은 여러 가지 형태를 띠었다. 피라밋 속에 안치된 육체는 불멸이라는 파라오(Pharaohs)의 신앙, 초기 수렵사회의 행복한 수렵을 그린 판화에 많이 나타났던 내생에 대한 갖가지 종교적 환상, 기독교나 이슬람교의 천국 등이 그 예이다.

18세기 이후 현대사회에서는 "역사"와 "미래"가 기독교적 천국의 대칭물이 되었다. 명성・명예・심지어 악명까지도—역사기록에 한 줄을 쓰도록 보장할 듯싶은 것은 무엇이든 간에—불멸의 일부를 형성한다. 명예욕은 세속적 허영만이 아니다. 그것은 이제 전통적인 내세를 믿지 않게 된 사람들에게 있어서는 종교적 성질까지도 갖게 되었다.(이것은 특히 정치지도자들에게서 현저하게 나타난다) 광고선전이 불멸로 이르는 길을 닦고, 그리고 광고선전 대행자가 새로운 사제로 등장한다.

그러나 아마 다른 어느 것보다도 재산의 소유가 불멸에의 갈망을 만족시키는데 큰 역할을 담당하고 있을 것이다. 소유지향이 그와 같은 강력한 힘을 갖는 것은 이런 이유 때문이다. 나의 자아가 내가 갖고 있는 것에 따라 형성된다면, 내가 가진 물건들이 파괴될 수 없는 한 나는 불멸인 것이다. 고대 이집트로부터 유언에 의한 법률적 불멸에 이르기까지—신체를 미이라로 만듦을 통한 육체적 불멸로부터 유언에 의한 법률적 불멸에 이르기까지—사람들은 그들의 육체적 정신적 생애의 한계를 넘어 살아 남았다. 유언의 법적 효력에 의해서 오는 세대들을 위한 우리 재산의 처분이 결정된다. 그러므로 상속법에 의해서 나는—내가 자산의 소유자인 한—불멸이 된다.

4. 소유양식과 항문적(肛門的) 성격

소유의 양식을 이해하는 데 도움이 되는 접근 방식의 하나는 프로이드의 가장 의미 있는 발견들 중의 하나를 상기하는 것이다. 즉 모든 어린이는 도전적, 착취적 수용기를 뒤따라오는 단순한 수동적 수용의 단계인 유아기를 통과한 후에, 성숙기에 도달하기 전에 프로이드가 항문성애(anal-erotic)라고 고안해 낸 이름을 붙인 과정을 거친다는 것이다.

프로이드는 이 현상이 가끔 인격의 발전 기간 동안 내내 그대로 지속되는 수가 있으며, 그럴 경우에 항문적(肛門的) 성격이 형성된다는 것을 발견했다. 항문적 성격이란, 생애의 중요한 에너지가 감정·제스처·언어·에너지는 물론, 돈과 물질적인 것을 소유하고, 축적하고, 보관하는 데로 향하는 사람의 성격을 말한다. 그것은 인색한 사람이 갖는 성격이며, 지나치게 깔끔한 성격, 지나치게 시간을 엄격히 지키는 성격, 지나친 고집 등과 같은 다른 특성과 흔히 연결되어 있다. 프로이드의 개념의 중요한 측면은 돈과 배설물—금과 쓰레기—사이의 상징적 연결이다. 그는 이러한 연결에 대한 수많은 예를 들고 있다.

항문적 성격을 성숙에 도달하지 못한 성격으로 보는 그의 개념은 실상 항문적 성격의 특징에서 보여지는 여러 가지 인격적 특징이 도덕적 행동의 규범을 이루고 "인간 본성"의 표현으로 존중되던 19세기의 부르주아 사회에 대한 날카로운 비판이다. 돈=배설물이라고 하는 프로이드의 방정식은 의도적인 것은 아닐지라도, 부르주아 사회의 기능과 소유욕에 대한 암시적 비판이며, 「경제적, 철학적 소고(小考)」에서 볼 수 있는 돈에 대한 마르크스의 논의와 비교될 만하다.

프로이드가 리비도(libido) 발전의 특수한 국면이 일차적이고, 성격 형성은 이차적이라고(내 견해로는 성격은 어린 시절의 인간 상호간의 연계(連繫)의 산물이며 무엇보다 그 형성을 유도하는 사회적 조건의 산물이다) 믿었다는 사실은 여기서 별로 중요하지 않다. 문제가 되는 것은 소유에 있어서의 지배적인 지향은 완전히 성숙이 이뤄지기 전 시기에 일어나며 그것이 영구적으로 남을 경우 병리적인 것이라는 프로이드의 견해이다. 다시 말하면 프로이드에게 있어서는 소유에 지나치게 관심을 갖는 사람은 신경증적이고 정신적으로 병든 인간이라는 것이다. 그러므로 대부분의 구성원이 항문적 성격의 소유자들로 되어 있는 사회는 병든 사회라는 결론이 나온다.

5. 금욕주의와 평등

상당수의 도덕적, 정치적 논쟁이 소유냐 비소유냐 하는 문제에 집중하여 왔다. 도덕적, 종교적 차원에서 보면 이것은 금욕적 생활이냐 비금욕적 생활이냐의 양자택일의 문제이다. 이때 비금욕적 생활에는 생산적 향락과 무제한적 쾌락이 모두 포함된다. 그러나 이러한 양자택일은 어떤 단일 행동만을 보지 않고 그 밑바탕이 되는 태도를 강조하게 되면, 그 대부분의 의미를 잃는다. 비향락을 고집하는 금욕적 행동은 소유와 소비로 향하는 강한 욕망의 부정에 불과하다고 할 수도 있다. 금욕주의자들은 이런 욕망을 억제할 수는 있다.

그러나 소유와 소비를 억제하려는 바로 그 시도에서 그 사람도 소유와 소비에 똑같이 사로잡혀 있을 수도 있다. 과잉보상에 의한 이 극기는 정신분석학적 자료들이 보여주듯이 매우 흔히 일어난다. 그것은 파괴적 충동을 억제하는 광적인 채식주의자, 살인 충동을 억제하는 광적인 인공유산 반대자, "죄 받을" 충동을 억제하고 있는 광적인 "도덕주의자" 같은 경우에 일어난다. 이런 예에서 문제가 되는 것은 어떤 확신 그 자체가 아니라, 그것을 뒷받침하고 있는 광신주의(狂信主義)이다. 이런 광신주의는 모든 광신주의자가 그러하듯이, 그것이 다른 충동 흔히 정반대의 충동을 감추는 역할을 하고 있는 게 아닐까 하는 의혹을 불러일으킨다.

경제적, 정치적 분야에서는 소득에 관한 무제한의 불평등과 절대적 평등 사이에서 비슷한 오류의 양자택일을 볼 수 있다. 모든 사람의 소유물이 기능적이고 인격적이라면 누가 다른 사람보다 좀더 가지고 있느냐 아니냐 하는 것은 사회적 문제가 되지 않는다.

소유가 본질적인 것은 아니므로 시기를 자아내지 않는다. 반면에 각자의 몫이 다른 사람의 몫과 아주 똑같아야 한다는 의미의 평등을 주장하는 사람들은 그들 역시 강한 소유지향을 가지고 있음을 드러내는 것이다. 다만 엄격한 평등이라는 선입견에 의해 부인되고 있을 뿐이다.

이런 관심의 배후에 그들의 진정한 동기가 보이는데, 그것은 시샘이다. 아무도 자기보다 더 많이 가져서는 안 된다고 주장하고 있는 사람들은 이렇게 함으로써 누군가가 조금이라도 더 가질 경우가 그가 느낄 시샘으로부터 자신을 보호하고 있는 것이다. 문제는 사치와 가난이 모두 없어져야 한다는 것이다.

평등이 물질적 재물의 양적 평등을 의미해서는 안 되며, 소득이 각각의 다른 집단에서 서로 다른 삶의 경험을 창조할 정도로 차등이 나서는 안 된다는 의미의 평등이 되어야 한다. 「경제적, 철학적 소고」에서 마르크스는 이것을 소위 그가 말하는 "조야(粗野)한 공산주의"에서 지적하였다. 조야한 공산주의는 "모든 분야에서 인간의 개성을 부정한다" 이 형태의 공산주의는 이런 시샘이 최고조에 달한 상태이며 미리 생각한 최저상태의 기준으로 끌어내리는 평준화의 극치이다.

6. 생존적 이유

여기서 우리가 다루고 있는 소유의 양식을 충분히 검토하기 위해서는 또 다른 요인이 필요할 것 같다. 그것은 생존적 소유의 기능이다. 즉 인간의 실존은 우리가 생존하기 위해서는 어떤 물건을 소유, 유지하고 돌보고 사용하는 것을 필요로 하기 때문이다. 우리의 육체·음식·피난처·옷·필요한 것을 생산하는 데 필요한 도구 등이 이에 해당된다.

이런 형태의 소유는 인간 생존에 뿌리 박고 있기 때문에 생존적 소유라고 할 수 있다. 그것은 살아 남기 위해 합리적으로 방향 지워진 충동이다. 이것은 우리가 지금까지 다뤄 온 성격논리적 소유(characteroloyical having)와는 대조를 이룬다. 생존적 소유는 보유하려는 강력한 충동으로서 선천적인 것은 아니지만 생물학적으로 주어진 인류에게 사회적 조건이 영향을 준 결과로서 발전된 것이다.

생존적 소유는 존재와 갈등을 일으키지 않는다. 성격 논리적 소유는 필연적으로 갈등을 일으킨다. "공명정대"하고 "성스러운 인간일지라도 그가 인간인 한, 생존적 의미의 소유는 불가피하다. 반면, 보통의 인간은 생존적 의미의 소유와 성격 논리적 의미의 소유를 둘 다 바란다.(「MAN FOR HIMSELF」에 나오는 생존과 성격 논리의 양분에 대한 논의를 참조할 것)

제5장
존재양식이란 무엇인가?

 우리들은 대부분 존재양식보다는 소유양식에 대해 더 많이 알고 있다. 왜냐하면 우리 문화 속에서 소유가 훨씬 더 자주 경험하는 양식이기 때문이다. 그러나 소유양식보다 더 중요한 어떤 것이 있어 존재양식을 정의하는 것이 소유양식을 정의하는 것 보다 훨씬 어렵게 한다. 그런데 바로 그 중요한 어떤 것이란 인간생존의 두 양식간의 차이의 본질 그것이다.
 소유는 물건과 관련되고, 물건은 고정되어 있고 그리고 묘사가 가능하다. 존재는 경험과 관계되는데 이 인간의 경험은 원칙적으로 묘사가 불가능한 것이다. 충분히 묘사할 수 있는 것은, 우리의 페르소나(Persona)-우리들 각자가 쓰고 있는 가면 곧, 우리가 나타내는 자아(ego)-인데 이 페르소나 자체도 물건이기 때문이다. 물건과는 반대로 살아 있는 인간은 죽은 이미지가 아니며, 따라서 물건처럼 묘사할 수가 없다. 사실상 살아 있는 인간은 전혀 묘사될 수가 없다. 실제로 나에 대해서, 내 성격에 대해서, 삶에 대한 나의 모든 지향에 대해서 많은 얘기를 할 수 있다. 이 통찰적(洞察的) 지식은 내 자신의 혹은 다른 사람의 정신적 구조를 묘사하고 이해하는 데까지도 이를 수 있다.

그러나 온전한 나, 나의 전 개성, 내 지문처럼 특유한 나는 감정이입(empathy)에 의해서도 결코 완전히 이해될 수 없다. 어떤 두 사람도 완전히 똑같은 경우는 없기 때문이다. 다만 상호간의 살아 있는 관계의 과정에서만 다른 사람들과 나는 격리의 장벽을 극복할 수 있다. 즉 우리는 인생이라는 무도회에 모두 참석함으로써 그 장벽을 넘어설 수 있는 것이다. 그러나 우리가 서로를 완전히 동일시하는 것은 결코 불가능하다.

단, 하나의 행동일지라도 완전히 묘사될 수 없다. 모나리자의 미소를 묘사하기 위해 여러 페이지를 쓸 수도 있을 것이다. 그러나 이 그림에 나타난 미소는 말로서 완전히 묘사할 수 없는 것이다. 하지만 그 미소가 너무 "신비롭기" 때문은 아니다. 누구의 미소도 미소는 신비롭다.(그 미소가 억지로 배워진 상점에서 통용되는 가짜 미소가 아니라면) 다른 사람의 눈에 나타나는 흥미·정열·생명에의 애착, 혹은 증오, 자기 도취 등의 표정을 충분히 묘사할 수 있는 사람은 없다. 사람들을 특징 있게 하는 다양한 얼굴 표정·걸음걸이·포즈·억양 등도 마찬가지다.

1. 능동적이 되는 것

존재양식은 그 선행 조건으로 독립·자유 그리고 비판적 이상의 현존을 갖는다. 그 기본적 특성은 외적 활동이나, 분주하다는 의미의 능동적이 되는 것이 아닌 내적 활동, 인간의 힘의 생산적 사용이라는 의미에서 능동적이 되는 것이라는 것이다. 능동적이 된다는 것은 그 정도는 다르지만 모든 인간이 타고난 능력·재능 그리고 풍부한 인격적 소질을 발휘한다는 뜻이다. 그것은 자신을 새롭게 하고, 성장하고, 흘러 넘치고, 사랑하고, 자신의 에고(ego)의 감옥을 뛰어넘고, 관심을 갖고, "참가하고", 주는 것을 의미한다. 그러나 이런 경험은 어느 것이나 말로 충분히 설명될 수 없다. 언어는 경험으로 가득 차서 흘러 넘치는 그러한 그릇이다. 언어는 어떤 하나의 경험을 가리킨다. 즉, 언어는 경험은 아니다. 내가 독특하게 경험한 것을 나의 사상과 언어로 표현하는 순간 그 경험은 사라진다. 말라죽고, 단순한 사상만이 남는다. 따라서 존재는 말로서 표시될 수 없고, 다만 경험을 나누어 가짐으로써만이 상대방에게 전달될 수 있다. 소유의 구조 속에서는 죽은 언어가 지배한다. 존재의 구조 속에서는 살아 있는, 표현될 수 없는 경험이 지배한다.(물론, 존재양식에는 살아 있고, 생산적인 사고도 있다.)

존재양식은 아마 마르크스 훈지거(Max Hunziger)가 나에게 암시한 상징에 의해 가장 잘 묘사될 수 있을 것이다. 즉 푸른색 유리는 빛이 그것을 통과해서 비칠 때 푸르게 보인다는 것이다. 유리가 다른 색깔은 모두 흡수해서 통과하지 못하게 하기 때문이다. 말하자면 우리가 유리를 "푸르다"고 하는 것은 바로 그것이 푸른색의 파장을 보유하지 않기 때문인 것이다. 푸른색 유리는 자신이 소유하고 있는 것에 따라서가 아니라 자기가 주어 버리는 것에 따라 명명된 것이다.

우리가 비존재(nonbeing)인 소유양식을 감소시키는 정도만큼— 즉, 우리가 가지고 있는 것에 집착함으로써, 그것에 "안주함"으로써 그리고 우리의 에고와 소유물에 매달림으로써 획득할 수 있는 안전과 주체성을 추구하는 것을 그만두는 정도에 비례해서—존재양식은 나타난다. "존재하는 것은" 자기 중심이나 이기심을 포기할 것을 요구한다. 흔히, 신비주의자들이 쓰는 말을 빌리면 자신을 "텅 비게", "가난하게"할 것을 요구한다.

그러나 대부분의 사람들은 그들이 소유지향을 포기한다는 것이 매우 어렵다는 사실을 발견한다. 그런 시도는 심각한 걱정을 불러일으킨다. 모든 안정이 파괴되고 헤엄을 칠 줄 모르는 사람이 대양(大洋)에 던져진 것 같은 느낌을 갖게 된다. 그들은 재산이라는 목발을 포기해 버릴 때 그들 스스로의 힘을 사용하기 시작해서 걸을 수 있게 되리라는 것을 알지 못한다. 그들을 주저하게 하는 것은 그들이 혼자서는 걸을 수 없으리라는 환상, 즉 그들이 소유하고 있는 물건에 의해 지탱되지 않으면 그들은 쓰러져 버릴 것이라는 환상이다.

2. 능동성과 수동성

지금까지 기술한 의미로서의 존재는 능동적이 되는 능력을 의미한다. 수동성은 존재에서 배제되어 있다. 그렇지만 "능동적(active)"이니, "수동적(passive)"이니 하는 말은 가장 잘못 이해된 말 중의 하나이다. 왜냐하면 오늘날의 이 말들의 의미는 고대와 중세를 거쳐 르네상스가 시작되던 시기에까지 가졌던 의미와는 아주 다르기 때문이다. 존재의 개념을 이해하기 위해서는 능동성과 수동성의 개념을 명확히 해야만 한다.

현대적 용법에서 능동성은 항상 에너지를 소모함으로써 눈에 보이는 효과를 가져오는 어떤 행동의 특질로서 정의된다. 따라서, 예를 들면 자기 농토를 경작하는 농부들은 능동적이라고 말해진다. 부품조집장(assembly line)에서 일하는 노동자들, 고객에게 물건을 사도록 권유하는 판매원, 자기 자신의 돈이나 혹은 다른 사람의 돈을 투자하는 투자자들, 환자를 치료하는 의사, 우표를 파는 직원, 서류를 철하는 관리들도 역시 그렇다. 이러한 활동 중에 어느 것은 다른 것보다 더 많은 관심과 집중을 필요로 하지만, 이것은 "능동성"이라는 측면에서는 근본적으로는 문제가 되지 않는다. 능동성(활동)은 대체로 사회적으로 유용한 변화에 상응하는 결과를 낳는 사회적으로 용인된 의도적 행위라고 정의된다.

현대적 의미의 능동은 행위만을 말할 뿐 그 행위 배후에 있는 사람과는 아무런 관계가 없다. 사람들이 외부적 힘에 의해 이끌리는가(노예의 경우처럼), 아니면 내부적 강제에 의해 이끌리는가 하는 것은(불안에 의해 움직이는 사람의 경우처럼) 별로 문제가 되지 않는다. 또는 목수나 독창적 작가·과학자 또는 정원사처럼 그들의 일에 흥미를 갖는가, 아니면 일관 작업장의 노동자나 우체국 직원처럼 그들이 하고 있는 일에 대해서 내적 관련이나 만족을 갖지 않는가 하는 것도 문제가 되지 않는다.

현대적 의미의 능동성과 단순한 분주함(busyness)과를 구분하지 않는다. 그러나 능동은 그것이 "소외된" 활동이냐 "소외되지 않은" 행동이냐에 따라서 그 둘 사이에 근본적인 차이가 있다. 소외된 능동의 경우에는 나는 내 자신을 내 능동의 행위 주체로서 경험하지 않는다. 오히려 나는 내 능동의 결과를 경험한다. 그것도 "저 건너에 있는" 어떤 것으로, 나와는 분리되어 내 위에서 나와는 상반되게 서 있는 어떤 것으로 경험한다. 소외된 능동의 경우 나는 실제로는 활동하지 않는다. 외부적 혹은 내부적 힘에 의해 움직여질 뿐이다. 나는 내 행동의 결과와는 이미 분리된 것이다. 정신병리학 분야에서 잘 관찰될 수 있는 소외된 능동의 경우는 강제 강박증(compulsive-obsessional) 환자들의 경우이다. 그들은 그들 자신의 의지와는 상반되는 어떤 행동―자기 발걸음을 세거나 어떤 구절을 반복해서 외우거나 어떤 비밀스런 의식을 행하거나 하는 등의―을 하도록 내적 충동에 의해 강요받음으로 해서 그러한 행동의 목표를 추구하는 데 있어서 극도로 능동적일 수 있다. 그러나 정신분석학적 조사 결과가 풍부하게 보여

주고 있는 바와 같이, 그들은 그들이 인식하고 있지 못하는 내적 힘에 의해 움직여지고 있는 것이다. 소외된 능동의 또 하나의 뚜렷한 예는 최면(催眠)에 걸린 후의 행동이다. 최면을 거는 실신의 상태로부터 깨어나서 최면 상대가 되는 순간, 이렇게 혹은 저렇게 하라는 최면적 암시를 받은 사람은 그 행동이 자기 스스로 원하는 행동이 아니라는 것을 알지 못한 채 한다. 그들은 최면술사가 최면을 걸고 하는 명령에 따르고 있다는 사실을 인식하지 못한다.

소외되지 않은 능동에 있어서 나는 나 자신을 내 활동의 주체로서 경험한다. 소외되지 않은 능동은 무엇인가를 탄생시키고, 무엇인가를 생산하며 내가 생산한 것과 나와의 관계를 유지하는 과정이다. 이것은 또한 내 활동이 내 힘의 표현이며 나와 나의 능동성과 하나라는 것을 의미한다. 나는 이 소외되지 않은 능동성을 생산적 능동(productive activity)이라고 부른다.7)

여기에서 사용한 "생산적"이란 말은 예술가나 과학자가 독창적인 것을 만들어 내는 것과 같은 새롭고 독창적인 무엇을 창조하는 능력을 말하는 것이 아니다. 이것은 또 내 능동의 산물을 말하는 것이 아니요, 단지 그 질을 말하는 것이다. 그림이나 학문적 논문은 전혀 비생산적인, 즉 쓸모 없는 것일 수도 있다. 반면에 깊이에서부터 자신을 인식하는 사람들, 나무를 그저 쳐다보는 것이 아니라 진실로 보는 사람들이나 시를 읽으며 시인이 말로써, 표현한 감정의 움직임을 자신 속에서 경험하는 사람들에게서 볼 수 있는 과정(Process)은 비록, 거기서 아무것도 "생산된 것"은 없지만

---

7) 나는 「ESCAPE FROM FREEDOM」에 "자발적 능동"이라는 용어를 썼고, 그 후기의 그들에서는 "생산적 능동"이라는 용어를 썼다.

매우 생산적인 것이다. 생산적 능동성은 내적 활동의 상태를 의미한다. 그것은 필연적으로 예술작품이나 과학 또는, "유용한" 어떤 것의 창조와 연관을 갖지는 않는다. 생산성(Productiveness)은 정서적으로 불구가 아닌 이상 모든 인간이 가질 수 있는 성격 지향을 말한다. 생산적인 사람들은 그들이 접하는 것은 무엇이든 그것에 활기를 불어넣는다. 그들은 자신의 능력을 발휘하며, 다른 사람들이나 물건들에 대해서도 활기를 불어넣는다.

"능동성"과 "수동성"은 각각 전적으로 다른 의미를 가질 수 있다. 단순한 분주함이라는 의미의 소외된 능동성은 생산성이라는 의미에서 보면, 실제로는 수동성에 불과하다. 반면에 분주하지 않다는 의미의 수동성은 소외되지 않은 능동성인 경우도 있다. 오늘날 이와 같은 구분은 매우 이해하기 어렵다. 왜냐하면 대개의 능동성은 소외된 "수동성"이고, 생산적인 수동성은 거의 경험되지 않기 때문이다.

大思想家들에게서 보이는 능동성과 수동성

"능동성"과 "수동성"은 산업사회의 이전의 철학적 전통에서는 널리 통용되고 있는 말들이 아니었다. 노동의 소외가 현재와 비교될 만한 정도에 도달하지 않았기 때문에 그런 말들이 별로 사용되지 않았다. 이런 이유로 아리스토텔레스와 같은 철학자들은 "능동성(activi)"과 단순한 "분주함(busyness)"을 명확히 구별하지조차 않고 있다.

아테네에서 소외된 노동은 노예들에 의해서만 행해졌다. 육체적 노동을 수반하는 작업은 프락시스(praxis)의 개념에서 제외되고 있는 듯하다. 프락시스란 말은 자유민이 행하는 거의 모든 종류의 활동을 포괄적으로 나타내는 말로서 원래는 아리스토텔레스가 사람의 자유로운 활동을 나타내는 데 사용했던 용어이다. (니콜라스 로브코비츠(Nicholas Lobkowicz)의 「이론과 실제 Theory and Practivc」를 참조할 것) 이러한 배경을 고려할 때 주관적으로 무의미한, 소외된, 순전히 일상화된 작업이라는 문제는 자유 아테네인들에게는 제기될 수가 없었다. 그들의 자유는 그들이 노예가 아니기 때문에 그들의 활동이 생산적이고, 그들에게 의미가 있다는 바로 그것을 의미했다.

아리스토텔레스가 현재 우리가 갖고 있는 능동성 · 수동성의 개념을 갖고 있지 않았다는 사실은 그에게 있어 가장 고귀한 형태의—정치적 활동보다 더 높은—활동은 진실의 탐구에 헌신하는 명상적 생활이었다는 관념은 그에게는 생각할 수도 없는 것이었다. 아리스토텔레스는 명상적 생활을 우리들에게 있어서의 최선의 부분, 즉 노우스(nous)의 활동성이라고 생각하고 있다. 노예도 자유민이나 똑같이 감각적 쾌락을 즐길 수 있다. 그러나 유다이모니아(eudaimonia) 즉 "안녕"은 쾌락에 있는 것이 아니라 덕에 합치하는 활동들에 있는 것이다. (「니코마스 倫理學」 1177a, 2이하 참조)

아리스토텔레스와 마찬가지로 토마스 아퀴나스의(Thomas Aquinas) 입장 역시 능동성의 현대적 개념과는 대조를 이루고 있다. 아퀴나스에게 있어서도 역시 내적 평온과 영적 지시에 헌신한 생활, 즉, 명상적 생활 (vita contemplation)이 가장 고귀한 형태의 인간활동이었다. 그는 평민의 일상생활(vita activa) 역시, 가치가 있으며 그것도 인간의 모든 활동이 지향하는 목적이 안녕이고 인간이 그의 열정과 육체를 제어할 수 있을 경우에는—이 요건이 중요하다. —역시 안녕(beatitudo)으로 인도한다고 인정하였다. (토마스 아퀴나스 「Summa(신학대전)」 2-2:182, 183

:1-2:4,6 참조).

아퀴나스의 태도는 일종의 한 타협이기는 하지만, 마이스터 에크하르트와 동시대인이었던 《미지(未知)의 구름》의 익명의 저자는 에크하르트가 활동적 생활을 적극 옹호하고 있는데 반해 이에 대한 날카로운 것은 아니다. 그 이유는 능동성은 궁극적인 윤리적·영적·요구에 뿌리 박고 또 그 요구를 표현할 때에만 "건전한"것이라는 데 두 사람이 모두 동의하고 있기 때문이다. 이러한 이유 때문에 이들 두 스승들에게 있어서 분주함 즉, 인간의 영적인 기초로부터 이탈된 활동은 배척되었다.8)

스피노자(Spinoza)는 한 인간으로서, 또 한 사상가로서, 대략 4세기 전의 에크하르트의 시대에 살아 있던 정신과 가치관을 구체화했다. 그리고 한편 그는 그 시대의 사회와 평민에게 나타난 변화도 예리하게 관찰하였다.

그는 현대 과학적 심리학의 창시자였다. 즉 그는 무의식의 차원을 발견한 사람 중의 하나다. 그는 이 풍부한 통찰력으로 능동성과 수동성의 차이를 그의 어떤 선배들보다 더 조직적이고 정확하게 분석하였다.

그의 《윤리학》에서 스피노자는 능동성과 수동성(행동하는 것과 당하는 것)을 정신 작용의 두 가지 기본적 양태로서 구분하고 있다. 행동함의 제일 기준은, 행동은 인간 본성으로부터 나온다는 것이다. "우리의 내부 혹은 외부에서 우리가 그 적절한 이유인 어떤 일이 행해질 때, 다시 말해서 우리 내부 혹은 외부에서 그 본성만으로 명백하고 분명하게 이해될 수 있는 어떤 일이 우리 본성으로부터 나올 때 우리는 행동한다고 나는 말한다. 반대

---

8) 랜즈(W. Lange), 로보코비크쯔(N. Lobkowcz), 미드(D. Meith)의 저술에서 명상적 생활과 활동적 생활에 관한 이 문제의 더욱 자세한 통찰을 읽을 수 있다.

로 우리 내부에서 부분적으로밖에는 우리에게 이유를 찾을 수 없는 어떤 일이 행해질 때, 혹은 우리 본성으로부터 나올 때 우리는 당하게 된다(스피노자는 수동적인 것을 이렇게 표현한다)고 나는 말한다"(「윤리학」 3. 정의 2).

"인간 본성(human nature)"이란 말이 나타내는 것과 실증적, 경험적 데이터와는 일치하지 않는다는 생각에 익숙한 현대의 독자로서는 이 문장의 말들이 이해하기 어렵다. 그러나 아리스토텔레스나 스피노자에게는 그렇지가 않았다. 또 현대의 일부 신경생리학자나 생물학자·심리학자들에게 있어서도 마찬가지다. 말(馬)의 본성이 말에게 특징적이듯, 인간 본성은 인간에게 특징적인 요소라고 스피노자는 믿고 있다. 또 한 걸음 나아가서 선이냐, 악이냐, 성공이냐, 실패냐, 안녕이냐, 고통이냐, 능동성이냐, 수동성이냐 하는 것은 사람이 그 본성을 최대한도로 발전시키는 정도에 달려 있다고 그는 믿었다. 우리가 인간성의 표준에 가까이 다가가면 갈수록 우리의 자유와 안녕은 더욱 커진다는 것이다.

스피노자의 인간 존재의 모델에 있어서 활동이라는 속성은 또 하나의 속성, 즉 이성과 불가분리의 관계에 있다. 우리가 우리 생존의 조건에 맞춰 행동하고 이들 조건을 실재적이고 필연적인 것이라고 인식함으로써, 우리는 우리 자신에 대한 진실을 알게 된다. "우리의 정신은 때로는 행동하고 때로는 고통을 당한다. 정신이 적절한 관념을 갖는 한 그것은 필연적으로 행동하고, 정신이 부적절한 관념을 갖는 한 정신은 반드시 고통을 받는다"(「윤리학」 3. 명제 1).

욕망은 능동적인 욕망(행동)과 수동적 욕망(열정)으로 나눠진다. 전자는 우리 존재의 조건(병리적인 왜곡이 아닌 자연스런 조건)에 뿌리 박고 있으며, 후자는 그렇게 뿌리 박지 못하고 왜곡된 내적 혹은 외적 조건이 그 원인이 된다. 능동적 욕망은 우리가 자유로운 만큼 존재하며 수동적 욕망은 내적 혹은 외적 힘에 의해 생겨난다. 모든 "능동적 정서"는 반드시 선하며, "열정"은 선할 수도 있고, 악할 수도 있다. 스피노자에 따르면 능동성·이성·자유·안녕·기쁨 및 자기완성은 인간성의 요구에 불가분하게 연관되어 있다. 한편 수동성·비합리·속박·슬픔·무력·분투 등이 인간 본성의 요구에 반대해서 불가분의 관계로 연관되어 있는 것이나 마찬가지다.(「윤리학」 4, 부록 2, 3, 5; 명제 40, 42)

스피노자의 열정과 수동에 관한 관념을 충분히 이해하려면 그의 사고의 마지막 단계(그리고 가장 현대적 단계)에까지 고려해 보아야 한다. 비이성적 열정에 의해 움직이는 것은 정신적으로 병든 것이라는 것이 그의 생각이다. 우리가 만족스런 성장을 이룩하게 되면 우리는(상대적으로) 자유롭고, 강하고, 이성적이고, 즐거울 뿐만 아니라, 또한 정신적으로 건강하다는 것이다. 우리가 이 정도까지의 목표에 도달하지 못하는 경우, 우리는 부자유스럽고, 약해지고, 이성이 결핍되고 억압당한다는 것이다. 내가 알기로는 스피노자는 정신적 건강과 질환이 각각 올바른 삶과 그릇된 삶의 결과라고 주장한 최초의 현대사상가였다.

스피노자에게서 정신적 건강은 결국 올바른 삶의 표현이며, 정신적 질환은 인간 본성의 요건에 따라 사는데 실패했다는 징후이다. "그러나 만약 탐욕스런 사람이 돈과 재산만을 생각하고 야망적인 사람이 명예만을 생각한다면 사람들은 그들을 정신이상자들이라고 생각하지 않고 다만 좀 불쾌하다고 생각할 뿐이다. 일반적으로 사람들은 그들을 경멸한다. 그러나 탐욕·야망 등은 사람들이 흔히 이것들을 병(病)으로 생각하지 않지만 실상은 일종의 정신이상인 것이다."(「윤리학」 4, 명제 44). 오늘날의 사고로는 매우 낯선 이러한 말에서 스피노자는 인간 본성의 요구에 상응하지 않는 열정을 병적이라고 보고 있다. 그리고 실상 그는 이것을 정신이상의 한 형태라고까지 보고 있다. 스피노자의 능동성과 수동성의 개념은 산업사회에 대한 가장 극단적인 비판이다. 돈·재산·혹은 명예에 대한 탐욕에 의해 주로 움직이는 사람들을 정상적이고 잘 적응된 사람들이라고 보는 오늘날의 신념과는 대조적으로 스피노자는 이런 사람들을 매우 수동적이고 근본적으로 병든 사람들이라고 보고 있는 것이다. 스피노자가 의미하는 능동적 인간은—그는 이런 인간을 자신의 삶을 통하여 가장 잘 구현하였다.—오늘날에는 예외적인 인간이 되었고 소위 정상적 활동에 잘 적응되지 않는다는 이유로 "신경증적(neurotic)"이라고 다소 의심받고 있는 실정이다.

마르크스는 (《경제적·철학적 소고(小考)》에서) 자유롭고 "의식적인 능동성(즉, 인간의 능동성)"이 "인간의 특성"이라고 썼다. 그에게 있어서 노동은 인간적 능동성을 대표하며, 인간적 능동성이 바로 삶이다. 반면에 마르크스에 있어 자본은 축적된 것, 과거, 결국은 죽은 것을 대표한다(「經濟學批評要綱, Grundrisse」). 마르크스에게 있어서 자본과 노동간의 투쟁은 살아 있음과 죽음의 투쟁, 현재 대 과거의 투쟁, 인간 대 사물의 투쟁이었다는 점을 고려하지 않으면, 자본가와 노동자간의 투쟁이 그에게 끼친 감정적인 의무를 충분히 이해할 수 없다. 마르크스에게 있어서 문제는 누가 누구를 지배해야 하느냐, 즉 생이 죽음을 지배해야 하느냐, 죽음이 삶을 지배해야 하느냐였던 것이다. 그에게 있어 사회주의는 삶이 죽음을 이긴 사회를 대표하는 것이었다.

자본주의에 대한 마르크스의 전반적인 비판과 그의 사회주의에 대한 비전은 인간의 능동성 그 자체가 자본주의 체제에서는 마비되므로, 삶의 모든 분야에서의 능동성을 회복함으로써 완전한 인간성을 회복해야 한다는 개념에 뿌리 박고 있다.

고전학파 경제학자들에 의해 영향을 받은 공식에도 불구하고, 마르크스가 인간을 역사의 수동적 대상으로 만듦으로써 인간에게서 그 능동성을 빼앗은 결정론자였다는 상투어는 그의 사고와는 정반대 되는 말이다. 이것은 문맥을 고려하지 않고 뽑아 낸 몇몇 단편적 구절을 읽은 것이 아니라, 마르크스를 제대로 읽은 사람이면 누구나 쉽사리 납득할 수 있을 것이다. 마르크스의 견해는 그의 다음과 같은 말에 아주 뚜렷하게 나타나 있다. "역사는 아무것도 하지 않는다. 그것은 굉장한 부(富)를 가지고 있지도 않으며, '투쟁을 하지도 않는다' 행동하고 소유하고, 모든 투쟁을 수행하는 것은 인간 곧, 실제로 살아 있는 인간이다. '역사'가 마치 인간과는 동떨어진 별개의 것인 양, 목적을 이루기 위한 수단으로서 인간을 사용하는 것은 결코 아니다. 오히려 역사는 인간의 그의 목적을 추구하는 인간의 활동 이외에 아무것도 아니다."(마르크스와 엥겔스,「신성한 가족」)

최근에 살았던 사람들 중에서 현대인의 행위의 수동적 특성을 가장 잘 꿰뚫어본 사람은 알베르트 슈바이처(Albert Schweitzer)이다. 그는 문명의 소멸과 소생에 대한 그의 연구에서 현대인을 부자유스럽고 불완전하며 비집중적이고 병적으로 의존하며, "절대적으로 수동적"이라고 보았다.

3. 實在로서의 존재

지금까지 나는 존재와 소유를 대비시켜서 존재의 의미를 설명하여 보았다. 그러나 존재의 또 다른 중요한 의미는 그것을 현상(appearing)과 대조시킴으로써 드러난다. 만약 나의 친절이 실제로는 사리사욕을 감추는 가면에 불과한데 외관상으로는 친절하게 보이고 실제로는 매우 허영심이 많고, 어쩌면 자멸적이라고도 할 수 있는데 외관상으로는 용감하게 보인다면, 또 실제로는 내 이기적 이득을 더욱 중시하는데 외관상으로는 내가 조국을 사랑하는 것처럼 보인다면 외관 즉, 나의 드러난 행동은 나를 움직이고 있는 진정한 힘의 실제와는 심한 모순을 이룬다. 즉 이때 내 행동은 내 성격과 다르다. 내 성격구조 즉, 내 행동의 진정한 동기가 나의 진짜 존재를 이루고 있다. 내 행동은 내 존재를 부분적으로 반영할지도 모른다. 그러나 내 행동은 대부분의 경우 내 자신의 목적을 달성하기 위해 내가 겉으로 드러내는 가면이다. 행동주의(behaviorism)는 이 가면을 마치 믿을 만한 과학적인 자료인 양 취급한다. 그러나 진정한 통찰은 흔히 의식할 수도 없고, 또 직접 관찰할 수도 없는 내적 실재에 초점을 두고 있다. 에크하르트가 "가면을 벗긴다"고 표현한 이 존재의 개념이 스피노자와 마르크스의 사상의 중심이 되고 있으며 또한 프로이드의 근본적인 발견이기도 하다.

행동과 성격, 가면과 그것이 숨기고 있는 실체 사이의 불일치를 이해한 것이 프로이드 정신분석학이 이룩한 가장 중요한 성과이다. 프로이드는 유년기에 억압되어졌던 본능적(본질적으로는 성적) 욕망을 드러내기 위한 방법(자유연상, 꿈의 분석, 감정전이, 저항)을 고안했다. 후기 정신분석의 진전된 이론과 치료법에서는 본능적 생활보다는 초기 인간관계의 영역에서의 외상적 사건을 보다 강조하게 되었지만 그 원리는 여전히 똑같다. 즉 억압되어 있는 것은 초기와 후기의 외상적 욕망과 공포라고 하는 것이다.(나는 후기라고 믿는다) 병적 증세, 그리고 더욱이 일반적인 불안으로부터 벗어나는 길은 이 업압된 요소들을 드러내는 데 있다는 것이다. 다시 말해서 억압되어 있는 것은 불합리하고 유아적이며 개인적인 요소들을 가진 경험이다.

한편 정상적인, 다시 말해서 사회적으로 적응된 시민들의 상식적인 견해는 합리적이고 따라서 심층분석의 필요가 없는 것처럼 보고 있다. 그러나 이것은 전혀 진실이 아니다.

우리의 의식적 동기·관념·신념 등은 거짓된 정보·선입관·불합리한 열정·합리화·편견 등의 혼합물이다. 이 속에서 진실의 파편들이 이리저리 헤엄치면서 전체 혼합물이 실제적이고 진실된 것이라는 거짓된 확신을 심어 주고 있을 뿐이다. 사고 과정은 이 환상의 시궁창을 논리와 그럴 듯한 법칙으로 체계화하려고 한다. 이런 정도의 의식이 실재를 반영하는 것으로 생각되어 지고 있다. 그리고 그 의식은 우리가 삶을 조직하는데 사용하는 지도이다. 이 거짓된 의식의 지도는 억압되지 않는다. 억압되고 있는 것은 실재에 대한 지식, 즉 진실한 지식이다. 그러면 다음과 같이 물을 것이다. 무엇이 의식되지 못하는가?

그 해답은 다음과 같은 것이어야 한다. 즉 불합리한 열정을 제외한 실재에 대한 거의 온전한 지식이 의식되지 못한다. 무의식은 근본적으로 사회에 의해 결정된다. 즉 사회가 불합리한 열정을 만들어 내고 그 구성원들에게 갖가지 허구를 제공함으로써 진실로 하여금 추정된 거짓 합리성의 포로가 되도록 강요하기 때문이다.

진리가 억압되고 있다고 말하는 것은 물론 우리가 진리를 알고 있으면서 이 지식을 억압한다는 가정, 다시 말해 "무의식적 지식(unconscious knowledge)"이 존재한다는 가정에 기초를 두고 있다. 다른 사람들과 또 내 자신에 대한 나의 정신분석 경험은 이것이 사실임을 믿게 해주고 있다. 우리는 실재를 인식한다. 우리는 그것을 인식하지 않을 수가 없다. 우리의 감각이 우리가 실재에 접하게 될 때 보고·듣고·냄새맡고·촉각으로 느끼도록 조직되어 있는 것과 같이, 우리의 이성은 실재를 인식하게끔 조직되어 있다. 즉 그것은 사물을 있는 그대로 보게 하고, 진리를 인식하게끔 만들어져 있는 것이다. 물론 나는 과학적 기구나 방법을 써야만 인식될 수 있는 그런 종류의 실재를 얘기하고 있는 것은 아니다. 나는 집중력을 기울여 "봄"으로써 인식할 수 있는 것, 특히 우리 자신과 다른 사람들에 내재해 있는 실재에 대해서 말하고 있는 것이다. 우리는 위험스런 사람을 만날 때, 또 완전히 신임할 수 있는 어떤 사람을 만날 때, 거짓말로 속임을 당하거나 바보 취급을 당하거나 착취를 당할 때, 또한 우리가 우리 자신을 상품 청구서로 팔았을 때 그 사실을 안다.

우리의 조상들이 별들의 운항에 대한 상당한 지식을 가졌던 것과 똑같이 우리는 인간의 행동에 관해 알아야 할 것은 거의 모두 알고 있다. 그러나 우리 조상들이 별에 관한 그들의 지식을 의식하고 그것을 이용했던 것과는 달리 우리는 우리의 지식을 즉각적으로 억압하고 있다.

왜냐하면 그것을 의식한다면 생활이 너무 어려워질 것이기 때문이다. 또한 우리가 스스로에게 타이르듯 그럴 경우 생활이 너무 "위험"해질지도 모르기 때문이다.

이러한 진술들에 대한 증거는 쉽게 찾을 수 있다. 꿈속에서 우리는 흔히 다른 사람, 혹은 자신의 본질에 대한 깊은 통찰력을 발휘한다. 생시에는 이러한 깊은 통찰력을 전혀 발휘하지 못한다.(나는 「THE FORGOTTEN LANGUAGE」에서 이 "꿈의 통찰"을 열거하였다) 또 우리는 흔히 어떤 사람을 갑

자기 아주 다른 면에서 보게 되며 우리가 이미 그전에도 이런 지식을 쭉 가지고 있었다고 느끼는 수가 있다.

고통스런 진실이 표면에 나타나려 할 때 생기는 저항현상도 그 증거의 하나가 될 수 있을 것이다. 말을 더듬거린다든지, 어색한 표정을 짓는다든지, 환각 상태에 빠진다든지, 혹은 자기가 항상 믿고 있다고 주장하던 것과 정반대 되는 어떤 말을 독백처럼 말하고는 곧 그것을 잊어버린 듯 보이는 예 등은 모두 이 저항현상의 실례들이다. 사실 우리 에너지의 상당 부분이 우리가 알고 있는 것을 우리 자신으로부터 숨기기 위해 소비되고 있으며, 그런 억압된 지식의 정도는 거의 과대 평가할 필요가 없을 정도로 상당하다.

한 탈무드의 전설은 이 진실의 억압이란 개념을 다음과 같은 시의 형태로 표현하고 있다. 어린이가 태어날 때 천사가 그 이마를 톡 친다. 그러면 그 아이는 태어나는 순간 가지고 있던 진실에 대한 지식을 잊어버린다. 그 아이가 그것을 잊어버리지 않는다면 그 아이의 생은 견디기 어려운 것이 될 것이다.

우리의 주제(主題)로 되돌아가자. 존재하는 거짓된 가상의 그림이 아닌 실재와 관련된다. 이런 의미에서 존재의 범위를 증가시키려는 어떤 시도는 자기의 자아, 타인 그리고 우리 주위의 세계의 실재에 대한 증가된 통찰을 의미한다. 탐욕과 증오의 극복이라는 유대교와 기독교의 윤리적 중심목표는 불교의 중심요소이며 유대교와 기독교에서도 한 몫을 담당하고 있는 또 다른 요소 없이는 실현될 수 없다. 즉 그것은 존재에의 길은 표면을 꿰뚫어서 실재를 포착하는 데 있다.

4. 주고 공유하고 희생하는 의지

현대사회에서는 생존의 소유양식이 인간 본성에 뿌리박고 있다. 따라서 사실상 변화시킬 수 없는 것으로 여겨진다. 인간을 이해할 때 인간은 기본적으로 게으르며 천성적으로 수동적이며, 그리고 물질적 소득…또는 배고픔…의 자극 또는 징벌의 두려움에 의해 충동되지 않는 한, 일이나 그 밖의 무언가를 하려 하지 않는다는 도그마 속에도 이와 똑같은 생각이 나타나 있다. 이 도그마를 의심하는 사람은 거의 없으며 이것이 우리의 교육방법, 작업방식을 결정 짓고 있다. 그러나 이러한 말들은 이 사회적 구조가 인간 본성의 요구를 따르고 있다고 주입함으로써 우리의 사회적 질서 구조의 가치를 입증하려는 소망의 표현일 뿐이다. 과거와 현대의 여러 다른 사회의 구성원들에게는 인간의 선천적 이기성과 나태성이라는 개념은 그 역(逆)이 우리에게 들리는 것처럼 이상하게 생각될 것이다.

진실은 삶의 소유양식과 존재양식을 둘 다 인간 본성의 잠재성이라는 것이다. 생존을 향한 우리의 생물적 충동은 소유양식을 진전시키려는 경향을 갖지만, 이기성과 나태성이 인간에게 고유한 성향은 아닌 것이다.

우리 인간은 존재하려는, 즉 우리의 능력을 표현하고 활동적이 되고 또 다른 사람들과 관계를 맺고 이기주의의 포로로부터 벗어나려는 깊이 뿌리박은 고유의 욕망을 갖고 있다. 이러한 진술이 진실을 입증할 만한 증거는 한 권의 책을 채우고도 남을 만큼 많다. 헵(D. O. Hebb)은 "유일한 행위의 문제는 비능동성을 규명하는 것이지 능동성을 규명하는 것이 아니다"라고 언명함으로써 이 문제의 요점을 가장 보편적인 형태로 표현하였다. 다음의 데이터는 이 일반적 논제에 대한 입증자료이다.9)

1. **동물의 해동에 관한 자료** ; 실험과 직접 관찰이 보여주는 바에 의하면 많은 동물들이 물질적 보상이 없는 경우에도 어려운 과제를 기꺼이 수행한다.
2. **신경생리학적 제실험** ; 이에 의하면, 활동은 신경세포 고유의 것임을 입증하고 있다.
3. **유아(幼兒)행동** ; 최근의 연구들은 유아들이 복잡한 자극에 능동적으로 반응하려는 욕구와 능력을 갖고 있음을 보여주고 있다. 이 사실은 유아가 외부 자극을 위협함으로써 경험하며 유아는 이 위협을 제거하기 위해서 공격성을 활성화한다는 프로이드의 가정과 대조되는 것이다.
4. **학습행동** ; 많은 연구결과는 어린이와 청소년이 수업시간에 나태해지는 것은 학습 재료가 그들의 진정한 흥미를 불러일으킬 수 없이 무미건조하게 제공되기 때문이라는 것을 보여주고 있다. 강압과 권태가 제거되고 학습 재료가 생생한 방식으로 제공된다면, 상당한 능동성과 자발성이 생겨날 것이라는 것이다.
5. **작업행동** ; 메이요(E. Mayo)의 고전적 실험은 그 자체가 매우 권태로운 작업일지라도 작업자들이 자기네가 자기네들의 호기심과 참여 의욕을 불러일으킬 능력이 있는 생기 있고 재질 있는 사람에 의해 수행되는 실험에 참가하고 있다는 것을 알게 되면 그 작업이 흥미로워진다는 것을 보여 주었다. 똑같은 결과가 유럽과 미국의 수많은 공장에서 나타났다. 경영자들이 노동자에 관해 언급하는 판에 박힌 말

---
9) 나는 이 입증자료의 일부를 「THE ANATOMY OF HUMAN DISTRUCTIVENESS」에서 다루었다.

은 노동자들이 실제로 능동적 참여에는 흥미가 없고, 그들이 원하는 것은 다만 더 높은 노동생산성을 이끌어내는 자극이 될지는 모르지만 노동자들의 참여가 그 자극은 아니다라는 것이다. 그들이 사용하고 있는 작업 방식에 관한 경영자들의 견해는 옳다고 할 수 있다. 그러나 경험에 의하면—그리고 적지 않은 경영자들이 다음과 같은 확신을 갖게 되었다.—노동자들이 그들의 작업상 역할에 있어 진정으로 능동적일 수 있고, 책임을 질 수 있고, 또 그 역할을 알 수 있을 경우, 이때까지 흥미 없던 작업이 현저히 흥미로워지며 그들은 상당한 정도의 창의성·능동성·상상력·만족감을 갖게 된다는 것이다.10)

6. **사회적, 정치적 생활에서 발견되는 풍부한 자료** ; 사람들이 희생하기를 원치 않는다는 믿음은 엄청나게 잘못된 것이다. 제2차 세계대전 초에 처칠이 그가 영국민으로부터 요구하는 것은 피와 땀과 눈물이라고 선언했을 때, 그는 영국인들의 사기를 꺾은 것이 아니다. 그와 반대로 그들 속에 깊이 자리 잡고 있는 희생하려는 인간의 욕망, 곧 스스로를 바치려 하는 욕망에 호소한 것이었다. 교전국에 의한 인구 중심지의 무차별 폭격에 대한 영국인의 반응은—독일인이나 소련인들도 마찬가지였다.—공동의 고통은 그들의 정신을 약화시키지 않았다는 것을 입증하고 있다. 그것은 오히려 그들의 저항을 강화시켰으

---

10) 맥코비(Maccoby)는 곧 출간하게 될 그의 저서(나는 그 원고를 읽는 특권을 부여받았다) 「놀이꾼들 : 새로운 기업지도자들 The Gamesmen : The New Corporate Leader」에서 최근의 몇몇 민주적인 참여 위주의 계획, 그 중에서도 특히 볼리바계획(Bolivar Project)에 대한 자신의 연구에 대해 언급하고 있다. 이 책에서는 볼리바계획은 작업문서상으로 취급되고 있으며 맥코비는 이 계획을 또 다른 계획과 함께 자기가 기획하고 있는 더 큰 저서의 주제로 삼을 예정이다.

며 폭격의 공포가 사기를 꺾어 전쟁 종결에 도움이 되리라고 믿었던 사람들의 생각이 잘못이었음을 입증하였다.

전쟁과 고통이 평화시의 생활보다 더 인간의 희생정신을 보다 용이하게 자극시킬 수 있고, 평화는 오히려 인간의 이기심을 더욱 조장시키는 듯이 보이는 것은 우리 문명에 대한 슬픈 비평인 것이다. 다행히도 평화시의 어떤 상황에서도 내주려는 인간의 노력, 단결을 향한 인간의 노력이 개인적인 행동에서 나타나는 경우도 있다.

노동자들의 파업, 특히 제 1차 대전 전의 파업은 본질적으로 비폭력적인 그런 행동의 본보기이다. 노동자들은 더 높은 임금을 요구했다. 그러나 동시에 그들은 그들 자신의 존엄성과 인간의 단결을 경험하는 만족을 위해 싸우느라고 혹심한 고난을 무릅썼고, 또 그것을 받아들였다. 파업은 경제적 현상임과 동시에 또한 "종교적" 현상이기도 했다. 오늘날에도 그런 파업이 아직 일어나기는 하지만 요즘의 파업은— 최근 들어 더 좋은 작업조건을 위한 파업이 증가하긴 했지만—대부분의 경우 경제적 이유에서 일어나고 있다.

주려는 욕구, 나눠 가지려는 욕구, 다른 사람들을 위해 기꺼이 희생하려는 의지는 아직도 간호원·의사·승려·수녀 등과 같은 몇몇 직업의 구성원들에게서는 찾아볼 수 있다. 이런 직업의 사람들간에서도 도움과 희생이 한낱 입발림에 지나지 않는 경우도 많다. 그러나 이들 상당수의 성격은 그들이 고백하는 그들의 가치관과 상응한다고 본다. 우리는 똑같은 욕구가 여러 세기에 걸쳐 종교적, 사회주의적, 인본주의적 공동사회에서도 긍정되고 표현되었음을 발견한다. 우리는 또 헌혈(무보수로)을 지원하는 사람들에게서, 그리고 사람들이 다른 사람의 생명을 구하기 위해선 자기의 생명의 위험을 무릅쓰는 여러 상황에서 주려는 소망을 발견한다. 우리는 또 진정으로 사랑하는 사람들에게서 주려는 의지의 발현을 본다. "거짓된 사랑" 즉, 상호간의 이기심의 공유는 사람들을 더욱 이기적으로 만든다.(이것은 종종 나타나는 경우이기도 하다.) 진정한 사랑은 사랑하는 능력, 다른 사람에게 주는 능력을 증가시킨다. 진정한 연인은 특정한 사람에 대한 그의 혹은 그녀의 사랑 안에서 전세계를 사랑한다.11)

반대로 우리는 적지 않은 사람들 특히 젊은이들이 그들의 풍족한 가정 안에서 그들을 둘러싸고 있는 사치와 이기심을 견딜 수 없어 하는 것을 발견한다. 그들의 자녀들이 "원하는 모든 것을 갖고 있다"고 생각하는 어른들의 기대와는 정반대로 그들은 그들의 생활의 죽음과 고립에 대해서 저항한다. 왜냐하면 사실상 그들은 그들이 원하는 모든 것을 갖고 있지 않으며, 그들은 그들이 갖고 있지 않은 것을 원하고 있는 것이다.

지난 역사에 나타나고 이런 사람들의 뚜렷한 예(例)는 로마제국의 부유층의 자녀들이다. 그들은 가난과 사랑의 종교(기독교)를 받아들였던 것이다. 또 하나의 예는 붓다이다. 그는 왕자로서 그가 원하는 모든 사치와 쾌락을 누릴 수 있었지만 소유와 소비는 불행과 고통을 초래한다는 사실을 발견했던 것이다. 더욱 최근의 예로는 19세기 후반 러시아의 상류 계급, 나로드니키(Narodniki)의 자녀들이었다. 그들이 자초해냈던 나태와 불

---

11) 주고, 나눠 가지려는 인간의 자연스런 충동에 대한 이해를 위한 가장 중요한 자료 중의 하나는 크로포트킨(P.A.Kropotkin)의 고전적 저서 「상호간의 도움(Mutual Aid) : 진화의 요소」(1902)가 있다. 또 다른 두 개의 중요한 저서를 들자면 티트머쓰(Richard Titmuss)의 「주는 관계 : 인간의 피로부터 사회정책에 이르기까지(The Gift Relationship)」(여기서 저자는 사람들의 주려는 소망의 표현을 지적하고 우리의 경제체계가 사람들의 줄 권리를 자유로이 행사하는 것을 방해하고 있다는 점을 강조하고 있다)와 펠프스(Edmund S. Phelps)가 편찬한 「利他主義, 도덕성, 경제이론(Altruism, Morality and Economic Theory)」이 있다.

의의 생활을 더 이상 견디기 어렵다고 느낀 이들은 부유한 그들의 가정을 떠나서 가난한 농부들에게 가담하여 그들과 함께 살면서 러시아혁명 투쟁의 기초를 닦는데 일익을 담당하였다.

우리는 비슷한 현상을 미국과 독일의 유복한 자녀들에게서도 찾아볼 수 있다. 이들 역시 풍부한 가정환경 안에서의 생활을 권태롭고 무의미한 것으로 보고 있다. 한 걸음 나아가서 그들은 빈자(貧者)들에 대한 세상의 냉담과 개인적인 이기주의 때문에 핵전쟁을 향해 표류해 가는 세계 정세를 참을 수 없다고 느끼고 있다. 그래서 이들은 그들의 가정환경을 떠나서 새로운 생활양식을 찾는다. 그러나 어떤 건설적 노력도 성공할 것같이 보이지 않기 때문에 이들은 여전히 불만에 차 있는 형편이다. 이들 중 상당수는 원래는 가장 이상주의적이고 감수성이 예민한 젊은 세대였으나 현 시점에서는 전통·성숙성·경험·정치적 지혜 등이 결여된 탓으로 자포자기에 빠지게 되거나, 그들의 능력과 가능성을 과대평가하는 자기 도취에 빠져서 힘을 사용함으로써 불가능을 성취하려고 하고 있다. 그들은 소위 혁명 단체를 구성하여 테러 행위와 파괴 행위로써 세계를 구원해 보려는 기대를 갖고 있지만, 그들의 이런 행동이 폭력과 비인간성으로 향하는 보편적 경향에 기여할 뿐이라는 사실은 깨닫지 못하고 있다. 그들은 사랑하는 능력을 잊어버리고, 그것을 자신의 생명을 희생하려는 욕구로 대치시켰다.(자기 희생은 사랑하려는 욕망이 강한 개인들이 흔히 찾는 해결책이다. 그러나 사랑의 능력을 잃어버렸고 고도의 사랑의 경험을 자기 자신을 희생하는데 찾으려는 사람들이 종종 사용하는 해결책이기도 하다).

그러나 이들 자기 희생에 뛰어드는 젊은이들은 사랑의 순교자들과는 아주 다르다. 순교자들은 살기를 바란다. 그들은 삶을 사랑하며 자신을 배반하지 않기 위해서는 죽음을 당할 수밖에 없을 때에만 죽음을 받아들인다. 자기 희생 속에 뛰어드는 우리 시대의 젊은이들은 고발당한 자들이다. 그러나 한편으로는 고발자이기도 하다. 그들은 우리 사회체제 내에서는 가장 훌륭한 몇몇의 젊은이들이 너무나 고립되고 절망에 빠져 버려서 그들이 절망에서 벗어나는 길은 파괴와 광신밖에 없다는 것을 입증해 주고 있기 때문이다.

다른 사람들과의 연합을 경험하려는 인간의 욕망은 인간이라는 종(種)의 특성이 되는 특별한 생존의 조건에 뿌리 박고 있으며 또한 인간 행동의 가장 강력한 동인의 하나이기도 하다. 본능적인 결정을 극소화하고 이성적 능력의 발전을 극대화하여 그들을 결합시킴으로써 우리 인간은 우리가 원초적으로 갖고 있던 자연과의 일치를 상실하였다. 완전히 고립되었다는 느낌—이런 느낌은 사실상 우리를 정신 이상자라고 저주한다.—을 갖지 않기 위해서 우리는 다른 인간과, 자연과의 새로운 결합을 발견할 필요가 있다. 다른 사람과의 조화를 바라는 이 인간의 욕구는 여러 가지 방식으로, 즉 어머니 · 우상 · 자기 종족 · 자기 민족 · 자기 계급 · 자기 종교 · 협동단체 · 직업적 조직 등과의 공생적 유대에서 경험한다. 물론 이들 유대관계는 서로 중복되는 경우도 많으며 어떤 종파나 폭력단체의 구성원들 사이에서 나타나는 것처럼, 또는 전쟁시 국가적 히스테리의 폭발에서처럼 황홀경의 형태를 취하는 경우도 있다.

예를 들면 제1차 세계대전의 발발은 이 황홀경적 형태의 "연합(조화)"의 가장 극심한 예의 하나를 보여주었다. 갑자기 불과 하루 이틀 사이에 사람들은 평생 동안 품어온 평화주의, 반(反)군사주의, 사회주의에 대한 확신을 포기해 버렸고 과학자들도 평생 동안의 훈련으로 쌓아올린 객관성, 비판적 사고, 공정성을 내던지고 커다란 우리(We)에 가담하였다.
 다른 사람들과 결합하려는 욕망은 이상이나 확신에 기초를 둔 단결이라는 가장 고귀한 행동으로도 나타나지만 사디즘(sadism)이나 파괴 같은 가장 저열한 행동으로도 나타난다. 그것은 또한 적응하려는 욕구의 주된 원인이기도 하다. 인간은 홀로 버림받은 사람이 되는 것을 죽음보다 더 두려워하기 때문이다. 모든 사회에서 결정적으로 중요한 것이 바로 이 욕망이 그 사회의 주어진 사회 경제적 구조라는 조건 아래서 어떤 종류의 연합과 단결을 조성하느냐, 그리고 또 어떤 종류의 결합과 단결을 발전시킬 수 있느냐 하는 것이다.
 이러한 논의를 요약하면 인간에게는 두 가지 경향이 있다는 것을 가리키는 것이리라. 즉 소유하려는 경향—이것은 궁극적으로 분석해 보면 살아 남으려는 욕망이라는 생물학적 요소에 기인한다—과 존재하려는—나눠 갖고 주고 희생하려는—경향이다. 존재하려는 경향은 인간 생존의 특유한 조건과, 다른 사람과 하나가 됨으로서 자기의 고립을 극복하려는 고유의 요구에 기인하고 있다. 모든 인간 내부에서 일어나는 이 상극적인 투쟁 중에서 어느 한편이 우세하도록 결정하는 것은 사회구조와 그 가치관, 규범 등이다. 소유에 대한 탐욕을 조장하고 따라서 생존의 소유양식을 강조하는 문화는 인간의 한쪽 잠재성에 뿌리박고 있는 것이며 존재와 공유(共有)를 조장하는 문화는 인간의 또 다른 쪽을 키울 것인가를 결정해야 한다. 그렇지만 그때에 우리의 결정이 우리를 어느 한쪽의 해결책으로 기울게 하는 우리의 주어진 사회의 사회경제적 구조에 크게 좌우된다는 점을 깨달아 고려해야만 한다.
 단체행동의 분야에 관한 내 관찰에서 가장 잘 추측할 수 있는 바는 아주 깊이 뿌리 박혀 거의 변화시킬 수 없는 타입의 소유 혹은 존재를 각각 나타내는 극단적인 그룹은 아주 소수에 불과하고 대다수의 경우에는 양쪽의 가능성이 공존하며 두 가지 가능성 중 어느 편이 우세하고 어느 편이 억눌리느냐 하는 것은 환경적 요소에 좌우된다는 것이다.

이런 가정은 환경이 유아기 및 소년기의 성격발전에 큰 영향을 주고 이 시기가 지나면 성격은 고정되어 외부적 사건에 의해 거의 변화되지 않는다고 널리 믿어지고 있는 정신분석학적 정설과 모순된다. 이러한 정신분석학적 정설이 받아들여질 수 있었던 것은 일반적으로 똑같은 사회적 조건이 계속 유지됨으로써 어린 시절의 기본적 조건이 대부분의 사람들의 경우에 그 후에까지 계속 유지되었기 때문이다. 그러나 환경의 급격한 변화가 있을 때 즉, 부정적 세력이 감퇴하게 되고 긍정적 세력이 조성, 고무될 때 행동에 근본적인 변화가 오는 예는 얼마든지 많이 찾아볼 수 있다.

요약컨대 나눠 갖고 주고 희생하려는 욕망의 빈도와 강도는 인간이라는 종(種)의 생존 조건을 고려할 때 놀라운 것이 아니다. 놀라운 것은 산업사회(또 그 밖의 여러 사회)에서 이기적 행동이 통례가 되고 유대적 행동이 예외가 될 정도로 이 욕구가 억제될 수 있었다는 점이다. 그러나 역설적으로 바로 이 현상을 초래한 원인은 결합에의 욕구에서 찾을 수 있다. 취득이요, 이윤이요, 또 재산이 원칙인 사회는 소유지향의 사회적 성격을 만들어 내며, 일단 이 주된 양식이 확립되고 나면 아무도 아웃사이더, 다시 말해서 이 소비지향의 사회로부터 버림받은 사람이 되길 원치 않는다. 이 위험을 피하기 위해서 모두가 상호 적대감만을 공유하고 있는 다수에 순응하게 된다.

이기심이 지배적인 태도가 된 결과로 우리 사회의 지도자들은 사람들이 물질적 이득에의 기대에 의해서만, 즉 보상에 의해서만 움직여질 수 있다고 믿게 되었다. 사람들은 단결과 희생에의 호소에 대해서는 반응하지 않을 것이라고 그들은 믿고 있다. 따라서 전시(戰時)를 제외하고는 이런 호소를 하는 경우는 드물며 그 결과 그런 호소에 의해 거둘 수 있는 결과를 관찰하는 기회를 잃고 있다.

근본적으로 다른 사회경제적 구조와 근본적으로 다른 모습의 인간 본성만이 뇌물이 사람들에게 영향을 주는 유일한 방법(또는 최선의 방법)이 아니란 사실을 보여질 수 있을 것이다.

제 6장

소유와 존재의 새로운 측면

1. 안정 — 불안정

앞으로 나아가지 않는 것, 현재 있는 곳에 머무르는 것, 퇴보하는 것, 다시 말해서 우리가 소유하고 있는 것에 의존하는 것은 매우 유혹적이다. 왜냐하면 우리가 소유하고 있는 것을 우리는 알고 있으며, 거기에 집착할 수 있고, 그 안에서 우리는 안정감을 가질 수 있기 때문이다. 미지의 것, 불확실한 것을 향해 한 걸음을 내딛는 것은 두렵고, 따라서 우리는 그것을 회피하려 한다. 사실 그 발걸음은 일단 내딛은 후에도 그렇게 위험한 것이 아닐 수도 있다. 그러나 발걸음을 내딛기 전에는 그 너머에서 전개될 새로운 국면은 매우 위험해 보이고, 따라서 두려움을 주는 것이다. 옛것, 시험된 것만이 안전하다. 혹은 그렇게 보인다. 모든 새로운 발걸음은 실패의 위험을 내포하고 있다. 이것이 사람들이 자유를 그렇게 두려워하는 이유 중의 하나이다.

물론 삶의 각각의 단계에서 오래 되고 습관화된 것은 각각 다르게 나타난다. 유아일 때 우리는 우리의 육체와 어머니의 품(본래적으로 아직 구별되지 않은)만을 가지고 있을 뿐이다. 다음 단계로 우리는 우리 자신을 세계로 향해 서게 하고 세계 속의 자기 자리를 만드는 과정을 시작한다. 우리는 물건을 소유하려고 원하기 시작한다. 어머니·아버지·형제자매·장난감 등을 갖게 되고 좀더 자라면 지식·직업·사회적 지위·배우자·자녀들을 얻게 되며 좀더 지나면 매장지를 확보하고, 생명보험을 들고, 유언을 작성하게 될 때, 미리 일종의 내생을 소유한다.

그러나 사람들은 이런 소유의 안정에도 불구하고, 새로운 것에 대한 비전을 가진 사람들, 새 길을 개척하는 사람들, 전진하는 용기를 가진 사람들을 흠모한다. 신화에서는 이런 생존의 양식이 '영웅'에 의해 상징적으로 재현된다. 영웅들이란 그들이 가진 것, 그들의 토지·가족·재산 등—을 버리고 두려움이 없지는 않지만 두려움에 굴복하지 않고 앞으로 나아가는 용기를 가진 사람들이다.

불교의 전통에서 보면 붓다는 자기의 모든 소유물, 힌두교 신학에 포함된 모든 확실성—그의 지위, 가족 등—을 저버리고 비집착의 삶을 향해 나아간 영웅이다.

기독교의 영웅은 예수이다. 그는 아무것도 소유하지 않고 세상의 눈으로 볼 때 아무것도 아닌 존재이면서, 모든 인류에 대한 완전한 사랑을 실행한 영웅인 것이다. 그리스인들은 세속적인 영웅들을 가지고 있다. 그들의 목표는 승리요, 자만심의 충족이며, 정복이다. 그러나 헤르클레스(Hercules)와 오딧세우스(Odysseus)는 숭고한 영웅들이나 마찬가지로 그들을 기다리고 있던 모험과 위험을 겁내지 않고 앞으로 나아간 사람들이다. 동화에 나오는 영웅들도 이같은 기준에 부합된다. 그들 역시 버리고 앞으로 나아가며 불확실성을 무릅쓴다.

우리가 이들 영웅을 흠모하는 것은 우리도 할 수만 있다면 이들의 사는 방식대로 살고 싶다고 마음속 깊이 느끼기 때문이다. 그러나 두려움 때문에 우리는 그런 방식으로 살 수 없고 오로지 영웅들만이 그렇게 살 수 있다고 믿는다. 영웅은 우상이 되고 우리는 우리 자신의 움직일 수 있는 능력을 이들 우상에게 넘겨주고 우리 자신은 현재의 장소에 그대로 머문다. "우리는 영웅이 아니다."라고 자위하면서.

이 논의는 어떻게 보면 영웅이 되는 것은 바람직하기는 하지만 그것은 한편 어리석고 자기의 이익에 반대된다는 뜻을 내포하고 있는 것처럼 보일 수도 있다. 그러나 결코 그렇지는 않다. 조심성 많고 무언가 소유하고 있는 사람들은 안정을 누리고 있다. 그러나 그들은 필연적으로 매우 불안정하기도 하다. 이들은 그들이 가지고 있는 것 돈·명성 그들의 에고(ego), 말하자면 자신 외부의 어떤 것에 의존하고 있다. 그러나 만일 이들이 자기가 소유한 것을 잃어버리면 어떻게 되겠는가? 실제로 소유한 것은 잃어버릴 수도 있는 것이기 때문이다. 사람들이 자기 재산을 잃을 수도 있다는 것은 명백한 사실이며 그와 함께 지위, 친구 등도 마찬가지로 잃을 수 있는 것이며 조만간 잃도록 되어 있는 것이다.

만약 내가 소유하고 있는 것이 나이고, 내가 소유하고 있는 것을 잃어버리면 나는 누구일 것인가? 그릇된 삶의 방식에 대한 패배한, 짜부라든, 슬픈 증거물 외에 아무것도 아닐 것이다. 소유하고 있는 것은 잃어버릴 수 있기 때문에 필연적으로 나는 항상 내가 가지고 있는 것을 잃어버릴까봐 늘 걱정하게 된다. 도둑을 두려워하고 경제적 변화를 두려워하고 혁명을 두려워하고, 병과 죽음을 두려워하게 된다. 그래서 사랑을, 자유를, 성장을, 변화를, 그리고 미지의 것을 두려워한다. 이와 같이 나는 항상 걱정이 끊이지 않는다. 건강을 잃을까 하는 두려움뿐만이 아니라 내가 소유하고 있는 것을 상실할까 하는 두려움까지 겹쳐 만성적 우울증 증상을 일으키게 된다. 더 잘 보호받기 위해서 더 많이 소유하려는 욕망 때문에 나는 방어적이 되며 경직되고 의심이 많아지고 외로워진다.

입센(Ibsen)은 그의 작품 《페르귄트 Peer Gynt》에서 이 자기 중심적 인간형을 아름답게 묘사하였다. 주인공은 자기 자신으로만 가득 차 있다. 극단적인 이기주의 속에서 그는 자기는 자기 자신이라고 믿는 데 그것은 그가 "욕망의 다발"이기 때문이다. 임종에 이르러서 그는 자기의 재산으로 구조된 소유중심의 생활로 인해 스스로 존재하는데 실패했고 자기는 알맹이가 없는 양파와 같았고 결코 자기 자신이 아니었던 미완성의 인간이라는 것을 깨닫는다.

자기가 소유한 것을 잃어버릴지도 모른다는 위험으로부터 생기는 걱정과 불안정은 존재양식에는 없다. 나는 스스로 존재하는 나이지 내가 소유하고 있는 것이 내가 아니라면, 아무도 나의 안전과 주체의식을 빼앗거나 위협할 수 없다. 나의 중심은 나 자신 안에 있으며, 나의 존재능력과 나의 기본적 힘의 표현능력은 내 성격구조의 일부이며 나에게 의존하고 있다. 이것은 정상적 삶의 과정의 경우에도 똑같다. 물론 무능력하게 하는 병, 고문 또는 기타 강력한 외부적 제약 등과 같은 상황에서는 똑같지 않다.

소유는 사용에 의해 감소되는 것에 기초하고 있는 반면 존재는 실행에 의해 성장한다.(소멸되지 않는 "불타는 나무"는 바로 이 역설에 대한 성서적 상징이다.) 이성의 힘, 사랑의 힘, 그리고 예술적이고 지적인 창조의 힘 등이 모든 본질적인 힘은 표현되는 과정을 통해 성장한다. 쓰여지는 것은 잃어버리는 것이다. 존재에 있어서 내 안전에 대한 유일한 위협은 내 자신 속에 있다. 삶에 대한 신뢰의 결핍, 나의 생산적 능력에 대한 믿음의 부족, 퇴보적 경향, 내적 나태, 다른 사람들로 하여금 내 생활을 떠맡게 하려는 의지 등에 그 위험이 있다. 그러나 이들 위험은 존재에 있어 본래적인 것은 아니다. 소유에 있어서 상실의 위험은 본래적인 것과는 다르다.

2. 연대성 — 적대감

소유하려는 욕구 없이 어떤 것을 사랑하고 좋아하고 즐기는 경험을 스즈끼(Suzuki)는 일본 시와 영국 시를 대조하면서 언급한 바 있다.(제1장 참조). 소유와는 동떨어진 즐거움을 경험한다는 것이 현대 서구인에게는 진실로 어려운 일이다. 그렇지만 그것이 우리에게 완전히 불가능한 일은 아니다. 스즈끼가 든 꽃의 예는, 꽃을 보는 대신 방랑객이 산이나 목장 또는 기타 물리적으로 제거할 수 없는 것을 바라보았다면 적용되지 않을 것이다. 확실히 많은 대다수의 사람들은 산을 진정으로 보려 하지 않는다. 그들은 그저 그것을 습관적으로 볼 뿐이다. 산을 보는 대신 그들은 그 산의 이름과 높이를 알려고 한다. 혹은 그 위에 오르려 한다. 이것은 또 다른 일부의 사람들은 진정으로 산을 보고 그것을 즐긴다.

이와 같은 예로 음악작품을 감상하는 데에도 똑같이 적용할 수 있다. 즉 자기가 사랑하는 음악의 레코드판을 사는 것은 그 작품을 소유하는 행위라고 할 수 있다. 아마 예술을 즐긴다고 하는 대다수의 사람들은 실제로는 그것을 "소비하고" 있는 것이다. 그러나 소수의 사람들은 진정한 기쁨으로, 그러나 "소유"하려는 충동 없이 음악과 예술에 조용히 응답한다.

때때로 우리는 사람들의 반응을 그들의 얼굴 표정에서 읽을 수 있다.

최근에 나는 중국 서커스단의 별난 곡예사들과 마술사들이 출현하는 텔레비전 프로를 본 일이 있다. 프로 도중 카메라는 군중 속에 있는 개개인의 반응을 잡기 위해서 관중들을 자주 비춰주었다. 대개의 얼굴은 우아하고 생생한 공연에 대한 반응으로 상기되어 있었고 생기에 차고 아름다워져 있었다. 아주 소수의 사람만이 냉랭하고 무감동하게 보였다.

소유하려는 욕구 없이 즐기는 또 하나의 예는 조그만 어린애들에게 대한 우리들의 반응에서 쉽게 볼 수 있다. 여기에도 역시 상당한 정도의 자기 기만적 행동이 일어난다고 의심케 된다. 왜냐하면 우리는 어린애를 사랑하는 자로서의 역할을 하고 있는 우리 자신을 보고 싶어하기 때문이다. 이와 같이 의심의 여지가 없는 건 아니지만, 유아에 대한 진정하고 생생한 반응이 드문 것은 결코 아니라고 나는 믿는다. 그 이유의 일부는 청소년이나 성인에 대한 감정과는 대조적으로 대개의 사람들은 어린이들을 두려워하지 않고, 따라서 그들에 대해서는 사랑으로 반응할 만큼 자유로운 감정을 갖는 것이다. 두려움이 방해하면 이런 자유로운 감정은 느낄 수 없는 것이다.

자기가 즐기는 것을 소유하려 하지 않고 즐기는 가장 적절한 예는 인간의 상호관계에서 발견될 수 있다. 한 남자와 한 여자는 여러 이유에서 서로를 즐길 수 있다. 각자는 상대방의 태도·취향·생각·기질 또는 전인격을 좋아할 수 있다. 그러나 자기가 좋아하는 것을 소유해야만 하는 사람들에게 있어서만은 이 상호적인 즐김이 상습적으로 성적인 소유 욕망으로 귀결된다. 존재양식이 지배적인 사람들에게 있어서는 상대방이 즐길 만하고 성적 매력도 있지만 즐기기 위해서 상대방을(테니슨의 시구를 빌린다면) "꺾어야" 할 필요는 없다.

소유중심적인 사람들은 그들이 좋아하거나 흠모하는 사람을 소유하기를 원한다. 따라서 이들은 상대방을 "소유하려는" 다른 사람들을 질투한다. 각각의 파트너는 마치 난파된 선원들이 살기 위해서 나뭇조각을 찾듯이 상대방을 찾는다. "소유" 관계는 두드러지게 무겁고 부담스러우며 갈등과 질투로 가득 차게 된다.

보다 일반적으로 말해서 생존의 소유양식에 있어서의 개인간의 관계의 기본적 요소는 경쟁·적개심·공포이다. 소유관계의 적의적 요소는 소유관계의 본질에서 연유된다. "나는 내가 가진 것(I am what I have)"이기 때문에 소유가 내 주체의식의 근본일 경우, 소유하려는 소망은 필연적으로 많이 소유하려는 욕망, 더 많이 소유하려는 욕망, 가장 많이 소유하려는 욕망으로 유도된다. 다시 말해서 탐욕은 소유지향의 자연스런 결과인 것이다. 그것은 수전노의 탐욕일 수도 있고 이윤 추구자의 탐욕일 수도 있고 오입쟁이의 탐욕일 수도 있고 바람난 여자의 탐욕일 수도 있다. 그 탐욕이 어떤 것이든 탐욕 많은 사람은 결코 충분히 가질 수는 없는 일이며 결코 "만족할" 수가 없다.

배고픔 같은 생리적 욕구는 신체의 생리에 따르는 일정한 포만점이 있는 법이지만 정신적 욕구는—모든 탐욕은 그것이 신체를 통해 만족될지라도 정신적인 것이다—포만점이 없다. 왜냐하면 그것이 소비가 그것이 극복하려고 의도된 내적 공허감, 권태, 외로움, 침울 등을 채워주지 못하기 때문이다. 더욱이 소유하고 있는 것은 이런저런 형태로 빼앗길 수가 있는 것이기 때문에 그런 위험에 대비하여 자기 생존을 더욱 잘 보호하기 위해서는 더욱 많이 소유해야만 한다. 모두가 더 많이 소유하기를 바란다면 자기가 소유하고 있는 것을 빼앗아 가려는 이웃의 공격적 의도를 항상 두려위할 수밖에 없다. 그러한 공격을 방지하기 위해서는 스스로 더 강해져야 하며 예방적으로 자기가 공격적이 되어야 한다. 또 생산은 아무리 그 양이 많더라도 무한한 욕망을 따라갈 수는 결코 없으므로 각 개인들은 서로 더 많이 차지하기 위해서 경쟁과 대립 갈등을 일으키는 수밖에 없다. 이러한 투쟁은 절대적 풍요의 상태에 도달될 수 있다고 해도 계속될 것이다. 육체적 건강이나 매력·소질·재능을 덜 가진 사람들은 "더 많이" 가진 사람들을 심하게 질투할 것이다.

소유양식과 그로부터 결과하는 탐욕이 필연적으로 사람들간의 적개심과 투쟁을 불러일으킨다는 사실은 개인 사이에만 해당되는 것이 아니라 국가들간에도 해당된다. 국가가 소유와 탐욕을 주된 행동요인으로 하는 국민들로 구성되어 있는 한 그 국가들간에 전쟁이 일어나는 것은 불가피하다. 그 국가들은 필연적으로 다른 국가가 가지고 있는 것을 탐낼 것이며 전쟁이나 경제적 압력, 위협 등을 사용해서 그들이 원하는 것을 얻으려고 할 것이다. 그들은 우선 이런 절차를 더 힘이 약한 국가들을 상대로 사용할 것이며 또 공격받게 될 국가보다 더 강력한 동맹관계를 형성할 것이다. 승리할 만한 적당한 기회를 하나만 가졌어도, 그 국가는 분명히 전쟁을 할 것이며, 그 전쟁의 이유는 그 국가가 경제적으로 고통을 받고 있기 때문이 아니라 더 많이 소유하려는 욕망, 정복하려는 욕망이 사회적 성격 안에 깊이 드리워져 있기 때문이다.

물론 평화가 유지되는 시대도 있다. 그러나 지속적인 평화와 일시적 현상인 평화, 힘을 규합하고 자기네의 산업과 군대를 정비하고 강화시키는 시기와는 구별되어야만 할 것이다. 다시 말해서 영구적 조화의 상태인 평화와 본질적으로 휴전에 불과한 평화는 구별되어야 한다. 19세기와 20세기에도 휴전 시기는 있었지만 이 시기는 역사 무대의 주역들간의 만성적인 전쟁상태로 특징 지워진다. 국가들간의 조화로운 관계가 지속되는 상태로서의 평화는 고유와 이윤을 위한 투쟁을 고무하면서 평화를 구축할 수 있다는 생각은 환상이며 또한 위험한 생각이다. 왜냐하면 이것은 사람들이 자기네들은 뚜렷한 양자택일의 상황에 직면해 있다는 사실, 즉 그들의 성격의 근본적 변화냐 아니면 전쟁의 영구화냐 둘 중의 하나의 선택을 강요받고 있다는 사실을 인식하지 못하게 하기 때문이다. 이 선택은 이미 오래 전부터 주어진 것이었다. 지도자들이 전쟁을 선택하였고 국민들은 그들을 추종하였다. 새로운 무기의 파괴력이 믿을 수 없을 정도로 증가된 오늘날이나 장래에는 이 양자택일이 전쟁이 아니라 상호자멸이다.

국제적인 전쟁에 적용되는 이 사실은 계급전쟁에 있어서도 똑같이 적용된다. 계급간의 전쟁, 본질적으로 착취자와 피착취자간의 전쟁은 탐욕의 원리에 기초한 사회에서는 항상 존재하여 왔다. 착취의 필요나 가능성이 없던 사회, 탐욕스런 사회적 성격이 없던 사회에서는 계급전쟁은 없었다. 그러나 소유양식이 주도하고 있는 사회에는 가장 부유한 사회일지라도 계급이 있기 마련이다. 이미 언급한 바와 같이 무한한 욕망이 있는 한 아무리 많은 생산이라 하더라도 이웃보다 더 많이 가지려는 모든 사람의 환상을 따라갈 수는 없다. 필연적으로 더 강하고, 더 영리하고, 환경조건이 더욱 좋은 사람들이 자신을 위한 더욱 좋은 위치를 확립하여 힘이나 폭력 혹은 암시를 써서 힘이 그들보다 약한 사람들을 이용하려 든다. 억압된 계급이 그들의 지배자를 전복하려 할 것이다. 이러면 계급 투쟁은 덜 격렬해질지도 모른다. 그러나 그 투쟁은 탐욕이 인간의 마음을 지배하는 한 사라질 수가 없다. 소위 사회주의 세계의 계급 없는 사회라는 이상도 그것이 탐욕의 정신으로 충만되어 있으니만치 탐욕스런 국가간에 영구적인 평화라는 생각이나 마찬가지로 환상적이고 또 위험하다.

존재양식에서는 사적 소유(사유재산)는 별로 감정적인 중요성을 갖지 않는다. 왜냐하면 무엇을 즐기기 위해서 또는 그것을 사용하기 위해서까지도 그것을 소유할 필요가 없기 마련이다. 존재양식에서는 한 사람 이상의 사람들—실상 수백만의 사람들—이같은 대상을 같이 즐길 수가 있다. 아무도 그것을 즐기는 조건으로 그것을 가질 필요가 없기(또는 가지려고 하지 않기) 때문이다. 이것은 싸움을 피하도록 해줄 뿐 아니라 가장 심원한 형태의 인간행복 중의 하나 즉 나눠 갖는(共有) 즐거움을 창조한다.

어떤 사람에 대한 찬양과 사랑을 공유하는 것, 어떤 생각, 한 곡의 음악, 한편의 그림, 상징을 공유하는 것, 어떤 의식에 같이 참석하는 것, 슬픔을 나눠 갖는 보다 더(그들의 개성을 제한함 없이) 사람들을 결합시키는 것은 아무것도 없다. 공유의 경험은 두 개인간의 관계를 활발하게 해준다. 그것은 모든 위대한 종교적·정치적·철학적 운동의 기초이다. 물론 이것은 각 개인이 진정으로 사랑하거나 찬양할 때에만 또 그런 정도만큼 해당된다. 종교적·정치적 운동이 경화될 때, 관료주의가 암시와 위협의 수단으로 사람들을 조종할 때 공유는 경험의 공유가 아니라 오히려 사물의 공유가 된다.

자연은 함께 나누는 기쁨의 원형—또는 상징—을 성행위에서 고안했지만 경험적으로 볼 때 성행위는 반드시 공유되는 즐거움은 아니다. 흔히들 상대가 너무 자기 도취적이고 자기 중심적, 소유적이 된 나머지 동시적이라고는 할 수 있지만 쾌락을 공유한다고 말할 수는 없다.

그러나 자연은 또 다른 면에서 소유와 존재의 차이점을 덜 모호한 상징으로 제시하고 있다. 남성기(男性器)의 발기는 완전히 기능적이다. 남성은 발기를 재산이나 영구적 자질처럼 소유하지는 않는다.(이런 식으로 소유하기를 바라는 사람들이 있을지는 모르지만). 성기는 남자가 흥분상태에 있는 동안만, 그가 그의 흥분을 일으킨 사람을 요구하는 동안만 발기 상태에 있는 것이다. 이런 저런 이유로 어떤 것이 이 흥분을 방해하면 그 사람은 아무것도 소유하지 않게 된다. 그의 온갖 종류의 행동과는 대조적으로 발기만은 속일 수가 없다. 비교적 알려지지는 않았지만 가장 뛰어난 정신분석학자의 한 사람인 조지 그롯데크(Gorge Groddek)는 남자는 결국 단 몇 분 동안만 남자일 뿐 대부분의 시간 동안은 조그만 소년이라고 주장하곤 했다. 물론 그롯데크의 이 말은 남자의 전체적 존재가 어린 소년이 된다는 뜻은 아니고 많은 남자들이 자기가 남자인 증거로 내세우는 바로 그 측면만을 말한 것이다(내가 1943년에 쓴 논문 『性과 性格』을 참조할 것.)

3. 기쁨 — 쾌락

마이스터 에크하르트는 살아 있다고 하는 것이 기쁨을 일으킨다고 가르쳤다. 현대의 독자는 "기쁨"이라는 말에 별로 주목하지 않고 에크하르트가 말한 것이 쾌락인 것처럼 생각하며 읽기 쉽다. 그러나 기쁨과 쾌락간의 구별은 매우 중요하다. 존재양식과 소유양식간의 구별과 관련해서 이것은 특히 중요하다. 그러나 우리는 현재 "기쁨 없는 쾌락"의 세계에 살고 있기 때문에 그 차이를 인식한다는 것은 쉽지 않다.

쾌락이란 무엇인가? 이 말이 여러 가지 다른 방식으로 쓰이고 있긴 하지만 가장 흔히 쓰이는 그 용례를 고려해 볼 때, 이 말은(살아 있다는 의미에서의) 능동성의 충족을 필요로 하지 않는 욕망의 충족이라고 정의하면 가장 좋을 듯하다. 그런 쾌락은 강도가 높은 것일 수도 있다. 사회적 성공을 거둠으로써 느끼는 쾌락, 돈을 많이 버는 데서 느끼는 쾌락, 복권이 당첨됨으로써 느끼는 쾌락, 보통 말하는 성적 쾌락, 맘껏 먹는 데서 느끼는 쾌락, 경주에서 이기는 쾌락, 음주·환각·약품 등에 의해 상기된 상태, 자기의 사디즘, 혹은 살아 있는 것을 죽이거나 난도질하려는 격정을 충족시키는 데서 느끼는 쾌락 등이 그런 강도 높은 쾌락이다.

물론 부유해지거나 유명해지기 위해서는 분주하다는 의미에서 매우 활동적이어야 하지만 "내적 탄생 birth within" 이라는 의미에서는 그렇지 않다. 그 목표를 성취했을 때 그들은 "스릴"을 느끼고 "아주 만족하며" "절정"에 도달했다고 느낄는지 모른다. 그러나 어떤 절정인가? 아마 흥분의 절정, 만족의 절정, 환각적이거나, 광란적 상태의 절정일 것이다. 이런 상태에 도달하도록 하는 것은 그들의 열정이다.

그러나 이 열정은 인간적인 것이긴 하지만, 그것이 본질적으로 인간조건의 적절한 해결을 향하지 않기 때문에 한 병적인 것이다. 그러한 열정은 더욱 위대한 성장이나 힘을 낳는 것이 아니라 반대로 인간을 불구자로 만든다. 극단적 쾌락주의자의 쾌락, 항상 새로운 물욕의 충족, 현사회의 쾌락 등은 서로 정도나 다른 흥분을 일으킨다. 그러나 이것들은 기쁨을 갖다 주지는 못한다. 사실상, 기쁨이 없기 때문에 항상 새롭고 한층 더 자극적인 쾌락을 추구하게 되는 것이다.

이런 점에서 현대사회는 3천년 전에 히브리인들이 처했던 상황과 똑같은 상황에 처해 있다고 볼 수 있다. 이스라엘 국민들에게 가장 사악한 죄악 중의 하나에 대해 말하면서 모세는 다음과 같이 말했다.

"네가 모든 것이 충족하여도 기쁨과 즐거운 마음으로 네 하나님 여호와를 섬기지 아니함을 인하여……"(신명기 28:47).

기쁨은 생산 행위에 따른 부수물이다. 그것은 절정에 이르렀다가 급작스레 끝나 버리는 "절정 경험(peak experience)"이 아니고, 오히려 일종의 고원과 같은 상태로서 사람의 본질적인 능력이 생산적 표현과 동반하는 감정상태이다. 기쁨은 순간적인 황홀경이 아니다. 기쁨은 존재와 함께 오는 작렬이다.

쾌락과 스릴은 소위 말하는 절정에 도달하고 난 후에는 슬픔으로 이어진다. 왜냐하면 스릴은 경험했지만 그 용기는 커지지 않았기 때문이다. 즉, 그의 내적 힘은 증가되지 않는 것이다. 그는 비생산적 활동의 권태를 돌파하려고 시도하였고 잠시 동안 이상과 사랑을 제외한 그의 모든 에너지를 결합하였다. 그는 인간이 되려 하지 않고 초인이 되려는 시도를 한 것이다. 그는 승리의 순간에 도달한 것같이 느낀다.

그러나 그 승리의 뒤를 깊은 슬픔이 뒤따른다. 그의 내부에는 아무런 변화도 일어나지 않았기 때문이다. 성교 후에 동물은 슬프다("Post coitum animal triste est")는 격언은 똑같은 현상을 사랑이 없는 섹스와 관련해서 표현하고 있는 것이다. 성행위 역시 강도 짙은 흥분의 "절정 경험"이다. 따라서 스릴 있고 쾌락적이며 필연적으로 끝나고 나면 실망이 뒤따른다. 섹스의 기쁨은 육체적 정교(情交)가 사랑의 정교와 같이할 때에만 경험할 수 있다.

당연한 것이지만 존재를 생의 목표라고 선언하고 있는 종교적, 철학적 체계에서도 기쁨이 중심 역할을 담당한다. 불교에서는 쾌락은 배격하지만 니르바나(Nirvana) 상태를 기쁨의 상태라고 생각하고 있다. 이것은 붓다의 죽음에 대한 기록이나 그림에 나타나 있다.(붓다의 죽음을 그린 유명한 그림에서 이것을 나에게 지적해 준 고(故) D. T. 스즈끼에 감사한다).

구약성경과 그 이후의 유대 전통은 탐욕의 충족에서 얻는 쾌락에 대해서는 경고하면서도 기쁨 속에서 존재를 동반하는 분위기를 본다. 성경의 시편은 하나의 거대한 기쁨의 찬가인 150편의 시가로 끝나고 있다. 이 박진감 있는 성가는 두려움과 슬픔 속에 시작되어 기쁨과 즐거움 속에 끝난다.12)

안식일은 기쁨의 날이다. 메시야의 시대에는 온통 기쁨이 넘치는 분위기가 될 것이다. 예언서에는 다음 구절들과 같은 기쁨의 표현이 많이 나타난다.

"그 때에 처녀는 춤추며 즐거워하겠고 청년과 노인이 함께 즐거워하리니 내가 그들의 슬픔을 돌이켜 기쁨으로 바꾸기 때문이니라"(예레미야 31:13). 그러므로 "너희가 기쁨으로 구원의 우물들에서 물을 길으리로다"(이사야 12:13). 또 하나님은 예루살렘을 "나의 기쁨(즐거움)의 성읍"(예레미야 49:25)

이라고 부르고 있다.

이것은 탈무드에서도 똑같이 강조되어 있다. "미츠바 misz-vah(종교적 의무의 완수)의 기쁨만이 성령을 얻는 유일한 길이다"(베라코드 31, a). 기쁨은 매우 근본적인 것으로 생각되기 때문에 탈무드의 율법에 의하면 가까운 친척이 상을 당한 경우에도 도중에 안식일을 맞으면, 통곡을 그치고 안식

---

12) 나는 이 성가들을 「YOU SHALL BE AS GODS」에서 분석하였다.

일의 기쁨을 누리도록 되어 있다. 시편의 한 구절 "기쁨으로 하나님을 섬기라"를 모토로 삼고 있는 하시딤 운동(Hasidic movement)은 기쁨을 가장 중요한 요소의 하나로 하는 생활 형태를 창조하였다. 슬픔과 좌절은 뚜렷한 죄는 아니더라도 정신적인 과오의 징후로 간주되었다.

기독교의 발전에 있어 복음(福音)—기쁜 소식(Glad Tidings)—이라는 이름까지도 즐거움과 기쁨의 중심적 위치를 보여주고 있다. 신약에서는 기쁨은 소유를 포기한 열매요 슬픔은 재산에 집착하는 사람의 마음이라고 말하고 있다.(그 예로 마태복음 13:44와 19:22를 보라)

예수의 여러 말 중에서 기쁨은 존재양식에 사는 삶의 부수물로 여겨졌다. "내가 이것을 너희에게 이름은 내 기쁨이 너희 안에 있어 너희 기쁨을 충만케 하려 함이니라"(요한복음 15:11).

앞에서 지적한 봐와 같이 마이스터 에크하르트의 사상에 있어서도 기쁨이 가장 중요한 역할을 담당하고 있다. 그의 말 중에는 웃음과 기쁨의 창조적 힘이라는 개념을 가장 아름답고 시적으로 표현한 다음과 같은 구절이 있다. "하나님이 그 영혼을 향해 웃고 그 영혼이 하나님을 되받아 웃을 때 삼위일체의 인간들이 탄생한다. 과장해서 말하면 (하늘의) 아버지가 아들을 향해 웃고 그 아들이 다시 아버지를 향해 웃음을 되돌릴 때 그 웃음은 쾌락을 주며 그 쾌락은 기쁨을 주고 그 기쁨은 사랑을 주고 그 사랑은 그 성령이 하나인 삼위일체의 인간들을 준다"(「Blakney」 p. 245).

스피노자 역시 그의 인간학적 윤리체계에서 기쁨을 최고의 위치에 두고 있다. 그는 다음과 같이 말하고 있다. "기쁨은 더 작은 완성에서 더 큰 완성으로 나가는 인간의 통로이다. 슬픔은 보다 큰 완성에서 보다 작은 완성으로 나가는 인간의 통로이다."(「윤리학」 3, 정의2, 3).

스피노자의 진술들을 충분히 이해하려면 그 말을 그의 전 사상체계의 문맥 안에 넣어 생각해야 할 것이다. 썩지 않기 위해서 우리는 "인간 본성의 모델(model of human nature)"에 접근하려고 노력해야 한다. 즉 우리는 완전히 자유롭고 이성적이고 능동적이어야 한다. 우리는 우리가 될 수 있는 것이 되어야 한다. 이것은 우리 본성 속에 잠재적으로 내재해 있는 선으로 이해되어야 한다. 스피노자는 "선"을 "우리가 설정한 인간 본성의 모델에 더욱 가까이 접근할 수 있는 수단이라고 우리가 확신하는 모든 것"이라고 이해하고 있다. 또 그는 악을 "반대로……우리가 그 모델에 도달하는 것을 방해한다고 확신하는 모든 것"이라고 생각하고 있다.(『윤리학』 4. 서문). 기쁨은 선이며 슬픔(tristitia—"비애" "우울"이라는 편이 좋다)은 악이다. 기쁨은 덕이며 슬픔은 죄이다.

결국 기쁨은 우리가 우리 자신이 된다는 목표에 점점 접근해 가는 과정에서 우리가 경험하는 것이다.

4. 죄와 용서

유대교와 기독교의 신학적 사상의 고전적 개념에 있어서 죄는 본질적으로 하나님의 의지에의 불복종과 동일한 것이다. 이것은 두 종교가 공통으로 가지고 있는 최초의 죄의 원천, 즉 아담의 불복종에서 뚜렷이 드러난다. 유대교의 전통에서는 이 행위를 기독교 전통에서처럼 아담의 모든 자손들이 물려받은 "원죄"라고 생각하지 않고 아담의 자손들에게 필연적으로 현존하지 않는 단순한 최초의 죄라고 생각하였다.

그러나 공통적 요소는 그 명령이 무엇이든 간에 하나님의 명령에 불복종하는 것은 죄이다라고 보는 견해이다. 이러한 이야기가 전개되는 성경의 부분에서 하나님의 이미지가 동양의 왕 중의 왕과 같은 유형의 완전한 권위의 이미지였다는 것을 고려해 보면 이것은 놀라운 것이 못 된다. 더욱이 교회가 거의 그 출발시부터 사회적 질서를 모방하였고 그 당시의 사회적 질서는 봉건주의로서 오늘날의 자본주의나 마찬가지로 그 기능을 발휘하기 위해서는 각 개인이 그것이 자기의 진정한 이익에 봉사하는 것이든 아니든 간에 법률에 철저하게 복종하는 것을 필요로 하였다는 것은 별로 문제가 되지 않는다. 중심 문제는 사람들이 무기를 휘두르는 "법률집행" 관리들뿐만 아니라, 권위 그 자체를 두려워하도록 해야 한다는 것이다. 이 두려움만으로 구각의 적절한 기능이 충분히 보장되지 않는다. 각각의 시민은 이 두려움에 내면화시켜서 복종을 도덕적 종교적 의미를 부여해야 한다. 즉 불복종이 죄라고 해야 한다.

사람들은 두려움 때문만 아니라 불복종에 대해서 죄의식을 느끼기 때문에 법률을 존중한다. 이 죄의식은 권위 그 자체만이 승인할 수 있는 용서에 의해서 극복될 수 있다. 그러한 용서의 조건은 죄인이 회개(悔改)할 것, 벌을 받아들임으로써 다시 복종할 것 등이다.

결국 죄(불복종)→죄의식→새로운 복종(벌)→용서의 악순환이 계속됨으로써 각각의 불복종 행위는 더욱 증가된 복종을 낳을 뿐이다. 이와 같은 위협을 받지 않는 사람은 극히 소수에 불과하다. 프로메테우스(Prometheus)가 그들의 영웅이다. 제우스(Zeus)가 그에게 가한 가장 가혹한 형벌에도 불구하고 프로메테우스는 복종하지 않으며 죄의식을 느끼지도 않는다. 그는 신에게서 불을 빼앗아다가 인류에게 주는 것이 애정의 행위라고 알고 있었다. 그는 불복종을 범했지만 죄를 범한 것은 아니라고 생각하였다. 인류의 여러 다른 사랑의 영웅들(순교자들)처럼 그는 불복종과 죄 사이의 방정식을 깨뜨렸던 것이다.

그러나 사회는 영웅들로 이루어져 있는 것은 아니다. 책상들(원리)이 소수만을 위해서 있으며 다수가 소수의 목적에 봉사해야만 하고 다수는 남은 찌꺼기로 만족해야 하는 한, 불복종은 죄라는 의식이 배양되어야 했다. 국가와 교회가 모두 그 의식을 배양했다. 둘이 다 자신의 계층조직을 보호해야만 했기 때문에 협력한 것이다. 국가는 종교가 불복종과 죄를 융합시키는 이데올로기를 가져다주는 것이 필요했다. 교회는 국가가 복종의 미덕을 갖도록 훈련시킨 신자들이 필요했다. 종교와 국가는 모두 가족이라는 조직을 활용했다. 가정의 기능은 아이가 그 독자적 의지를 처음 보이는 순간부터 복종하도록 훈련시킨다.(최근에 와서 흔히 이것은 오줌 똥 가리기 훈련으로 시작된다.) 어린애의 자기 의지는 그가 후에 시민으로서 적절한 기능을 하도록 하는 준비로써 꺾어 놓아야만 했다.

상투적인 신학적, 세속적 의미에서의 죄는 권위주의적 구조 내에서 생기는 개념이며, 이 구조는 생존의 소유 양식에 속한다. 이런 구조에서는 우리의 인간적 중심이 우리 자신에 있지 않고 우리가 복종하는 권위에 있다. 우리는 우리 자신의 생산적 능동성에 의해서 행복에 도달하는 것이 아니고 수동적 복종과 그 결과로 권위가 해주는 승인에 의해 거기에 도달한다. 우리는 지도자(왕, 여왕 또는 하나님 등의 세속적 혹은 영적 지도자)를 소유하며 그에 대한 신뢰를 또한 소유한다. 우리가 존재하는 한 아무도 가질 수 없는 안정을 소유한다. 복종이 반드시 그와 같이 의식적인 것은 아니라는 것, 그것은 부드러울 수도 있고 엄격할 수도 있으며 정신적, 사회적 체계가 전적으로 권위주의적일 필요는 없으며 다만 부분적으로 그렇다는 등의 사실을 내세움으로써 우리는 우리 사회의 권위주의적인 구조를 내면화할 정도로 소유양식 속에 깊이 빠져 있다는 사실에 눈이 멀어서는 안 된다.

알폰스 아우어(Alfons Auer)가 매우 간결하게 강조한 바와 같이 토마스 아퀴나스(Thomas Aguinas)가 가지고 있던 권위, 불복종, 죄의 개념은 매우 인본주의적인 것이었다. 즉 그의 불합리한 권위에의 불복종은 죄가 아니며 인간 안녕(well-being)을 침해하는 것이 죄라고 하였다.13) 따라서 아퀴나스는 다음과 같이 말할 수 있었다. "우리가 우리 자신의 안녕에 어긋나게 행동하지 않는 한 하나님은 우리에 의해서 모독될 수 없다."(『이교도 반박 대전(S. C. Gen)』 3, 122). 이 입장을 더 잘 이해하기 위해서는 우리는 토마스 아퀴나스에게 있어서 인간선(人間善)(bonum gumaum)은 순전히 주관적인 욕망에 의해 임의적으로 결정되는 것도 아니며, 또는 본능적으로 주어진(스토아 학파의 의미로서는 "자연적인") 욕망에 의한 것도 아니며, 또는 하나님의 임의적인 의지에 의해서 결정되는 것도 아니라는 점을 고려해야만 한다. 그것은 인간 본성과 이 본성에 기초해서 우리의 가장 적당한 성장과 안녕에 기여하는 규범에 대한 우리의 합리적인 이해에 의해 결정된다고 그는 보았다.(교회의 충실한 아들이요, 혁명적 분파에 대항하여 당시의 사회질서를 옹호하던 토마스 아퀴나스는 비권위주의적 윤리의 순수한 대변자가 될 수 없었다는 점을 유의해야 한다. 그는 두 가지 종류의 불복종을 모두 "불복종"이라는 말로 표현함으로써 그의 입장에서 본래적인 모순을 모호하게 하였다.)

불복종으로서의 죄는 권위주의적 구조 즉 소유체계의 일부분이 되고 있지만 존재 양식을 근거로 한 비권위주의적 구조에서는 이것이 아주 다른

---

13) 토마스 아퀴나스 윤리학의 자율성에 관한 아우어 교수의 아직 발표되지 않은 논문(나는 그의 호의로 그 원고를 읽을 수 있었다.)은 아퀴나스의 윤리적 개념을 이해하는데 매우 도움이 된다. "죄는 신에 대한 모독인가?"란 문제에 관한 그의 논문도 참고가 된다(참고 도서목록 참조)

의미를 갖는다. 이 다른 의미는 성서 중 인간의 타락의 이야기에도 암시되어 있으며 그 이야기를 달리 해석함으로써 이해할 수 있다. 하나님은 인간을 에덴동산에 살게 하고 생명의 나무나 선악을 아는 나무의 열매는 따먹지 말라고 경고했다. "인간이 혼자 있는 것이 좋지 않다"고 보고 신은 여자를 창조하였다. 남자와 여자는 하나가 되도록 하였다. 둘은 다 발가벗고 있었지만 "그들은 부끄러워하지 않았다." 이 이야기는 대개 인습적이고 성적인 관습에 따라 해석되는데, 이 성적인 관습은 남자와 여자는 그들의 성기가 노출되었다면 물론 부끄러워할 것이라고 여긴다. 그러나 원문이 말하는 것은 이제 전부가 아닌 것 같다. 좀더 깊은 차원에서 이 말은 다음과 같은 뜻을 내포하고 있다고 할 수 있다. 즉 남자와 여자가 완전히 서로를 대했지만 그들은 부끄러워하지도 않았고 부끄러워할 수도 없었다. 왜냐하면 그들은 서로가 낯선 사람으로 나누어진 각 개인으로 경험하지 않고 "하나"로 경험했기 때문이다.

이러한 전인간적 상황은 타락 이후에 철저하게 변한다. 남자와 여자는 완전히 인간적으로 되는 것이다. 즉 이성을 갖게 되고, 선악을 의식하게 되고 서로를 분리된 존재로 의식하게 되며, 그들이 원래의 하나임이 깨어지고, 그들은 서로 낯선 자가 되어 버렸음을 의식하게 된다. 그들은 서로 가까이 있지만 분리되어 멀리 떨어진 것처럼 느낀다. 그들은 아주 깊은 부끄러움을 느낀다. 즉, 동료를 발가벗은 채 대하면서 부끄러움을 느끼고 동시에 상호간의 거리, 그들 서로를 갈라놓고 있는 말할 수 없는 심연을 경험하면서 수치를 느낀다. 그래서 그들은 발가벗은 채 서로를 바라보는 이 완전한 인간적인 만남을 가리기 위해 "각각 나뭇잎을 걸쳤다."

그러나 죄나 수치는 가림으로써 없앨 수가 없다. 그들은 사랑 속에서 상대방에게 도달할 수가 없었다. 아마 그들은 육체적으로 서로를 욕망했을 것이다. 그러나 육체적 결합이 인간의 소원(疎遠)을 치유하지는 못한다. 그들이 서로를 사랑하지 않는다는 것은 서로를 대하는 그들의 태도에 나타내고 있다. 즉 이브는 아담을 보호하려 하지 않으며, 아담은 이브를 변호하지 않고 그를 죄인이라고 고발함으로써 벌을 피하려 한다.

그들이 범한 죄는 무엇인가? 사랑하는 결합의 행위 속에서 그들의 격리(隔離)를 극복할 수 없는 분리되고 고립된 이기적 인간으로서 서로를 대면한 것이다. 이 죄는 바로 우리 인간 실존 속에 뿌리 박혀 있다. 그 삶이 내재된 본능에 의해 결정되는 동물의 특징을 지닌 자연과의 원초적 조화를 박탈당하고 있기 때문에, 그리고 이성과 자의식이 주어졌기 때문에, 우리는 모든 다른 인간과의 완전한 격리를 경험하지 않을 수 없다.

카톨릭 신학에서는 존재의 이런 상태는 사랑에 의해서 다리가 놓여지지 않고 서로간의 완전한 격리와 불화의 상태가 "지옥"의 정의로 되어 있다. 그것은 우리에게 견딜 수 없는 것이다. 우리는 어떤 방법으로든 이 절대적 격리라는 고문을 극복해야 한다. 복종에 의해서건 지배에 의해서건 혹은 이성과 의식을 침묵시킴으로써 건간에 그것을 극복해야 한다. 그러나 이런 모든 방법들이 가져다주는 성공은 순간적일 뿐이며 진정한 해결에의 길을 가로막는다. 이 지옥으로부터 우리를 구원할 수 있는 길은 오직 하나일 뿐이다. 곧 우리가 갇혀 있는 자기중심이라는 감옥을 뛰쳐나오는 것, 그래서 세계에 도달하고 세계와 우리 자신을 하나로 하는 것이 그 길이다.

자기 중심적 격리가 마음의 죄라면 그 죄는 사랑의 행위 속에서 속죄될 수 있다. "속죄(atonement)"이라는 말이 바로 그것을 나타내고 있다. 어원을 따져볼 때 atonement는 일체화라는 뜻을 나타내는 중세영어의 표현인 "at-onement"에서 유래되고 있기 때문이다. 격리의 죄는 불복종의 죄가 아니기 때문에 용서를 필요로 하지 않는다. 그것은 치유를 필요로 한다. 그리고 징벌을 받는 것이 아닌 사랑이 치유하는 요소이다.

라이너 펑크(Rainer Funk)는 내게 분리(disunion)로서의 죄의 개념이 예수의 비권위주의적 죄의 개념을 따르는 일부 교부들에 의해서도 제시된 적이 있다고 지적해 주면서(앙리 드 뤼박, Henri de Lu-bac 에서 발췌한) 다음과 같은 예를 제시하고 있다. 즉 오리기네스(Origines)는 다음과 같이 말하고 있다는 것이다. "죄가 있는 곳에는 다양성이 있다. 반면에 덕이 지배하는 곳에는 독특성 즉 하나임(Oneness)이 있다." 또 막시무스(Maximus)는 아담의 죄 때문에, 인류가 "내 것과 네 것 사이의 투쟁이 없이 조화로운 전체이어야 하는데 개인이라는 구름 먼지로 변모되었다"고 말하고 있다. 아담으로 인해 파괴된 원초적 합일에 관한 비슷한 사상은 성 아우구스티누스(St. Augustinus)의 사상에서도 찾아볼 수 있으며 아우어 교수가 지적하고 있는 바와 같이, 토마스 아퀴나스의 가르침 속에서도 찾을 수가 있다. 드 뤼박은 그것을 요약하여 다음과 같이 말하고 있다. "재구성(wiederherstellung)의 작업으로서의 인간 구원이라는 것은 필연적으로 잃어버린 합일(Onenes- s) 곧 신과의 초자연적인 합일과 동시에 인간들 상호간의 합일을 다시 얻는 것으로 나타난다."(죄에 대한 전반적인 문제를 검토하려는 『You Shall Be As Gods』의 '죄와 회개의 개념'을 참조할 것).

요약하면 권위주의적 구조, 곧 소유양식에서 죄는 불복종이며 회개→징벌→새로운 굴종에 의해 극복된다. 존재양식, 즉 비권위적인 체계에서는 죄는 풀리지 않는 소원함이며 이것은 이성과 사랑을 충분히 펼쳐서 하나가 됨(at-onement)으로써 극복된다.

우리는 "타락"의 이야기를 두 가지로 해석할 수 있다. 왜냐하면 이야기 자체가 권위주의적 요소와 자유주의적 요소의 혼합이기 때문이다. 그러나 그것들 자체 속에서 각각 불복종과 소외로서의 죄의 개념은 아주 상반되어 있다.

구약성서에 나오는 바벨탑의 이야기도 역시 똑같은 사상을 내포하고 있는 것 같다. 인류는 모든 인류가 같은 언어를 쓰고 있다는 사실로 상징되는 합일의 상태에 도달하였다. 권력에 대한 그들 자신의 야망 때문에 거대한 탑을 소유하려는 그들의 갈망 때문에 사람들은 그들의 합일을 파괴하고 다시 분열된다. 어떤 의미로는 이 탑의 이야기는 제2의 타락이며 역사적 인간성의 죄라고 볼 수 있다. 하나님이 사람들의 결합과 그에 따른 힘을 두려워한다고 되어 있어 이 이야기는 알기가 힘들다. "가라사대 이 무리가 한 족속이요 언어도 하나이므로, 이같이 시작하였으나 이후로는 그 경영하는 일을 금지할 수 없으리로다. 자, 우리가 내려가서 거기서 그들의 언어를 혼잡케 하여 그들이 서로 알아듣지 못하게 하자."(창세기 11:6-7).

물론 이미 타락의 이야기에도 똑같은 어려움이 있었다. 거기서도 신은 남자와 여자가 두 나무의 과일을 먹을 경우 그들이 행사할 힘을 두려워한다.

5. 죽음의 두려움―삶의 확인

앞에서 언급한 바와 같이 사람이 자기 재산을 잃을지도 모른다는 두려움은 그가 소유한 것에 기초한 안정의식의 불가피한 귀결이다. 나는 이 생각을 한 걸음 더 진전시켜 보고자 한다.

우리가 재산에 집착하지 않고 따라서 그것을 잃는 것을 두려워하지 않는 것이 가능할 수도 있다. 그러나 삶 자체를 잃어버릴지도 모른다는 두려움, 즉 죽음의 두려움은 어떻게 할 것인가? 그것은 다만 늙은 사람 또는 병든 사람들만의 두려움인가 혹은 모두가 죽음을 두려워하고 있는가? 우리가 죽어야만 한다는 사실이 우리의 전 생애에 침투되어 있는가? 죽음의 두려움은 우리가 나이나 병으로 생의 한계에 더 가까이 가면 갈수록 더욱 강렬해지고 더욱 의식하게 되는 것인가?

유년기에서 노년기까지의 이 죽음을 두려워하는 현상을 조사하고 그것이 의식적, 무의식적으로 나타나는 것을 취급하는 데는 정신분석학자들의 체계적이고 광범위한 연구가 필요하다. 이 연구를 개인적 경우에 국한할 필요는 없다. 사회정신분석학의 기존 연구방법을 사용해서 대집단을 대상으로 조사할 수도 있을 것이다. 그러한 연구 결과가 현재는 없으므로 우리는 얼마 안 되는 데이터로부터 잠정적 결론을 추출하는 수밖에 없다.

아마 가장 중요한 데이터는 인간에 깊이 내재해 있는 불멸에의 욕망이다. 이 욕망은 인체를 보존하려는 여러 의식과 신앙에서 나타난다. 한편 현대의, 특히 미국에서 볼 수 있는 육체의 "미화"에 의한 죽음의 부정도 단순히 죽음을 위장함으로써 죽음의 두려움을 억누르려는 경향을 말하는 것이다.

진정으로 죽음의 공포를 극복하는 길은 오직 하나밖에 없다.―그것은 예수, 붓다, 금욕주의 철학자들, 마이스터 에크하르트가 가르친 방법이다. 그 길은 삶에 집착하지 않는 것, 삶을 소유물로 경험하지 않는 것이다. 죽음의 두려움은 언뜻 보이는 것처럼 삶의 정지에 대한 두려움이 아니다. 죽음은 우리와 관계가 없다. 왜냐하면 에피쿠루스(Epicurus)가 말한 대로 "우리가 존재하는 동안은 죽음은 아직 여기 없으며 죽음이 여기 있을 때는 우리는 이미 존재하지 않기 때문이다."(디오게네스 라에르티우스 "Diogenes Laertius")

확실히 죽음에 선행할지라도 모르는 고통과 아픔에 대한 공포는 있을 수 있다. 그러나 이 두려움은 죽음의 공포와는 다른 것이다. 죽음에 대한 공포는 이와 같이 불합리한 것으로 보이지만 삶이 소유로서 경험될 때에는 그렇지 않다. 그때는 공포는 죽음의 공포가 아니고 내가 가진 것을 잃는데 대한 공포이다. 곧, 내 육체 잃는 두려움, 내 자아, 내 재산, 내 주체를 잃는데 대한 두려움이며 비주체의 심연을 대해야 하는 두려움, "잃게 됨"에 대한 두려움이다.

우리가 소유양식 속에 사는 한은 죽음을 두려워해야 한다. 어떤 합리적 설명도 이 두려움을 몰아낼 수는 없을 것이다. 그러나 임종의 시간에라도 삶에 우리가 결합되어 있다는 재확인, 우리 자신의 사랑을 불 밝힐 수 있는 사람들의 사랑에 대한 반응에 의해서 그 공포는 감소될 수 있다. 죽음에 대한 공포의 제거는 죽음을 위한 준비로서가 아니라 소유양식을 감소시키고 존재양식을 확대시키는 계속적인 노력으로서 시작되어야 한다. 스피노자가 말한 바와 같이 현자는 삶에 대해서 생각할 뿐 죽음에 대해서는 생각하지 않는다.

어떻게 죽을 것인가에 대한 교육은 사실상 어떻게 살 것인가에 대한 교육과 똑같은 것이다. 우리가 여러 가지 형태의 소유에의 갈망, 특히 우리의 자기 집착(egoboundness)을 제거하면 할수록 죽음에 대한 공포는 더욱 약해질 것이다. 왜냐하면 잃어버릴 것이 아무것도 없게 되기 때문이다.[14]

---

[14] 나는 죽음의 공포 그 자체에 대한 토론에만 국한하고 해결할 수 없는 문제인 우리의 죽음이 우리를 사랑하는 사람들에게 가할 수 있는 고통에 대한 토론에는 들어가지 않는 것으로 한다.

6. 여기 · 지금 — 과거 · 미래

존재양식은 여기 그리고 지금(hic et nunc)에만 존재한다. 소유의 양식은 과거 · 현재 · 미래라는 시간에만 존재한다.

소유양식에서 우리는 우리가 과거에 모은 것, 즉 돈 · 토지 · 명성 · 사회적 지위 · 지식 · 자녀 · 기억 등에 얽매인다. 우리는 과거를 생각하며 과거의 감정(혹은 감정처럼 보이는 것)을 기억함으로써 느낀다(이것이 감상주의의 본질이다). 우리는 과거이며, "나는 과거의 나 I am what I was"라고 말할 수 있다.

미래는 과거가 될 무엇에 대한 예기이다. 미래도 과거나 마찬가지로 소유의 양식으로 경험되고, 이런 식으로 표현될 수 있다. "이 사람은 미래를 가지고 있다"는 표현의 뜻은 이 사람은 지금은 가지고 있지 않지만 미래에는 여러 가지를 소유하게 된다는 뜻이다. 포드 회사의 광고문구인 "당신의 미래에 포드가 있다"는 말은 미래의 소유를 강조한 것이다. 어떤 사업 거래에서 "선물(先物)(Commodity future)을 팔고 사는 것도 비슷한 예이다. 소유의 기본적 경험은 과거를 취급하든 미래를 취급하든 마찬가지이다.

현재는 과거와 미래가 연결되는 점이다. 즉 시간에 있어서의 경계역(境界驛)이다. 그러나 질에 있어서는 그것이 연결하는 두 영역과 다르지 않다.

존재란 반드시 시간 밖에 있는 것은 아니지만 시간이 존재를 지배하는 차원은 아니다. 화가는 물감 · 캔버스 · 붓과 씨름해야 하며 조각가는 돌과 끌을 갖고 씨름하지 않으면 안 된다. 그러나 그들의 창조적 행위, 그들이 창조하려는 것의 "비전"은 시간을 초월한다. 그것은 하나의 섬광, 또는 여러 번의 섬광으로 일어난다. 그러나 그 비전 속에서 시간은 경험되지 않는다. 사상가들에 있어서도 마찬가지이다. 그들의 사상을 적는 행위는 시간 속에서 일어난다. 그러나 그 사상을 생각해 내는 것은 시간 밖에서 일어난 창조적 사건이다.

이것은 존재의 모든 표상에 있어서도 마찬가지다. 사랑의 경험, 기쁨의 경험, 진리를 파악하는 경험은 시간 속에서 일어나지 않는다. 그것들은 여기서 지금 일어난다. 여기, 그리고 지금은 영원이다. 즉 무시간(無時間)(timelessness)적이다. 그러나 영원은 흔히 잘못 이해되고 있는 것처럼 무한정으로 연장되는 시간은 아니다.

그러나 한 가지 중요한 수정이 과거와의 관계에 대해서 이루어져야만 한다. 여기서 우리가 언급한 것은 과거를 기억하는 것, 즉 그것에 대해서 생각하고 반추하는 것이었다. 이와 같이 과거를 소유하는 양식에 있어서는 과거는 죽어 있다. 그러나 우리는 또한 과거에 생명을 불어넣을 수도 있다. 우리는 과거의 상황을 마치 그것이 여기서 지금 일어난 것과 똑같은 생생함으로 경험할 수가 있다. 즉 우리는 과거를 재창조할 수 있으며 거기에다 생명을 불어넣을 수 있다.(상징적으로 말하면 죽은 자를 부활시킬 수가 있다) 그렇게 되면 과거는 과거이기를 중지하고 여기, 그리고 지금 존재한다.

우리는 또한 미래도 그것이 마치 여기, 그리고 지금 있는 것처럼 경험할 수가 있다. 이런 현상은 미래의 상태가 아주 충분히 우리 자신의 경험 속에 예기되어 객관적으로만 즉 외부적 사실로서만 미래일 뿐 주관적 경험으로서는 미래가 아닐 때 생긴다. 이것이 (유토피아적 백일몽과 대조를 이루는) 진정한 유토피아적 사고의 본질이다. 그것은 진정한 신앙의 토대이기도 하다.

그 신앙은 그 경험을 실제화하기 위해 미래하에서의 외면적 실현을 필요로 하지 않는다.

과거·현재·미래, 즉 시간에 대한 전체적 개념은 우리의 육체적 실존으로 인해서 우리의 삶 속으로 파고든다. 제한된 일정기간 동안의 우리의 삶, 끊임없이 보살펴져야 하는 우리의 육체의 요구, 우리 자신을 지탱하기 위해서 우리가 사용해야 하는 물질세계의 본질, 이런 것들이 시간을 우리 삶 속으로 파고들게 한다. 우리가 영원히 살 수 없다는 것은 사실이다. 죽어야 하기 때문에 우리는 시간을 무시할 수도, 시간으로부터 도망칠 수도 없다. 밤과 낮의, 잠과 깨어 있음의, 성장과 노쇠의 리듬, 작업으로써 우리 자신을 지탱하고 방어해야 할 필요성, 이런 모든 요소들이, 우리가 살기를 바라는 한, 또 우리 육체가 우리에게 살기를 원하는 한 시간을 존중하도록 강요한다. 그러나 우리가 시간을 존중하는 것과 우리가 시간에 복종하는 것은 별개의 것이다. 존재양식에서 우리는 시간을 존중하지만 그에 복종하지는 않는다. 그러나 소유양식이 지배적이 될 때에는 시간에 대한 존중 복종이 된다. 소유양식에서는 물건만이 물건이 아니라 살아 있는 모두가 물건이 된다. 소유의 양식에서는 시간이 우리의 지배자가 된다. 존재양식에서는 시간의 왕관은 벗겨진다. 그것은 우리 삶을 지배하는 우상이 아니다.

산업사회에서는 시간이 최고의 지배자이다. 현재의 생산 양식은 모든 행동이 정확한 "시간에 맞추어" 행해질 것을 요구한다. 끝없는 일관작업의 콘베어 벨트뿐만 아니라, 이보다는 덜 지독하지만 대부분의 우리 활동이 시간에 의해 지배된다. 또한 시간은 단순히 시간일 뿐만 아니라 "시간은 돈이다." 기계는 최대한도로 가동되어야 한다. 따라서 기계가 그 자신의 리듬을 노동자에게 강요한다.

    기계를 통해서 시간이 우리의 지배자가 되었다. 자유시간에 한해서만 우리는 다소의 선택을 할 수 있을 뿐이다. 그러나 우리는 작업을 조직하듯이 우리의 여가까지도 조직한다. 혹은 우리는 절대적으로 게을러짐으로써 시간이라는 전제군주에 반항한다. 시간의 요구에 불복종하는 것 외에는 아무것도 하지 않음으로써 우리는 우리가 자유롭다는 환상을 갖는다. 그러나 사실은 이때 우리는 시간이라는 감옥으로부터 잠시 가석방되어 있을 뿐이다.

제 3 부
새로운 인간, 새로운 사회

제7장 종교·성격·사회
제8장 인간 변혁의 조건과 새로운 인간의 특성
제9장 새로운 사회의 특징

제 7 장

종교 · 성격 · 사회

　이 장에서는 다음과 같은 주제들을 다루었다. 즉 사회 변화가 사회적 성격의 변화와 상호작용을 한다는 것과 또 "종교적" 충동이 철저한 사회적 변화를 달성하도록 남녀를 움직이는 데 필요한 에너지를 제공한다는 것과, 따라서 만일 인간의 마음에 근본적인 변화가 일어날 때, 다시 말해서 새로운 헌신의 대상이 현재의 대상과 대체될 때, 새로운 사회가 이루어질 수 있다는 것이다.15)

1. 사회적 성격의 기초

　이와 같은 고찰의 출발점은 일반적인 개인의 성격 구조와 그가 속한 사회의 사회경제적 구조는 상호 의존되어 있다는 주장이다. 나는 개인의 정신적 영역과 사회경제적 구조의 혼합을 사회적 성격(Social Character)이라고 부른다.(훨씬 오래 전인 1932년에 나는 이 현상을 표현하기 위해 "사회의 리비도

---

15) 이 장은 필자의 이미 출간된 저서, 특히 「ESCAPE FROM FREEDOM」(1941)과, 「PSYCHOANALYSIS AND RELIGON」(1950)에 크게 의존하고 있다. 두 저서에는 이 주제에 관한 풍부한 저서들 가운데서 가장 중요한 책들이 인용되어 있다.

적 구조"라는 용어를 사용했다.) 한 사회의 사회경제적 구조는 그 사회의 구성원들이 해야만 하는 일을 하고 싶어하게끔 그들의 사회적 성격을 형성시킨다. 그와 동시에 사회적 성격은 사회의 사회 경제적 구조에 영향을 끼치는데 곧, 사회구조에 더 많은 안정을 부여하는 시멘트로서 작용하거나, 또는 특정한 환경 하에서 사회구조를 파괴하도록 하는 다이나마이트로서 작용한다.

사회적 성격과 사회구조의 대비

사회적 성격과 사회구조의 관계는 결코 정적(靜的)이 아니다. 왜냐하면 이 관계에 있어서 두 요소는 결코 끝나지 않는 과정이기 때문이다. 그 중 어느 한 요소의 변화는 그 둘 다의 변화를 의미한다. 많은 정치적 혁명가들은 우선 정치 및 경제 구조를 철저하게 변화시켜야만 하며 그렇게 되면 이차적이면서 거의 필연적인 단계로서 인간의 정신도 변화하게 될 것이라고 믿고 있다. 그리고 그들은 일단 건설된 새로운 사회는 반자동적으로 새로운 인간을 만들어 낸다고 믿고 있다.

그들은 옛날의 엘리트와 똑같은 성격에 의해 움직이는 새로운 엘리트가 혁명이 창조한 새로운 사회정치적 제도 안에서 옛 사회의 조건들을 재창조하려 한다는 사실을 모르고 있다. 그래서 혁명의 승리는 그 완전한 발달을 방해받는 사회경제적 발전을 가능케 한 역사적 단계로서는 패배가 아니지만 혁명 그 자체로서는 패배이다. 프랑스 혁명과 러시아 혁명이 바로 그 좋은 예이다. 성격의 특질이 어떤 사람의 혁명적 기능에 중요하다고 믿지 않았던 레닌이 스탈린의 성격 결함을 날카롭게 관찰하게 된 만년에 자신의 견해를 철저히 바꾸고 유언장에서 스탈린이 성격 결함 때문에 자신의 후계자가 되어서는 안된다고 요구한 사실은 주목할 만하다.

그 반면에 우선 인간의 본성-의식・가치・성격-이 변해야만 하며, 그런 다음에야 진정으로 인간적인 사회가 건설될 수 있다고 주장하는 사람들이 있다. 인류의 역사는 그들이 그르다는 것을 증명한다. 순전히 정신적인 변화는 항상 사적인 범위로 머물거나 작은 오아시스에 한정되어 왔으며 정신적인 가치관에 관한 가르침이 반대되는 가치관의 실행과 결합될 때는 완전히 아무런 효과가 없는 것이 되었었다.

2. 사회적 성격과 "종교적" 욕구

사회적 성격은 어떤 타입의 성격을 필요로 하는 사회적 요구에 부응하고 개인의 성격을 조건으로 하는 행동 요구를 만족시키는 것 이상의 깊고 중요한 기능을 갖고 있다. 사회적 성격은 인간에게 본래적인 종교적 요구도 충족시켜야 한다. 분명히 말하자면 여기서 쓰이고 있는 "종교"라는 용어는 꼭 하나님이나 우상과 관계 있는 체계를 말하는 것도 아니고 종교라고 인정된 어떤 제도도 아니다. 이 용어는 개인에게 지향의 틀과 헌신의 대상을 주는 사상과 행동의 공유집단 체제를 말한다. 이처럼 광범한 의미에서 이 단어를 생각해 볼 때 과거와 현재의 그 어떤 문화, 그리고 미래의 어떤 문화도 종교를 갖고 있지 않다고 생각할 수는 없다.

"종교"에 대한 이런 정의는 종교의 특별한 내용에 대해 우리에게 아무것도 말해 주지 않는다. 사람들은 동물・나무・황금이나 돌로 만든 우상, 보이지 않는 산, 성스러운 사람, 또는 악마적인 지도자를 숭배할 수 있다. 사람들은 조상・국가・계급이나 정당・돈이나 성공을 숭배할 수도 있다. 그들의 종교는 파괴성이나 사랑, 지배나 단결의 발전에 전도될 수 있다.

더 나아가 그것은 그들의 이성의 힘을 증대시킬 수도 있고, 마비시킬 수도 있다. 그들은 자기들의 체제를 속세의 체계들과는 다른 종교적인 것으로 깨달을 수 있고, 자신들이 종교를 갖고 있지 않다고 생각하여 속세의 목표 즉 권력·돈·성공과 같은 것들에 대한 자신들의 헌신은 실용적인 것과 편리한 것에 대한 관심 이외의 아무것도 아니라고 해석할 수도 있다. 문제는 종교냐가 아니라, 어떤 종류의 종교이냐이다. 특별히 인간적인 힘을 발휘케 하여 인간의 발전을 진작시키는 종교인가 아니면 인간의 성장을 마비시키는 종교인가가 문제이다.

어떤 특정의 종교가 만약 행동을 유발하는데 효과가 있다면 그 종교는 교리와 믿음의 총체는 아니다. 즉 그것은 개인의 특정한 성격구조에 뿌리 박고 있으며 그것이 어느 집단의 종교일 경우에는 사회적 성격에 뿌리 박고 있다.

이와 같이 우리의 종교적 태도는 우리의 성격구조의 한 양상으로 생각될 수도 있다. 왜냐하면 우리는 우리가 헌신하는 대상이며 우리가 헌신하는 것은 우리의 행동을 유발시키는 것이기 때문이다. 그러나 흔히 개인들은 그들의 헌신의 진정한 대상조차 잘 모르면서 자신들의 "공식적인" 믿음은 비밀스럽지만 진정한 종교라고 착각한다. 예를 들면 어떤 사람이 사랑의 종교를 믿는다고 고백하면서 권력을 숭배한다면 권력의 종교는 그 사람의 비밀 종교이며, 그 반면에 그의 이른바 공식적인 종교, 예를 들어 기독교는 하나의 이데올로기일 뿐이다.

종교적인 욕구는 인류라는 종(種)의 기본적인 실존의 조건에 뿌리 박고 있다. 침팬지나 말이나 제비가 종(種)이듯이, 우리 인간도 종(種)이다. 각각의 종은 그 특별한 생리적 해부학적 특징에 따라 정의될 수 있고 정의되기도 한다. 생물학적 측면에서 인류라는 종에 관한 일반적인 일치점이 있다. 나는 인류가—인간의 본성이—정신적으로도 정의될 수도 있다고 제안한 바 있다.

동물계의 생물학적 진화 과정에서 동물 진화의 두 경향이 합해질 때 인류라는 종이 나타난다. 그 하나의 경향은 본능에 의한 행동 결정이 계속 줄어드는 경향이다. (여기서 사용하는 '본능'이란 용어는 지식을 배제하는 퀘퀘묵은 의미의 본능이 아니라, 타고난 충동이라는 의미의 본능이다.) 본능의 본질에 관해 논쟁되고 있는 상반적인 견해를 고려해 볼 때에 동물이 진화의 각 단계에서 보다 높이 오를수록 그 동물의 행동은 계통 발생적으로 짜여진 본능에 의해 결정되는 정도가 적어진다는 것이 일반적으로 받아들여지고 있다. 본능에 의한 행동 결정이 계속해서 감소되는 과정은 연속적 현상으로 도표화될 수 있는데, 그 도표의 원점에서 본능적 결정의 정도가 가장 높은 동물진화의 최저 형태를 볼 수 있다. 이것은 동물의 진화와 더불어 감소되고 포유동물에 가서는 어떤 수준에 이르게 된다. 영장류(靈長類)에 이르는 발전 과정에서는 그 정도가 훨씬 줄어들고 원숭이와 유인원간에도 큰 격차가 있음을 알 수 있다. 여크스(R. M Yerkes)와 A. V. 여크스가 1929년의 훌륭한 연구에서 보여준 바와 같이 호모라는 종에 이르면 본능적인 결정은 최저한도에 이른다.

동물의 진화에서 발견되는 또 하나의 경향은 두뇌의 성장, 특히 신피질(新皮質)의 성장이다. 여기서도 우리는 진화를 연속으로 도표화할 수가 있다. 한쪽 끝에는 가장 원시적인 신경조직과 비교적 적은 수의 신경세포를 가진 최하 동물들이 있고, 다른 끝에는 보다 크고 복잡한 두뇌조직, 특히 인간조상인 영장류 조직의 세 배 크기가 되는 신피질과 실로 엄청난 수의 신경세포의 연결조직을 가진 호모 사피엔스가 있다.

이 자료를 고려해 볼 때 인류는 본능적 결정이 최소한도에 이르고 두뇌의 발달이 최대한도에 이른 진화의 시점에 나타난 영장류라고 정의할 수 있다. 최소한도의 본능적 결정과 최대한도의 두뇌 발달은 이와 같은 동물의 진화에서 전에는 결코 발생한 적이 없으며, 그것은 생물학적으로 해서 완전히 새로운 현상이다.

가장 영리한 영장류의 도구적 사고(instrumental thinking)를 능가하는 특질—자기 인식·이성·상상의 능력—을 소유하고 있으면서 한편 본능의 지시에 따라 행동하는 능력이 결핍되어 있었기 때문에 인류는 살아 남기 위해서 지향의 틀(frame of orientation)과 헌신의 대상이 필요했다.

자연계와 사회적 세계의 지도—세계와 사람의 위치가 체계화되어 있고, 내적으로 결합되어 있는 그림—없이는 인간은 혼란에 빠져서 목적의식을 갖고 일관성 있게 행동할 수 없을 것이다. 왜냐하면 인간은 스스로 방향을 결정하는 방법은 아무것도 없으며 개인에게 부딪쳐 오는 모든 인상들을 조직할 수 있는 기준을 발견할 수 없기 때문이다. 우리의 세계는 우리에게는 의미가 있으며 주위에 있는 사람들과의 일치를 통해서 우리는 자신의 생각에 대해 확신감을 갖는다. 그러나 설령 지도가 잘못되었다 하더라도 그 지도는 심리적인 기능은 완수한다. 그러나 지도가 전적으로 틀린 적은 결코 없었으며 전적으로 옳은 적도 전혀 없었다. 지도는 언제나 삶의 목적에 도움이 되는 여러 현상에 대한 설명의 충분한 근사치였다. 삶의 실제가 모순과 불합리성으로부터 해방되는 정도까지만 지도가 실재의 상응할 수 있는 것이다.

인상적인 사실은 이와 같은 지향의 틀이 존재하지 않는 문화는 전혀 없다는 것이다. 개인의 경우도 마찬가지이다. 흔히 각 개인이 그와 같이 전체를 포함하여 일목요연한 지도를 갖고 있지 않다고 주장할 수도 있으며 자신들의 판단대로 그때 그때의 경우에 따라 삶의 다양한 현상과 사건에 대처해 나간다고 믿기도 한다. 그러나 그들에게는 자신의 철학이 상식에 지나지 않기 때문에 그들은 그것을 당연한 것으로 받아들일 뿐이라는 사실을 쉽게 알 수 있다. 그들은 자신들의 모든 개념이 일반적으로 인정된 준거의 틀(frame of reference)에 의지하고 있다는 사실을 모르고 있는 것이다. 이런 사람들이 근본적으로 다른 인생관에 부딪치게 되면 그것을 '미쳤다'거나 '불합리하다'거나 '유치하다'고 판단하면서 스스로는 '논리적'이라고 생각한다. 준거의 틀에 대한 심각한 욕구는 특히 어린이들에게서 명백히 나타난다. 어린이들은 어떤 나이에 이르면 그들에게 유용한 극히 적은 자료를 이용해서 교묘한 방법으로 자신의 지향의 틀을 만든다.

　그러나 지도는 행동의 지침으로서는 충분하지 못하다. 즉 우리에게는 어디로 갈 것인가를 말해 주는 목표도 필요하다. 동물들은 그런 문제를 갖고 있지 않다. 동물의 본능은 지도와 목표까지를 모두 제공해 준다. 그러나 우리는 본능적 결정이 결핍되어 있고 우리가 갈 수 있는 여러 방향을 생각케 해주는 두뇌를 갖고 있기 때문에 전적인 헌신의 대상, 즉 모든 노력의 초점과 우리에 의해 공언될 뿐만 아니라 우리 모두에게 유효한 가치관의 토대를 필요로 한다. 우리는 우리의 에너지를 한 방향으로 모으고 의심과 불안정에 싸여 있는 우리의 고립된 존재를 초월하고 삶의 의미에 대한 우리의 욕구에 응답하려면, 그와 같은 헌신의 대상을 필요로 한다.

　사회경제적 구조, 성격구조, 그리고 종교적 구조는 서로 분리될 수 없는 것이다. 종교적 체제가 널리 퍼져 있는 사회적 성격과 부합되지 않고 삶의 사회적 실제와 갈등을 일으킨다면 그것은 단지 이데올로기일 뿐이다. 우리가 종교적 구조 그 자체를 인식하지는 못하더라도 우리는 진정한 종교적 구조를 찾기 위해서 그 이데올로기를 넘어서야 한다. 그렇지 않으면 성격의 종교적 구조에 본래적인 인간의 에너지가 다이나마이트로서 작용하고, 특정의 사회경제적 조건을 침식하는 경향을 보이게 된다. 그런데 일반적인 사회적 성격에는 항상 개인적인 예외들이 있는 것과 마찬가지로 일반적인 종교적 성격에도 개인적인 예외들이 있다. 이런 사람들은 흔히 종교혁명의 지도자들이거나 신흥종교의 창시자들이다.

모든 '고등' 종교의 경험적 핵심으로서의 '종교적' 지향은 이런 종교들의 발전 과정에서 대부분 곡해되어 왔다. 자신의 개인적인 지향을 의식적으로 생각하는 방법은 문제가 되지 않는다. 각 개인은 자신이 그렇다고 생각하지 않고도 '종교적'일 수 있으며, 혹은 자신을 기독교라고 생각하면서도 비종교적일 수 있다. 우리는 개념적이고, 제도적인 측면은 젖혀 두고라도 종교의 '경험적' 내용을 표현할 말들을 갖고 있지 않다. 따라서 사람의 '종교성'이 표현되어 있는 개념적 구조에 관계없이 경험적이며 주관적인 지향에 있어서의 '종교적'이라는 용어를 표현하기 위해 나는 인용부호(")를 사용한다.16)

3. 서구세계는 기독교적인가?

역사서적과 대부분의 사람들의 의견에 따르면 유럽의 기독교에로의 개

---

16) 에른스트 블로흐(Ernst Bloch)가 1972년에 취급한 것보다 더욱 깊고 대담하게 무신론적 경험이라는 주제를 취급한 사람은 없다.

종은 최초로 콘스탄티누스 황제 치하에서 로마제국이 기독교로 개종했으며 그 뒤 '독일인들의 사도인'인 보니파키우스 교회에 의한 북유럽 이교도들의 개종이 있었고, 8세기에는 다른 나라들이 이어 개종했다고 한다. 그러나 유럽은 진정으로 기독교화 되었던 것인가?

이 질문에 대해 일반적으로 긍정적인 대답을 하고 있다고 할지라도 자세히 분석해 보면 유럽의 기독교로의 개종은 기껏해야 제한된 개종이라고 할 수 있으며, 그 이전 수세기와 이 기간 이후의 개종은 대부분 이데올로기의 개종이며 어느 정도는 교회에 대한 진지한 복종이라고 말할 수 있다. 즉 무수히 많은 진정한 기독교적인 운동을 제외하면 그것은 마음의 변화, 성격구조의 변화를 뜻하는 것이 아니었다.

최근 4백년 동안에 유럽은 기독교화되기 시작했다. 교회는 기독교 원리들을 재산과 가격의 조정, 빈민의 구제에 적응하도록 강요하려 했다. 재산을 비난할 뿐더러 그리스도의 원리에로의 복귀를 요구하는 신비주의의 영향을 크게 받아 부분적으로는 이단적인 많은 지도자들과 분파가 생겼다. 마이스터 에크하르트에 이르러 절정을 이룬 신비주의는 반권위주의적인 휴머니즘 운동에서 결정적인 역할을 했고, 여러 가지 이유로 인해 여성들이 신비주의적인 교사로서 학생으로서 뛰어나게 된 것은 우연이 아니었다.

하나의 세계종교에 관한 생각들, 또는 단순한 비교리적 기독교 사상 등이 많은 기독교 사상가들에 의해 주창되었다. 심지어는 성경의 하나님이라는 관념까지도 의문시되었다. 르네상스시대의 신학적, 비신학적 휴머니스트들은 그들의 철학과 유토피아 사상에 있어서 13세기의 노선을 계승했으며 실로 중세 후기('중세 르네상스')와 르네상스 사이에는 적당한 분계선을 명확하게 그을 수가 없다. 전성기와 말기 르네상스의 정신을 보여주기 위해 여기에 프레데릭 B. 아르츠(Frederick B. Artz)의 글을 요약하여 인용하겠다.

> 사회적인 면에서, 중세의 위대한 사상가들은 하나님의 눈으로 볼 때 모든 인간은 평등하며 가장 비천한 사람까지도 가치를 지니고 있다고 생각했다. 경제학에서 그들은 노동은 비하가 아니라 존엄의 근원이며 어떤 인간도 자기의 안녕과 무관한 어떤 목적을 위해 이용되어서는 안 되며, 정의가 임금과 가격을 결정해야 한다고 가르쳤다. 정치학에서 그들은 국가의 기능은 도덕적인 것이며 법과 그 집행에는 기독교의 정의의 사상에 따라야 하며 지배자와 피지배자와의 관계는 항상 상부상조의 의무 위에 기초해야 한다고 가르쳤다. 국가·재산 그리고 가족은 모두가 하나님이 그것들을 지배하는 사람들에게 맡긴 것이며 그 모든 것은 보다 성스런 목적에 사용되어야 하는 것이다. 마지막으로 중세의 이상은 모든 국가와 모든 민중은 하나의 거대한 공동체의 구성요소라는 강력한 믿음을 담고 있었다. 괴테가 '국가 위에 휴머니티가 있다'고 말했듯이, 그리고 에디스 캐벨(Edith Cavell)이 1915년 그녀의 처형 전날 밤에 그녀가 가지고 있던 〈그리스의 모방〉의 여백에 썼듯이 '애국심만으로는 부족하다'

실제로 유럽의 역사가 13세기의 정신 속에서 계속되었더라면 그 역사가 서서히 진화적인 방법으로 과학적 지식과 개인주의의 정신을 발전시켜 우리는 지금 행복스런 위치에 있게 됐을지도 모른다. 그러나 이성은 조작적인 지성으로, 개인주의는 이기주의로 전락하기 시작했다. 기독교화의 짧은 시기가 끝나고 유럽은 본래의 이교신앙으로 되돌아갔다.

그렇지만 개념이 다를지라도 하나의 믿음만은 기독교의 그 어떤 분파도 모두 갖고 있다. 그것은 인간들에 대한 사랑 때문에 자신의 생명을 던진 구세주로서의 예수 그리스도에 대한 믿음이다. 그는 사랑의 영웅, 권력 없는 영웅이었다. 그는 힘을 사용치 않았고, 다스리기를 원하지 않았고, 소유하기를 원하지 않았다. 그는 존재의 영웅, 줌(giving)의 영웅, 나눔(sharing)의 영웅이었다. 그의 이러한 특질은 로마의 빈민들에게 뿐만 아니라 이기주의로 질식 상태에 있던 부자들 일부에게까지도 깊이 호소했다. 예수는 지적인 견지에서 보면 기껏해야 솔직담백하다고 생각될 수 있는 정도였지만, 사람들의 마음에 깊이 호소하는 바가 있었다. 사랑의 영웅에 대한 믿음은 수백만의 지지자를 획득했는데 그들 가운데 다수가 실제 생활을 바꾸거나 스스로 순교자가 되었다.

　기독교의 영웅은 순교자였다. 왜냐하면 유대교의 전통과 마찬가지로 최고의 성취는 하나님 또는 동료인 인간을 위해 자기의 목숨을 바치는 것이었기 때문이다. 순교자는 그리스와 게르만의 영웅들로 대표되는 이교(異敎)의 영웅들과 정반대이다. 이들 영웅들의 목표는 정복하고 승리하고 파괴하고 강탈하는 것이었다. 즉 그들의 삶을 충족시키는 것은 자부심과 권력과 명성과 훌륭한 살상의 기술이었다.(성 아우구스티누스는 로마의 역사를 강도단의 역사에 비유했다) 이교의 영웅들은 자신의 용감함을, 권력을 얻고 장악하는 것에 두었기 때문에 그들은 승리의 순간에 전장에서 기꺼이 죽었다. 호머의 '일리아드'는 정복자들과 약탈자들의 영광을 시적으로 웅장하게 묘사한 작품이다. 순교자의 특징은 존재하고, 주고, 나눠 갖는 것이다. 영웅의 특징은 소유하고 착취하고 강요하는 것이다.

　이교의 영웅이 등장한 것은 모계 중심사회에 대한 가부장적 승리와 연관되어 있다는 사실을 덧붙여 말하겠다. 남성의 여성 지배는 최초의 정복 행위였으며 힘을 최초로 착취에 사용하기도 한 것이었다. 남성이 승리를 거둔 이후에 모든 가부장적 사회에서는 이 원리들이 남성 성격의 토대가 되었다.

　우리들 자신의 발전에 있어서 일치할 수 없이 대립되는 이 두 가지 모델 가운데 어느 것이 유럽에서 아직 우세할까? 우리가 우리 자신과 모든 사람들의 행동, 그리고 우리의 정치 지도자들을 살펴보면 좋고 가치 있는 것에 대한 우리의 모델이 이교의 영웅이라는 사실은 부인할 수가 없다. 기독교로의 개종에도 불구하고 유럽과 북아메리카의 역사는 정복과 자만과 탐욕의 역사이다. 즉 우리의 최고 가치는 다른 사람들보다 강해지고 승리하고 다른 사람들을 정복해서 착취하는 것이다. 이러한 가치들은 '남성다움'이라는 이상과 일치한다. 그래서 싸우고 정복할 수 있는 자만이 남성이고 힘을 씀에 있어서 강하지 못한 사람은 약한 자이며 '비남성적'인 사람이라는 것이다.

　유럽의 역사가 정복과 착취와 힘과 진압의 역사라는 사실은 증명할 필요도 없다. 이런 요소가 거의 모든 시대의 특징이었으며 어떤 종족도 계급도 예외가 아니다. 때로 아메리카 인디언의 경우와 같은 종족 학살을 포함하여 십자군과 같은 종교적 기도(企圖) 행위까지도 예외는 아니다. 외면적인 경제적 정치적 동기만으로 이러한 행동이 자행되었는가? 노예상들, 인도의 지배자들, 인디언 살륙자들, 아편수입을 하도록 중국인에게 개항을 강요한 영국인들, 1, 2차 세계대전의 선동자들, 그 다음의 전쟁을 준비한 자들, 이들 모두가 진정으로 크리스천이었단 말인가? 그렇지 않으면 대다수의 사람들은 크리스천으로 남아 있는데 지도자들만이 탐욕스런 이교도였던 것일까? 만약 사실이 그렇다면 우리는 보다 유쾌해질 수 있으리라. 그러나 불행하게도 사실은 그렇지가 않다. 지도자들은 얻을 것이 더 많았기 때문에 흔히 추종자들보다 더 탐욕스러웠던 것이 틀림없지만 정복하고 승리하려는 소망이 사회적 성격의 일부가 아니었더라면 그들은 자신의 계획을 실현할 수가 없었을 것이다.

과거 2세기 동안의 여러 전쟁에 참가한 사람들이 얼마나 난폭하고 광적인 열광을 지니고 있었는가를 우리는 회상해야만 한다. '최강의 힘' '영광' 또는 이익이라는 이미지를 수호하기 위해 수백만 명의 사람들이 국가적 자살의 위험을 쉽사리 무릅썼다고 하는 사실을 기억해야만 한다. 또 다른 실례로서 소위 평화라는 대의에 봉사한다는 현대 올림픽 경기를 보는 사람들의 광적인 민족주의를 생각해 보자. 사실 올림픽 경기의 인기는 그 자체가 서구 이교주의를 상징적으로 표현해 주는 것이다. 그들은 이교의 영웅, 즉 승자와 가장 강한 자, 가장 자기 주장이 강한 자를 찬양하면서도, 고대 그리스 올림픽 경기의 현대판 모방을 특징 짓는 장삿속과 선전의 더러운 야합은 간과하고 있다. 기독교 문화에서는 그리스도 수난극이 올림픽 경기의 역할을 대신할 것이다. 현재 가장 유명한 그리스도 수난극은 오베람메르가우(Oberammergau)의 그것으로서 관광객들 사이에 센세이션을 일으키고 있다.

이 모든 것이 진실이라면 어째서 유럽인과 아메리카인들은 우리 시대에는 맞지 않는 기독교를 솔직하게 저버리지 못하는가? 거기에는 몇 가지의 이유가 있다. 예를 들면, 사람들이 사회적 기강을 잃음으로써 사회적 결속이 위협받는 것을 막기 위해서 종교적인 이데올로기가 필요하다. 그런데 더욱 중요한 이유가 한 가지 있다. 즉 위대한 박애자인 동시에 자기를 희생한 신으로서의 그리스도를 확대하여 믿는 사람들은 소외된 방식으로써 이 믿음을 변형하여 예수가 자기들을 대신하여 사랑을 한다는 경험으로 신앙을 변질시키는 것이다.

예수는 이렇게 해서 우상이 된다. 예수에 대한 신앙은 인간 자신의 사랑의 행동을 대신해 주는 것이 된다. 단순하면서도 부지중에 이런 공식이 나온다. 즉 '그리스도는 우리를 대신하여 온갖 사랑을 다 하신 분이다. 우리는 그리스 영웅으로 계속 살아갈 수가 있다. 그렇게 해도 우리는 구원받는다. 왜냐하면 그리스도에 대한 소외된 신앙이 그리스도의 모방에 대한 대용물이 되기 때문이다.' 기독교 신앙 역시 인간들의 탐욕스런 태도에 대한 값싼 눈가림이 되기도 한다는 사실은 두말할 여지가 없다.

마지막으로 인간이라는 존재는 사랑을 할 욕구를 너무나 심오하고 천성적으로 타고났기 때문에 늑대처럼 행동하면 반드시 죄의식을 느끼게 된다고 나는 믿는다. 사랑에 대한 우리의 표면적인 믿음은 전적으로 사랑이 없다는 데 대한 무의식적 죄책감에서 오는 고통을 어느 정도 마취시킨다.

4. 산업 종교

중세말 이후에 이룩된 종교적 철학적 발전은 너무 복잡한 것이어서 이 책에서 다룰 수는 없다. 다만 그것은 다음과 같은 두 가지 원리 사이의 투쟁으로 그 성격을 규정지을 수 있다. 즉 신화적 또는 철학적 형태를 띤 정신적인 전통인 기독교와 우상과 비인간성을 숭배하는 이교적인 전통이다. 이교적인 전통은 소위 '산업주의라는 종교 또는 인공두뇌학의 시대'가 발전하면서 여러 가지 형태로 나타났다.

중세 후기의 전통을 뒤따른 르네상스의 휴머니즘이 중세가 끝난 이후에 일어난 '종교적' 정신의 최초의 위대한 개화였다. 그 개화 속에서 인간의 존엄성의 사상, 인류라는 공동체 의식, 그리고 정치와 종교에 있어서의 범세계적인 공동체 의식이 거침없이 드러났다. 17세기와 18세기에 걸친 계몽주의 사상은 휴머니즘의 또다른 위대한 개화를 보여 주었다. 카알 베커(Carl Becker, 1932)는 계몽주의 철학이 어떤 정도까지 13세기의 신학자들에게서 발견할 수 있는 '종교적 태도'를 나타냈나를 다음과 같이 밝혔다. 즉 '이같은 신앙의 기초를 살펴보면, 사상의 변화가 있을 때마다 이른바 철학가들이란 부지중에 중세 사상으로부터 그들이 받은 은혜를 배반했었다는 사실을 알게 된다'는 것이다.

계몽주의 철학이 낳은 프랑스 대혁명은 정치적인 혁명 이상의 것이었다. 토크빌(Tocqueville)이 지적한 대로(베커에 의해 인용됨) 그것은 '어떤 의미에서는 종교 혁명의 성격을 띠었으며 그 잉태에 있어서도 종교 혁명의 기능을 띤 정치적 혁명이었다. 회교나 프로테스탄트의 저항처럼 프랑스 대혁명은 국경과 민족을 넘어 설교와 선전에 의해서 퍼져 나갔다.'

19세기와 20세기의 급진적인 휴머니즘에 대해서는 후에 산업주의시대의 이교숭배에 대한 휴머니즘의 저항에 대해 논의할 때 언급을 할 것이다. 그러나 그러한 논의에 대한 기반을 마련하기 위해 오늘의 역사적 현 시점에서 인류를 파괴하고는 위협하고 있으면서도 휴머니즘과 나란히 발전해 온 새로운 이교를 고찰해야 하리라고 본다.

'산업종교'의 발전을 위한 첫 번째 기반을 마련해 준 변화는 바로 루터에 의해 이루어진 교회에 있어서의 모성적인 요소의 제거였다. 문제의 핵심을 벗어난 불필요한 우회처럼 보일는지 모르겠으나 나는 잠시 이 문제에 대해 고려를 해야겠다. 왜냐하면 이것은 새로운 종교와 새로운 사회 성격의 발전을 이해하는 데에 중요하기 때문이다.

모든 사회는 두 가지 원리 곧, 부계중심사회와 모계중심사회라는 원리에 따라 구성되었다. 바흐오펜(J. J. Bachofen)과 몰간(L. H.

Morgan)이 처음으로 설명해 준 것처럼, 모계중심사회의 원리는 사랑하는 어머니의 모습이 중심을 이루었다. 모성의 원리는 무조건적인 사랑이다. 어머니가 자식을 사랑하는 것은 자식이 어머니를 기쁘게 하기 때문이 아니라, 이들이 바로 자신의(또는 다른 어머니의) 아이들이기 때문이다. 그렇기 때문에 어머니의 사랑은 훌륭한 행동으로 얻어지거나 또는 잘못을 저질렀다고 해서 잃어버리는 그런 것이 아니다. 어머니의 사랑은 자비와 동정이다.(사랑 또는 동정에 해당하는 히브리어는 rachamin인데 그 어원은 rechem으로 '자궁'을 뜻한다.)

이와는 반대로 아버지의 사랑은 조건적이다. 그것은 어린이의 성취와 훌륭한 태도에 의해 좌우된다. 아버지는 자신과 가장 비슷한 아이를 가장 사랑한다. 다시 말해서 자신의 재산을 상속받을 아이를 가장 사랑한다. 아버지의 사랑은 잃어버릴 수 있으며, 또한 잘못을 용서함으로써 다시 얻을 수 있고, 복종함으로써 새로워질 수도 있다. 아버지의 사랑은 정의이다.

이 두 가지 원리, 즉 여성으로서의 어머니다움과 남성으로서의 아버지다움은 서로 상응하여 모든 인간에게 남성다운 측면과 여성다운 측면을 갖게 할 뿐만 아니라, 모든 남성과 여성으로 하여금 자비와 정의에 대한 욕구를 갖게 한다. 인간의 가장 깊은 곳에 있는 열망은 하나의 별자리처럼 보인다. 그 별자리의 양극(어머니다움과 아버지다움, 남성과 여성, 자비와 정의, 감성과 사상, 본성과 지성)은 하나로 종합되어 있고, 이 종합 속에서 두 양극은 서로 대립을 풀게 된다. 그 같은 종합이 부계 중심사회에서는 충분히 실현될 수가 없지만, 로마 교회에서는 어느 정도 남아 있었다. 모두들 사랑하는 어머니로서의 동정녀 마리아와 어머니답게 무조건적으로 모든 것을 용서해 주는 사랑의 어머니의 상(像)으로서의 교황과 신부가 있는가 하면 이와 나란히 모든 권력을 장악하고 있는 교황의 정점으로 부계중심의 관료 체제라는 엄격한 가부장적인 요소가 병존하고 있었다.

종교 체계에 있어서의 이같은 모성적인 요소는 생산의 과정에서 자연에 대한 관계와 상응한다. 즉 기능공뿐만 아니라 농부의 일이 결코 자연에 대한 절대적이며 착취적인 공격은 아니었다. 그것은 자연과의 협동이었다. 강탈이 아니라 자연의 법칙에 따라 자연을 변형시키는 것이었다.

루터는 북부 유럽에서 도시의 중산층과 세속적인 군주에 바탕을 둔 기독교의 순수한 가부장적인 형태를 이룩했다. 이 새로운 사회적 성격의 핵심은 사랑과 찬사를 얻기 위한 유일한 길로서 일을 해야 한다는 가부장적인 권위 아래서의 복종이다.

이같은 기독교의 허울 뒤에서 새로운 비밀 종교 곧 '산업종교'가 일어났다. 그것은 종교로 인정되고 있지는 않으나 현대 사회의 성격 구조에 뿌리를 두고 있다. 이 산업 종교는 참된 기독교와는 전혀 양립할 수 없는 것이다. 그것은 사람들로 하여금 경제와 그들 자신의 손으로 만든 기계의 노예가 되기를 강요한다.

산업 종교는 새로운 사회적 성격에 그 기반을 두고 있다. 그것의 중심이 되는 것은 강력한 남성적인 권위에 대한 공포와 그에 대한 복종이며, 불복종에 대한 범죄 의식의 배양, 그리고 극도의 이기주의와 적대심으로 빚어진 인간 유대의 해체이다. 비록 산업 종교가 자신의 일반적인 원칙의 제한 내에서는 개인주의와 자유를 신장하기는 하나, 이 산업종교에서의 '신성함'이란, 노동·재산·이익·권력일 뿐이었다. 기독교를 엄격한 가부장적인 종교로 변형시켜 놓음으로써 산업종교를 기독교적인 용어로 표현할 수 있었다.

'시장적 성격'과 '인공 두뇌학적 종교'

현대 인간 사회의 특성과 비밀 종교를 이해하는 데 있어 가장 중요한 것은 초기 자본주의 시대에서부터 20세기 후반에 이르기까지의 사회적 성격의 변화를 살펴보는 것이다. 16세기에 일기 시작하여 19세기말까지 적어도 중산층을 계속 지배했던 성격구조는 권위주의적—강박관념적—저장적 성격이었다. 이것은 그 뒤 시장적 성격(marketing character)과 천천히 혼합되었거나 혹은 대치되었다(여러 가지 성격 지향의 혼합에 대한 기본 개념은 「MAN FOR HIMSELF」를 참조하기 바람)

나는 이같은 현상을 시장적 성격이라고 불러 왔다. 왜냐하면 그것은 인간 자신을 상품으로, 그리고 인간의 가치를 '사용 가치'로서가 아닌 '교환 가치'로 보는 경험에 기초를 두기 때문이다. 인간의 존재는 '퍼서낼리티 시장(personality market)에 내던져진 상품이 되어 버렸다. 가치평가의 원칙은 퍼서낼리티 시장에서나 상품시장에서나 모두 마찬가지이다. 전자는 팔려고 내놓은 것이 인간의 퍼서낼리티이고 후자는 상품이다. 그런데 이 두 가지 경우에도 그 가치는 교환가치에 의해 정해지는데 그 이유는 '사용가치'가 필요 조건이기는 하나 충분 조건은 아니기 때문이다.

퍼서낼리티 요소(personality factor)가 성공에 대한 필요조건으로서 한편으로는 인간의 자질과 숙련도, 그리고 한편으로는 퍼서낼리티가 차지하는 비중이 경우에 따라 변하는 것은 사실이지만, 그것은 항상 결정적인 역할을 한다. 성공은 대체로 시장에서 얼마나 자신을 잘 팔 수 있는가, 얼마나 자신의 퍼서낼리티를 사람들에게 잘 팔 수 있는가, 얼마나 자신의 퍼서낼리티를 사람들에게 잘 알리는가, 얼마나 멋지게 자신을 '포장'하는가,

다시 말해서 자신을 '명랑하고' '건전하고' '의욕적이고' '믿을 만하고' '야망적인' 인간인지 아닌지, 더욱이 자신의 가정의 배경은 무엇인가, 그리고 자신이 소속한 클럽은 무엇인가 '유용한' 사람을 얼마만큼 알고 있는가 하는 따위에 의해 좌우된다. 어떤 형태의 퍼서낼리티가 요청되는가 하는 것은 어느 정도까지는 사람들이 선택하는 특수한 분야의 직업에 좌우된다. 증권업자·세일즈맨·비서·철도요원·대학교수·호텔 지배인들은 각각 그 직업에 따른 퍼서낼리티가 요청된다. 이들 직업이 모두 서로 다르지만 한 가지 공통적으로 충족되어야 할 조건은 바로 그 직업이 요구하는 퍼서낼리티이다.

자기 자신으로 향하는 태도를 형성하는 것은 주어진 일을 수행하기 위한 재능 장비가 충분치 못하다는 것을 뜻한다. 성공을 거두려면 많은 다른 사람들과의 경쟁에서 이겨야 한다. 자신이 알고 있는 것, 자기가 할 수 있는 것에 의존하는 것이 생계를 유지하기에 충분하다고 한다면 결국 자부심은 자신의 능력, 다시 말해서 사용가치와 비례할 것이다. 그러나 성공은 대체로 얼마나 자기 자신의 퍼서낼리티를 잘 팔 수 있는가에 의해 좌우되는 것이기 때문에 자기 자신이 하나의 상품이라는 것을 아니, 자기 자신이 판매자이며, 동시에 팔려야 할 상품이라는 것을 경험하게 된다. 인간이 그의 생활이나 행복에는 관심이 없고 팔기에 적합한 상품이 되어야 한다는 데에만 관심 갖게 된다.

시장적 성격의 목적은 퍼서낼리티 시장의 모든 조건 아래에서 바람직한 인물이 되도록 하기 위해 완전하게 적응하는 것이다. 시장적 성격의 퍼서낼리티는 (19세기의 인간들이 가졌던 것과 같은) 집착할 만한 자아(ego)를 전혀 가질 수 없다. 다시 말하면 자기 자신에게 고유한 변하지 않는 자아를 소유할 수가 없다. 그렇기 때문에 '나는 당신이 원하는 바로 그 사람이요'라고 이야기할 수 있도록 끊임없이 자아를 변형시킨다.

이 같은 시장적 성격 구조를 가진 사람은 단지 최대의 능률을 가지고서 움직이고 일하는 것 외에는 아무런 목적도 없다. 그래서 그들이 어째서 그렇게 바삐 움직여야 하는가 또는 왜 최대의 능률을 가지고 일을 해야 하는가라는 질문을 받게 되면 아무도 참된 대답을 못한다. 오히려 '더 많은 일거리를 만들기 위해서' 또는 '회사를 계속 성장시키기 위해서'라는 따위의 합리화를 한다.

인간은 왜 사는가, 인간은 왜 다른 방향으로 가지 않고 이런 방향으로 가고 있는가 하는 철학적이고 종교적인 질문에 대해서 그들은 거의 관심이 (최소한 의식적으로라도) 없다. 다만 커다란 그리고 끊임없이 변하는 자아(ego)를 갖고 있을 뿐이며, 어느 누구도 진정한 자아(self) 주체의 핵심 또는 주체의식을 가지지 못하고 있다. 현대 사회의 이같은 '자기 동일성의 위기'(identity crisis)는 그 사회 구성원들이 자아를 상실한 하나의 도구로 전락함으로써 빚어진 것이다. 원시적인 개인의 자기 동일성이 한 씨족 사회에 소속된 회원이란 것에 있듯, 현대 인간의 자기 동일성은 몸 담고 있는 기업(또는 엄청난 관료 체제)에다 기초하고 있기 때문이다.

시장적 성격에는 사랑도 증오도 없다. 그 같은 구식의 정서는 선한 것이든, 악한 것이든 감정을 피하고 거의 전적으로 두뇌에 의해서만 제 기능을 하는 성격구조에는 적합하지가 않다. 왜냐하면 이같은 정서는 시장적 성격의 주된 목적인 물건을 파고 교환하는 것을 방해하기 때문이다. 좀더 정확히 말해서 이같은 정서는 자신이 하나의 부속품으로 소속해 있는 '거대한 기계'의 논리에 따른 기능을 방해하기 때문이다. 그래서 자기가 몸 담고 있는 관료 체제 내에서의 승진의 방법이 제시해 주는 대로 잘 적용하고 있는가 외에는 그 어떤 것에 대해서도 의문을 제기하지 않는다.

시장적 성격의 소유자는 다른 사람 혹은 자신에 대해 깊은 애착이 없기 때문에 심각하게 문제를 생각하지 않는다. 그것은 이기적이기 때문이 아니라, 자신에 대한, 그리고 타인에 대한 관계가 아주 희미하기 때문이다. 이같은 사실은 왜 인간이 핵무기의 위험이나 생태학적인 파멸에 대해 그 위험성을 알려 주는 온갖 구체적인 자료를 알고 있으면서도 관심을 쏟지 않고 있는가 하는 점을 설명해 준다. 그들이 그들의 생존의 위험에 대해서 관심을 갖지 않는다는 사실은 그들이 엄청난 용기를 가졌고 이기심이 없을 것이라는 가정에 의해서 설명될 수 있다.

그러나 자신의 아이들이나 손녀 손자들에 대해서조차 관심이 별로 없다는 사실은 그러한 설명이 설득력이 없다는 사실을 밝혀 준다. 이같은 모든 차원에 대한 관심의 결핍은 '가장 가까운' 사람에게조차도 감정적인 연결이 없음으로써 빚어진 결과이다. 사실상, 어느 누구도 시장적 성격과에 친밀하지 않다. 다만 자기 자신과 가깝지 않을 뿐이다.

현대의 인간은 왜 물건 사기를 좋아하고 소비하기를 좋아하는가, 그러면서도 그들이 사는 물건에 대해 깊은 애착이 거의 없는가 하는 이 수수께끼 같은 질문에 대한 가장 의미 있는 답은, 시장적 성격이 갖는 현상에서 찾을 수 있다. 시장적 성격이 지닌 애착심의 결핍은 인간으로 하여금 사물에 대해 깊은 애착이 거의 없는가 하는, 이 수수께끼 같은 질문에 대한 가장 의미 있는 답은 시장적 성격이 갖는 현상에서 찾을 수 있다. 시장적 성격이 지닌 애착심의 결핍은 인간으로 하여금 사물에 대해서도 무관심하게 만들었다. 문제가 되는 것은 아마도 어떤 물건이 주는 특권이나 위안이다.

그러나 물건 그 자체는 어떤 실체도 갖고 있지 않다. 그 물건들이란 단지 소비할 수 있는 것뿐이다. 친구나 애인도 마찬가지다. 그들도 마찬가지로 소비할 수 있는 것이다.

왜냐하면 이들 사이에는 아무런 깊은 연결이 없기 때문이다. 시장적 성격의 목표, 곧 주어진 상황 아래에서의 적절한 기능은 인간으로 하여금 이 세계에 대해서 단순히 두뇌만 가지고 대응하도록 만든다. 이해(understanding)라는 의미의 이성은 호모 사피엔스만이 갖는 특성이다. 실제적 목적을 성취하기 위한 도구로서의 조작적인 지성(manipulative intelligence)은 동물이나 인간에게 공통적이다. 이성이 없는 조작적인 지성은 위험하기 짝이 없다. 왜냐하면 그 같은 지성은 이성적인 관점에서 볼 때 스스로를 파괴할 수 있는 방향으로 사람들을 움직이게 하기 때문이다. 실제로 통제되지 않은 조작적(操作的) 지성이 뛰어나면 뛰어날수록 더 위험하다. 다윈(Charles Darwin)은 순전히 과학적이고 소외된 지성이 인간에게 주는 결과와 비극을 가장 잘 증명했던 과학자임에 틀림없다. 그는 그의 자서전에서 삼십 세가 될 때까지는 음악과 시와 그림을 열렬하게 좋아하고 즐겼으나 이같은 관심에 대한 취향을 잃어버린 뒤의 오랜 생활을 이렇게 적고 있다.

> 나의 마음은 엄청나게 많은 사실을 수집을 통해서 그리고 그 가운데서 일반적인 법칙을 만들어 내기 위한 기계가 되어 버렸다는 생각이 들었다. … 그렇게 좋아하던 취미를 잃어버렸다는 것은 나의 행복을 잃어버린 것이었다. 그리고 그것은 인간성의 정서적인 요소를 약화시킴으로써 지성에 해를 주었을 뿐 아니라, 도덕적 인격에는 더 많은 해를 주었던 것 같다. (E.F.Schumacher에 의해 인용된 부분을 참조)

다윈이 여기에 기술한 과정은 그의 시대 이후 지금까지 급속도로 진행되어 왔다. 그래서 이제는 이성과 감정이 거의 완전히 분리되었다. 그런데 이같은 이성의 퇴보가 가장 정확하고 혁명적인 과학(예컨대 이론물리학)에 종사하는 대부분의 지도적 탐구자들 사이에서 일어나지 않았다는 사실은 특히 흥미로운 일이다. 그런데 그같은 지도적 탐구자들은 철학적이고 정신적인 문제에 깊은 관심을 가지고 있었다. 그 같은 사람으로는 아인시타인(A. Einstein), 보어(N. Bohr), 칠라드(L. Szillard), 하이젠베르크(W. Heisenberg), 슈뢰딩거(E. Schrödinger) 등을 들 수 있다.

매사에 두뇌에 의한 조작적 사고를 하는 사람은 정서 생활의 위축을 가져온다. 정서생활은 배양되지 않았고, 필요치도 않거니와 오히려 최고로 기능하는 데 방해가 되기 때문에 그것은 위축되어 어린이의 수준 이상으로 성숙하지 못한다. 그 결과 감정적 문제가 관련되는 한에서는 시장적 성격을 가진 사람은 특별히 단순하다. 이들은 '감성적인 사람들'에게 매력을 느낄 수도 있다.

그러나 이들은 단순하기 때문에 감성적인 사람들이 성실한 사람인지 협잡꾼인지를 판단할 수가 없다. 바로 이같은 사실은 어째서 그렇게 많은 협잡꾼들이 정신적, 종교적 분야에서 성공할 수 있는가를 설명해 줄 수 있으며, 그리고 강한 감정을 생생하게 묘사하는 정치인들이 어떻게 해서 시장적 성격 소유자들의 강한 흥미를 끌 수 있는가를 설명해 준다. 또한 시장적 성격 소유자가 왜 진정으로 종교적 인물과 강한 종교적 감정으로 위장한 자기 선전(P. R)으로 만들어진 사람과를 구별할 수 없는가를 설명해 준다.

'시장적 성격'이란 말이 이같은 타입을 나타내는 말이 하나밖에 없는 유일한 말은 결코 아니다. 그것은 물론 마르크스의 용어인 소외된 성격(alienated character)이란 말을 사용함으로써 나타낼 수도 있다. 즉 이러한 소외된 성격의 소유자는 자신의 일뿐만 아니라, 자기 자신으로부터 그리고 다른 사람과 심지어는 자연으로부터도 소외되어 있다. 정신병리학적 용어를 빌면 이같은 시장적 인간은 정신 분열 증세의 사람이라고 불려질 수도 있다. 그러나 이 용어는 약간 잘못된 것이다. 왜냐하면 정신분열증을 가진 다른 사람과 어울려 살면서 일을 성공적으로 해내는 정신분열증을 가진 사람은 이 정신분열증적 성격의 사람이 좀더 '정상적'인 환경에서 가질 불안감을 느끼지 못하기 때문이다.

 이 책의 원고의 마지막 수정을 하는 동안 나는 마이클 맥코비(Michal Meccoby)의 「놀이꾼들 : 새로운 기업가들(The Gamesman : The New Corporate Leaders)」이라는 아직 출판되지 않은 책의 원고를 볼 기회를 가졌다. 맥코비는 이러한 통찰력이 있는 연구에서 미국의 가장 큰 두 개의 기업에 종사하고 있는 간부·매니저·기술자 등 모두 2백 50명을 인터뷰하여 이들의 성격 구조를 분석하였다. 그가 발견한 많은 사실들은 정서적 영역이 제대로 개발되지 않은 채 두뇌적 성질만 특별히 뛰어난 인공두뇌적 인간에 대해 내가 서술한 것을 확인시켜 주었다. 맥코비에 의해 언급된 간부들과 매니저들이 미국 사회의 지도자들이며 또한 장차 지도자가 될 것이라는 점을 생각해 볼 때 맥코비의 발견이 갖는 사회적 중요성은 엄청난 것이다.

 각각의 집단 연구 대상자들과의 세 번에서 스무 번까지 개별적 인터뷰를 통하여 얻은 다음과 같은 자료는 이같은 성격 유형을 명료하게 제시해 준다.17)

제3부 새로운 인간, 새로운 사회   205

깊은 과학적 관심을 갖고 이해함. 일에 대해서 역동적임 생기가 넘침	0%
장인(匠人)처럼 일에 집중하고 활기 있음. 그러나 사물의 본질에 대한 깊은 과학적 관심은 부족함	22%
일 자체가 관심을 불러일으킴. 그러나 그것이 자립적인 것은 아님	58%
적당히 생산적임. 집중은 아님, 일에 대한 관심은 본질적으로 생활의 안정과 수입을 보장하는 수단에 지나지 않음	18%
수동적이고 비생산적이고 산만함	2%
일을 거부하고 현실 세계를 거부함	0%
합 계	100%

위의 자료에서 보면 두 가지 충격적인 특질이 크게 드러난다.

(1) 이해('이성')에 대한 깊은 관심이 결여되어 있다.

(2) 대부분의 사람들에게는 일에 대한 관심은 독립적인 것이 아니고 경제적 안정을 보장하기 위한 수단이다. 완전한 대조는 맥코비가 '사랑의 척도'라고 부른 도표에 명확히 나타난다.

사랑하고 긍정적이고 창조적이고 활기를 띠고 있음	0%
책임감 있고 마음이 따뜻하고 다정함. 그러나 깊은 사랑은 없음	5%
좀더 사랑할 수 있는 가능성이 있음. 그리고 다른 사람에 대해 적당한 관심을 가지고 있음	40%
습관적인 관심과 품위가 있음	13%
삶을 거부하며, 짐스러운 마음을 가짐	1%
합 계	100%

이 연구에 따르면 비록 5%가 마음이 '따뜻하고 다정하지만' 깊이 사랑

---

17) 이하 부분은 허락을 받고 수록한 것임. 참고 : 비슷한 주제의 연구서인 밀란(Ignacio Millan)의 「멕시코 경영인들의 성격」이 곧 출간 예정이다.

하는 성격을 가진 사람은 아무도 없다. 나머지 모든 사람은 적당한 관심이나 또는 습관적인 관심을 갖거나 혹은 사랑할 줄 모르며 삶을 거부하기까지 한다. 두뇌 개발은 뛰어났는데 그에 비해 정서는 계발되지 않았다는 것은 참으로 충격적인 모습이다.

 시장적 성격의 '인공두뇌학적 종교'는 그 전체의 성격구조와 상응한다. 비록 사람들은 그 자체를 의식하지 못하고 있으나, 불가지론(不可知論) 또는 기독교의 허울 뒷면에 철저히 이교적인 종교가 숨겨져 있다. 이러한 이교의 종교를 설명하기란 무척 어려운 일이다. 왜냐하면 그것은 종교 또는 종교 조직체의 도그마에 대한 의식적인 생각에서 추론되는 것이 아니라, 실제 사람들이 행하는 것(또는 행하지 않는 것)에 의해 추론되는 것이기 때문이다. 처음 언뜻 보아서 가장 충격적인 것은 인간이 자신을 신으로 만들었다는 것이다. 왜냐하면 인간이 전통적인 종교의 하나님에 의한 첫 번째 창조에 대치할, 이 세계의 '제2의 창조'를 행할 수 있는 기술적인 역량을 획득했기 때문이다. 우리는 다음과 같이 공식화할 수도 있다. 즉 인간은 기계를 신(神)으로 만들었다. 그래서 그 기계를 잘 모심으로써 인간은 하나님처럼 되었다. 그러나 우리가 선택한 이같은 공식은 거의 문제가 되지 않는다. 중요한 것은 실제로, 심한 무능력 상태에 있는 인간이 과학과 기술에 관련하여 자신이 전능하다고 상상하고 있는 점이다.

 우리가 이 세계에 대한 정서적인 반응이 결핍된 상태에서 우리 자신의 고립화에 사로잡히면 잡힐수록, 그리고 동시에 파국적 종말을 피할 수 없게 되면 될수록 이 새로운 종교는 그만큼 더욱 해로운 것이 된다. 우리는 기술의 주인이 되기를 그만두고 오히려 그것의 노예가 되어 버렸다. 그런데 한때 창조의 중요한 요소이었던 기술이 파괴의 여신이(인도의 여신 칼리

〈Kali〉처럼)라는 또 다른 모습을 드러내고 있다.

인간들은 자신뿐만 아니라, 다음 세대까지도 기꺼이 이 여신에게 희생시키려 하고 있다. 그러나 아직 좀더 나은 미래에 대한 희망에 의식적으로 집착하는 동안은 인공두뇌학적 휴머니티(humanity)는 인간이 파괴의 여신의 숭배자가 되었다는 사실이 드러나지 못하도록 억제하고 있다.

이러한 논제는 많은 입증 자료를 갖고 있다. 그러나 다음과 같은 두 가지 사실보다 더 강력한 것은 없다. 첫째는 초강대국들이(그리고 다른 조그만 나라까지도) 엄청난 파괴력을 가진 핵무기를 무제한 생산하고 있으며, 아직까지도 모든 핵무기와 핵무기의 원료를 이르지 못하고 있다는 것이다. 둘째는 생태학적인 대재난의 위기를 종식시키는 방안이 전혀 마련되지 않고 있다는 것이다. 간단히 말하면 인류의 생존을 위한 진지한 계획이 전혀 마련되지 않고 있는 것이다.

5. 휴머니스트의 항변

사회적 성격이 비인간화되고 또한 산업종교와 인공두뇌학적 종교까지 생겨나게 되자, 이에 대한 저항 운동이 일어나게 되었고 새로운 휴머니즘이 탄생하게 되었다. 이러한 새로운 휴머니즘은 중세 말에서부터 계몽주의 시대에 이르기까지 일어났던 기독교적 철학적 휴머니즘에 그 뿌리를 두고 있다. 이러한 저항은 범신론적 또는 무신론적인 철학적 사상에서뿐만 아니라 유신론적인 기독교의 사상에서도 표현되어 있음을 볼 수 있었다. 이러한 휴머니즘적 저항은 상반되는 두 입장으로 나타났다. 하나는 정치적으로 보수적인 입장을 취한 낭만파이고 다른 하나는 마르크스주의자들과 그밖에 사회주의자들이다(몇몇의 무정부주의자들도 포함되어 있다). 우익과 좌익은 산업체제와 그것이 인간에게 끼치는 해악을 비판하는데 있어 의견을 같이했다. 프란츠 폰 바아더(Franz Von Baader)와 같은 카톨릭 사상가나 벤자민 디즈라엘리(Benjamin Disraeli)같은 보수적인 정치 지도자들은 이같은 문제를 때때로 마르크스주의자들의 것과 동일한 방법으로 명확히 했다. 이 양쪽은 인간이 물건으로 변형하는 위험으로부터 인간을 구할 수 있다고 생각했던 방법에서 그 차이점을 드러냈다. 우익 쪽에 섰던 낭만주의자들은 산업체계의 거침없는 진보를 중지시키고, 비록 몇 가지 수정이 필요하기는 하지만 사회질서를 앞서 간 시대의 형태로 되돌려 놓는 것만이 유일한 해결책이라고 믿었다.

이에 비해 좌익 쪽에서 나온 저항은 때로는 유신론적인 용어로 때로는 무신론적인 용어로 표현되기는 하지만 극단적 휴머니즘(radical humanism)이라고 불려질 수 있다. 사회주의자들은 경제적 발전을 멈출 수 없을 뿐 아니라, 사회질서를 앞서 간 시대의 형태로 되돌려 놓을 수도 없다고 믿었다. 이들은 진보를 계속하는 한편, 인간의 소외와 기계에의 종속, 그리고 비인간화의 운명으로부터 해방될 수 있는 새로운 세계를 창조하는 종교적인 전통과, 르네상스 이후의 과학적인 사고와 정치적 행동을 종합한 것이었다. 비록, 세속적이고 무신론적인 용어로 말을 하지만 사회주의는 불교처럼 이기심과 탐욕에서 인간을 자유롭게 하는 것을 목표로 하는 '종교적인' 대중운동이었다. 적어도 소련 공산주의와 혁신주의적 서구 사회구조에 의해 마르크스 사상이 만인(萬人)의 부(富)의 달성을 목적으로 하는 유물론으로 완전히 곡해됐다는 입장에 서서 나는 내가 생각한 마르크스 사상의 특성을 간단히 설명해야만 할 필요를 느낀다.

제3부 새로운 인간, 새로운 사회 209

헤르만 코헨(Herman Cohen), 에른스트 블로흐(Ernst Bloch), 그리고 많은 학자들이 지난 수십 년 동안 주장해 온 것처럼, 사회주의는 예언적인 메시야 사상에 대한 세속적인 표현이었다. 이것을 설명하려면 메시야의 시대의 특성을 마이모니데스(Maimonides)의 법전에서 인용하는 것이 아마도 최선의 방법일 것이다.(1135-1204, 유대의 철학자, 율법학자-譯註)

현자들과 예언자들은 이스라엘이 세계를 통치하고 이교도들을 지배하고, 열방에 의해 환호를 받거나, 또는 먹고 마시고 즐거워하는 그러한 메시야의 시대를 동경하지는 않았다. 그들의 열망은 어느 누구의 해방이나 간섭을 받지 않고 이스라엘이 자신의 계명과 지혜에 전념할 수 있도록 자유롭게 되고, 그럼으로 해서 다가오는 세계에서 가치 있는 삶을 누리도록 하는 것이었다.
그와 같은 시대에는 기근도 전쟁도 없을 것이며, 시기와 다툼도 없을 것이다. 또한 지상의 재화[18]는 풍부해질 것이며, 안락이 모든 사람들은 주님을 알고자 하는 데 몰두할 것이다. 그렇게 되면 유대인들은 매우 현명해져서 지금은 감추어져서 보이지 않는 것들을 알게 될 것이다. 성서에 기록된 것처럼; '물이 바다를 덮음과 같이 여호와를 아는 지식이 세상에 충만할 것이니라'(이사야 11:9)

이 같은 서술에서 보는 바와 같이 역사의 목표는 인간으로 하여금, 권력이나 사치에 몰두하도록 하는 것이 아니라, 신을 아는 지식과 지혜를 배우는 데 전념할 수 있도록 하는 것이다. 메시야의 시대에는 전세계에 평화가 이루어지고 질투가 없어지며 물질이 풍부해지는 때이다. 이 같은 내용은 마르크스가 그의 《자본론Capital》 제3권 맨 끝 부분에서 기술한 삶의

---

18) Yale대학에서 출판한 Hershman 번역에는 축복(blessings)이라고 되어 있는데, 나는 히브리 성서 원본에서 직접 번역한 것이다.

목적과 매우 흡사하다.

　필요에 의한 강압과 외면적인 효용 때문에 노동이 요구되는 그러한 시기가 지나가기 전에는 자유의 영역은 물질적인 생산의 영역을 넘어서는 바로 사물 자체의 본성 속에 존재한다. 미개인이 자기가 필요한 것을 충족시키기 위해서 그리고 자신의 생명을 유지하고 나아가서 그것을 번식시키기 위해 자연과 싸우는 것과 마찬가지로 문명인도 그 같은 행위를 해야 하며, 또한 모든 사회 형태 속에서 그리고 가능한 모든 생산 양태 속에서 그 같은 행위를 해야 한다. 자기 자신이 발전함에 따라 원하는 것이 증가하기 때문에, 이에 따라 자연적 필요의 영역은 넓어지게 된다. 그러나 필요와 동시에 생산의 힘도 증가하며 그것에 의해서 필요는 충족된다. 이같은 영역에서의 자유는 사회화된 사람과 연합된 생산자들이 자연과의 관계를 합리적으로 조정하여 어떤 맹목적인 힘에의 지배받는 것같이 자연에 의해 지배를 받는 대신에 오히려 자연을 그들 공통의 통제하에 두는, 그 같은 사실에 의해서만 얻어질 수 있다. 즉, 인간 본성에 가장 적절하고 또한 가장 걸맞는 조건 아래에서 가장 적은 에너지를 써서 일을 성취하는 것만이 이같은 영역에서의 자유를 얻을 수 있는 것이다. 그러나 필요의 영역은 항시 남아 있다. 그것을 넘어서야 그 자체를 목적으로 하는 인간의 힘의 개발 즉, 진정한 자유의 영역이 펼쳐지기 시작한다. 그러나 자유의 영역은 결핍의 영역을 바탕으로 해서만 번창할 수가 있다. 노동시간을 단축시키는 것이 근본적인 전제이다(강조표시는 저자가 한 것임.)

　기독교나 다른 유대교의 구원의 가르침과는 대조적으로 마르크스는 마이모니데스처럼 최종적인 종말론적 해결 방안을 당연한 것으로 가정하지

제3부 새로운 인간, 새로운 사회 211

는 않았다. 즉, 인간과 자연 사이의 모순은 여전히 남아 있다. 그러나 결핍의 영역은 가능한 한 많이 인간이 통제할 수 있는 영역 아래 놓이게 된다. '그러나 필요의 영역은 항상 남아 있다' 그 목표는 진정한 자유의 영역을 그 자체의 목적으로 하는 인간의 힘의 개발이다.

'온 세계의 모두가 몰두하는 일은 주님을 알고자 하는 일이다'라는 마이모니데스의 견해가 마르크스에 있어서는 자유의 영역 '그 자체가 목적인 인간의 힘의 개발'이다.

인간의 삶의 두 가지 서로 다른 형태로서의 소유형태와 존재형태는 새로운 인간 출현에 대한 마르크스 사상의 중심을 이루는 것이다. 이 두 가지 양식을 비교 설명하면서 마르크스는 경제학적 범주에서부터 시작하여 우리가 이미 보아온 신약과 구약, 그리고 에크하르트에 대한 논의와 같은 심리학적이고 인류학적인 범주에 이르기까지 그리고 그와 동시에 근본적인 '종교적' 범주에 이르기까지 그 문제를 이끌어 오고 있다. 마르크스는 이렇게 썼다.

'사유재산이란 것은 인간이 어떤 물건을 소유하고 있을 때만 즉, 자본으로서의 가치가 있을 때나, 혹은 그것을 직접 먹고 마시고 입고 거주하고 있을 때만 간단히 말해서 어떤 방식으로든 그것이 사용될 수 있는 상태로 있을 때에만 그것이 우리의 것이 된다고 생각할 정도로 인간을 어리석고 편협하게 만들었다. …그래서 모든 육체적, 지적 감각은 모두 다 소외된 감각, 즉 소유 감각으로 대치되어 버렸다. 인간은 그의 내면적인 부(富)를 낳기 위해서는 절대적으로 가난해지지 않으면 안 되게 되었다.(소유의 범주에 대해서는 헤스(Hess)의 「21개의 곡선 Einundzwanzig Bogen」을 참조하기 바람)19)

마르크스의 소유 및 존재 개념은 그의 다음과 같은 문장에 요약되어 있다. '당신의 존재가 미약하면 할수록, 그리고 당신의 삶의 표현이 적어지면 적어질수록 당신은 더 많이 소유하게 되고, 또한 당신의 삶은 그만큼 더 소외될 것이다. …경제학자들은 그들이 삶과 인간성의 방식으로 당신에게서 빼앗아간 모든 것을 돈과 부의 형태로 되돌려 준다'

마르크스가 여기에서 이야기한 '소유감각'은 에크하르트가 이야기하는 '자아구속'(egoboundness) 즉, 사물과 자기 에고에 대한 열망과 동일하다. 마르크스는 소유나 소외되지 않은 사유재산 그 자체에 대해서가 아니라, 바로 생존의 소유 양식에 대해서 언급하고 있다. 인간의 삶의 목적은 사치와 부가 아니며 빈곤도 또한 아니다. 사실 마르크스는 사치와 빈곤을 모두 악한 것으로 보았다. 그 목적은 '생산하는 것(to give birth)'이다.

그러면 이 생산하는 행위란 무엇인가? 그것은 대응되는 사물에 대해 우리의 능력을 능동적이고 소외되지 않는 형태로 발휘하는 것이다. 마르크스는 다음과 같이 계속 말한다.

'세계에 대한 그의(인간의) 모든 인간적인 관계들— 보고, 듣고, 냄새맡고, 맛보고, 접촉하고, 생각하고 관찰하고, 느끼고, 바라고 행동하고, 사랑하고 하는 모든 관계들— 간단하게 말해서, 개인의 모든 기관들… 바로, 인간의 대상적인 행위(대상에 대한 관계에서의 인간의 행위)에서 그 대상을 착복하는 것이며 인간의 실재를 착복하는 것이다.' 이것은 존재양식에 있어서의 착복의 형태는 아니다. 마르크스는 이같은 소외되지 않은 능동성의 형태에 대해 다음과 같이 계속되었다.

---

19) 이 인용과 다음의 인용은 「마르크스의 인간개념」에 번역된 마르크스의 「경제적 철학적 소고」에서 인용한 것임.

인간을 인간이라고 가정해 보자. 그리고 세계에 대한 인간의 관계를 인간적인 관계라고 가정해 보자. 그렇다면 사랑은 오로지 사랑으로만 교환될 수 있다. 만약 당신이 예술을 즐기고 싶다면 당신은 예술적으로 소양이 있는 사람이 되어야 한다. 그리고 다른 사람에게 영향을 주기를 원한다면 당신은 그들에게 자극을 주어 용기를 줄 수 있는 능력의 소유자가 되어야 한다. 인간과 자연에 대한 당신의 모든 관계는 당신이 바라는 대상과 당신의 현실의 개인적인 생활의 대상과 일치하는 명확한 표현이 되어야만 한다. 만약 당신이 상대방에게 사랑을 불러일으키지도 못하면서 그를 사랑한다면 즉, 당신 자신을 사랑하는 사람으로서 나타냄으로써 상대방으로부터 사랑 받는 사람이 되지 못한다면 당신의 사랑은 무능력하고 불행한 것이다.

그러나 마르크스의 생각들은 곧 왜곡되어 버렸다. 그 이유는 아마도 그가 백년을 너무 순식간에 살았기 때문일 것이다. 마르크스와 엥겔스는 둘 다 자본주의가 이미 모든 가능성의 종국에 이르렀으며, 따라서 혁명이 이제 임박했다고 생각했다. 그러나 마르크스가 죽은 후 엥겔스가 이야기했듯이 그들은 완전히 판단을 잘못했던 것이다. 그들은 자본주의의 발전의 최고 정점에서 그들의 새로운 가르침을 말했다. 그러나 자본주의가 기울어지고 결정적인 위기가 시작되기까지는 백 년 이상이 걸릴 것이라는 점을 예견하지 못했다. 자본주의의 절정기에 널리 번졌던 반(反)자본주의자들의 생각은 만약 그것이 성공하려면 자본주의 정신으로 완전히 변형되어야 했다는 사실은 역사적인 필연성이었다. 그리고 그러한 일은 실제로 일어났다.

서구의 사회민주주의자들과 그들에 대한 철저한 반대자들, 즉 소련의 안팎에 있는 공산주의자들은 모두 사회주의를 최대의 소비와 기계의 최대한 사용을 목적으로 하는 순전히 경제적인 개념으로 변형시켰다. 단순하고도 소박한 흐루시쵸프(Khrushchev)는 그의 '굴래쉬(goulash)' 즉, 공산주의를 통하여 사회주의의 목적은 자본국가가 극소수에게만 주는 소비의 즐거움을 국민 모두에게 골고루 주는 것이다라고 그의 생각을 토로했다. 사회주의와 공산주의는 부르주아적 유물론의 개념 위에서 세워졌다. 마르크스의 초기 저서 가운데 몇몇 구절은(이것은 전반적으로 '젊은' 마르크스의 '이상주의적'인 오류라고 모독되었다) 서구에서 암송되고 있는 복음서의 말처럼 의식적으로 암송되었다.

마르크스가 자본주의 발전의 정점의 시대에 살았다는 사실은 또 다른 중요성을 갖고 있다. 즉 그 시대에 태어난 인물로서 마르크스는 그 당시의 부르주아 사상과 실제에서 통용되는 태도와 개념을 취하지 않을 수 없었다. 그래서 예를 들면, 그의 저서뿐만 아니라 그의 인격에 있어서의 어떤 권위주의적 성향은 사회주의 정신에 의해서보다는 가부장적인 부르주아 정신에 의해 형성되었다. 그는 '공상적인' 사회주의에 대한 '과학적인' 사회주의를 건설하는데 있어 고전학파 경제학자들의 모범을 따랐다. 경제는 인간의 의지와는 전혀 관계없이 독립적인 법칙에 따른다고 그 경제학자들이 주장한 것처럼 마르크스도 사회주의는 경제법칙에 따라 필연적으로 발전한다는 사실을 입증해야 할 필요성이 있음을 인식했다. 그 결과 마르크스는 가끔 역사 과정에서 인간의 의지와는 상상력의 역할을 도외시한 결정론적인 것으로 오해되기 쉬운 공식을 전개하는 경향이 있다. 자본주의 정신에 대한 그 같은 무의식적인 양보는 마르크스의 체제를 자본주의와 근본적으로 다를 바 없는 것이라고 왜곡하는 과정을 촉진시켰다.

만약 마르크스가 자본주의가 급속도로 기울기 시작하는 오늘날에 그의 생각들을 선포하였다면, 그리고 그러한 역사적 추측을 할 수 있다면 그의 진실한 메시지는 크게 영향력을 미칠 수 있는 어쩌면 엄청난 성공을 거둘 수 있었을 것이다. 실상 '사회주의'니 '공산주의'니 하는 말조차도 많이 달라졌다. 어쨌든 마르크스의 사상을 대표한다고 주장하는 모든 사회주의 정당 또는 공산주의 정당은 소련 정권이 어떤 의미에서도 사회주의 체제가 아니며 사회주의는 관료적이고 물질 중심적이며 소비 지향적 사회체제와는 양립할 수 없고 또한 소련 체제의 성격이라고 볼 수 있는 유물론과 두뇌지상주의(그것은 자본주의와 같다)와도 양립할 수 없다는 확신 위에 그 기초를 두어야 할 것이다.

순수하고 급진적인 휴머니스트의 사상은 마르크스의 사상과 일치하지 않거나 또는 그의 사상에 반대하는 개인이나 집단으로부터 나왔다는 사실은 사회주의의 타락을 설명해 준다. 이들 중에는 과거에 공산주의 운동의 활동 요원이었던 사람들도 있다.

마르크스 이후의 급진적인 휴머니스트들을 여기서 모두 언급할 수는 없기 때문에 그들의 사상 가운데 몇 가지 예를 들어서 언급하려 한다. 비록 이들 급진적 휴머니스트들의 개념들은 크게 차이점이 있고 가끔은 서로 완전히 모순되는 경우도 있기는 하지만 이들은 다음과 같은 생각과 태도를 공통적으로 가지고 있다.

- 생산은 인간의 참된 필요에 봉사해야지, 경제 체제의 요구에 부응해서는 안 된다.
- 인간과 자연 사이에 새로운 관계가 맺어져야 한다. 그것은 협력 관계가 되어야 하며 착취의 관계여서는 안 된다.
- 상호 적대감은 연대감으로 바뀌어져야 한다.

- 모든 사회적 제도의 목적은 인간의 복지와 불행의 방지에 있어야 한다.
- 최대한의 소비가 아니라 인간의 복지를 증진시키는 건전한 소비가 추구되어야 한다.
- 개인은 사회 생활에서 수동적이 아니라 능동적인 참여자가 되어야 한다.[20]

알베르트 슈바이처는 서구 문명의 절박한 위기에 대해 극단적인 전제를 세움으로써 그의 사상을 전개한다. 그는 이렇게 말한다.
우리가 문화적으로 자기 파멸의 과정에 있다는 사실은 누구에게나 명백하다. 지금 남아 있는 것도 이제 더 이상 안전하지 못하다. 아직 남아 있는 것은 다른 것을 이미 굴복시켜 버린 파괴적인 압력에 접하지 않았기 때문이다. 그러나 이것 역시 자갈(Geröll) 위에 세워져 있다. 그 다음의 산사태(Bergrutsch)는 이것을 휩쓸어 버릴 수 있다. …현대인의 문화적 역량은 그를 둘러싸고 있는 환경이 그를 위축시키고 정신적으로 해를 입히기 때문에 위축되어 버렸다.[21]

슈바이처는 산업사회 속에 있는 인간 존재의 특성을 '인간성을 상실하는 위험 속에 있는… 부자유하고는 산만하고… 불완전한' 하다고 규정하면서 다음과 같이 계속 이야기하고 있다.

발달된 조직을 갖고 있는 이 사회가 인간에게 지금까지 알려지지 않은 힘을 행사하기 때문에 사회에 대한 인간의 의존도가 커져서 스스로

---

[20] 사회주의 휴머니스트들의 견해에 대해서는 필자가 편집한 「사회주의휴머니즘」을 참조하기 바람.
[21] 이 글과 다음에 계속해서 인용되는 슈바이처의 글은 「문화의 몰락에 대한 철학의 책임(Die Schuld der Philosophie an dem Niedergang der Kultur)」이라는 슈바이처의 저서 (1923년 발간. 그러나 그 내용은 1900-1917년 사이에 구상된 것임)에서 필자가 번역해서 인용한 것임.

의 정신적(Geistig) 존재로 살아갈 수 없을 정도로 되었다. …그래서 이제 우리는 새로운 중세 시대로 다시 들어가 버렸다. 많은 사람들은 자유로운 개인으로 사유하는 것을 포기하고 그들이 속한 집단에 의해 인도되기 때문에 사유를 통한 자유의지로서 행동하는 인간의 보편적 기능이 발휘되지 못하게 되어 버렸다. …우리가 가진 사유의 독립성을 희생한 채— 달리 될 수도 없겠지만— 우리는 진리에 대한 믿음도 잃어 버렸다. 우리의 지적, 감성적 생활은 붕괴되었다. **공적인 일들을 지나치게 조직화함으로써 마침내는 아무것도 생각하지 않는 조직이 되어 버렸다.** (강조는 필자가 덧붙인 것임)

슈바이처는 산업사회의 특성을 자유의 결핍으로 보았을 뿐 아니라, 과잉 노력(Uberanstrengung)으로 보았다. '2, 3세기 동안 많은 개인들이 인간적 존재로서가 아니라 일하는 존재로만 살아 왔다.' 인간의 본질은 위축되고 그 같은 위축된 부모들에 의해 어린이들은 양육되기 때문에 인간 성장의 본질적인 요소는 결핍되고 말았다.

그후 계속해서 과잉 업무에 시달리게 되자 어린이들은 점점 더 가벼운 오락을 필요로 하게 됐고 결국 거기에 굴복하게 되었다. …절대적인 수동성, 그리고 자기 자신으로부터의 주의를 분산하고 자신을 상실하는 것이 육체적인 욕구가 되었다(강조는 필자가 덧붙인 것임).

결론적으로 슈바이처는 노동의 감소와 지나친 소비와 사치를 없앨 것을 호소하고 있다.

프로테스탄트 신학자인 슈바이처는 도미니크파 수도승인 에크하르트와 마찬가지로 인간의 임무는 세상사와 동떨어진 정신적인 자기 중심에 은닉해서는 안 되며, 사회의 정신적인 완성에 기여하려는 능동적인 삶이 되도록 해야 한다고 주장한다. '만약 현대인들 가운데 인간적이고 윤리적인 감수성을 그대로 가진 사람이 거의 없다면 사실상 개인적인 도덕성을 조국의 제단에 다 끊임없이 제물로 바칠 최소한의 이유도 없다. 오히려 사람들이 집단과 끊임없이 활발한 교류를 하면서 그 집단을 완전케 하도록 하는 힘을 집단에 주어야 한다.'(강조는 필자가 덧붙인 것임)

그는 현재의 문화적, 사회적 구조는 대재난을 향해 치닫고 있으며 그리고 그 판국으로부터만이 '옛 르네상스보다 훨씬 더 위대한' 새로운 르네상스가 일어날 것이며, 그래서 우리가 파멸을 원치 않는다면 새로운 믿음과 태도로써 자기 혁신을 해야만 한다고 결론지었다.

'이같은 새로운 르네상스에서 가장 본질적인 것은 합리적 사고가 인간에게 갖다 주는 행위 원칙이다. 이 원칙은 인간에 의해 만들어진 역사 발전의 유일한 합리적, 실용적인 원칙일 것이다. …나는 만약 우리가 생각하는 인간이 되기로 결심한다면 이같은 혁명은 일어날 것이라는 나의 믿음에 확신을 갖고 있다'(강조는 필자가 덧붙인 것임).

슈바이처가 산업사회에 있어서의 진보와 보편적 행복이라는 신화를 깨어 버린, 산업사회의 가장 급진적인 비평가 중 한 사람이라는 점을 사람들은 대체로 무시해 왔다. 그것은 아마도 그가 신학자였고 또한 적어도 철학적으로 '생명에 대한 외경(畏敬)'이란 개념을 윤리의 바탕으로 하는 때문일 것이다. 그는 산업화된 생활을 통해서, 인간사회와 세계의 부패를 인식했다. 20세기가 시작될 때 벌써 인간의 취약성과 예속성을 보았으며 또한 강박적인 노동의 파괴적 영향과 노동과 소비를 줄여야 하는 필요성을 알았다. 그는 유대 정신과 생명에 대한 외경심에 의해 만들어지는 집단적 생활이라는 르네상스의 필요성을 주장했다.

슈바이처의 사상의 소개를 끝내기 전에, 그는 기독교의 형이상학적인

회의론자였다는 사실을 지적해야 한다. 이 점이 바로, 생명은 지고의 존재에 의해서 주어지고 보증된 아무런 의미도 갖고 있지 않다는 불교사상에 그가 그처럼 매료되었던 이유 중의 하나이다. 그는 다음과 같은 결론에 이르렀다. '만약 인간이 이 세계를 있는 그대로 받아들이면 인간과 인류의 목적과 목표에 부합하는 의미를 그 세계에다 부여한다는 것은 불가능하다' 단 하나의 의미 있는 생활방식은 이 세계에서의 활동이다. 그러나 그 활동은 일반적인 것이 아니라 다른 동료 인간들을 보살펴 주고 헌신하는 활동이다. 슈바이처는 이같은 해법을 그의 저서 속에, 그리고 실제로, 자신이 그렇게 삶으로써 밝혔다. 붓다와 에크하르트와 마르크스 그리고 슈바이처의 사상은 주목할 만한 유사점이 있다. 즉 소유지향의 포기에 대한 이들의 극단적인 요구, 완전한 독립의 주장, 형이상학적인 회의주의 무신론적 종교성22) 그리고 보살핌의 정신과 인간적 유대정신으로써의 사회적 행위의 요구 등이다.

그런데 이들 스승들은 가끔 이같은 요소들을 의식하지 못했다. 예를 들면, 에크하르트는 그의 무신론을 의식하지 못했고, 마르크스는 그의 무신론을 의식하지 못했고, 마르크스는 그의 종교성을 의식하지 못했다. 특히 에크하르트와 마르크스의 경우 해석의 문제에 있어 그것이 워낙 복잡해서 보살핌의 행위의 무신론적 종교성을 적절하게 설명하기는 불가능하다. 그런데 이 사랑의 행위의 무신론적 종교성이 바로 이들을 새로운 인간의 필요성에 알맞은 새로운 종교성의 창시자로 만든 것이다. 이 책의 속편에서 나는 이들 스승들의 사상을 분석해 보려고 한다.

---

22) 자코비(E. R. jacobi)에게 보낸 편지에서 슈바이처는 '사랑의 종교는 세계를 지배하는 인격이 없는 존속할 수 있다'고 썼다.(성스런 빛 Divine Light, 2, No. 1, 1967).

우리 시대의 초개인적, 기계론적 태도를 완전히 초월하지 못했기 때문에 철저한 휴머니스트라고 부를 수 없는 학자들까지도(예를 들면, 로마 클럽에 의해 위탁된 두 개의 보고서를 쓴 학자들), 인간의 철저한 내적 변화만이 경제적 파국을 피할 수 있는 유일한 대안이라고 보고 있다. 메사로비크(Mesarovic)와 페스텔(Pestel)은 '새로운 세계의식… 물적 자원의 사용에 관한 새로운 윤리… 정복이 아니라, 조화에 바탕을 둔 자연에 대한 새로운 태도… 미래의 세대와의 일체감'을 요구한다. 그리고 계속해서 '이 지구상에서 인간이 살아오는 동안 최초로 인간은 인간이 할 수 있는 것을 억제하도록 요청하고 있으며, 인간의 경제적, 기술적 진보를 억제하도록, 또는 적어도 종전과는 다른 방향으로 이끌어 가도록 요청 받고 있다. 또한 이 지구의 모든 미래의 세대들에 의해 자비의 정신에서가 아니라, 필요의 정신에 의해서 자기의 행운을 불행한 사람들과 나누어 갖도록 요청 받고 있다. 그리고 전세계적인 체제의 유기적인 성장에 관심을 집중하도록 요청 받고 있다. 선한 양심이 있다면 이를 거부할 수 있겠는가?'고 말했다. 그리고는 이들은 이같은 근본적인 인간의 변화가 없다면, '호모 사피엔스도 최후의 심판을 받은 것이나 마찬가지이다'라고 결론을 내렸다.

이 연구에서는 몇 가지 미비한 점이 있다. 내가 보기에 가장 두드러진 미비점은 어떤 변화를 방해하는 정치적·사회적·심리적 요인을 고려하지 않은 점이다. 일반적으로 필요한 변화의 방향을 지적함에 있어 그러한 제한들을 방해하는 실제의 장애물을 고려하는 진지한 노력이 뒷받침되지 않는 한, 그 같은 지적은 아무 소용없다. (로마클럽이 전반적인 목표를 달성하기 위한 전제 조건인 그 같은 사회적, 정치적 변혁의 문제들에 대해 파악해 주기를 바라는 것이다). 그럼에도 불구하고 이들 학자들은 처음으로 전세계의 경제적 결핍과 자원의 문제를 보여 주려고 노력했으며 내가 서문에서 쓴 것처럼 이들은 처음으로 윤리적인 변화를 요구했다.

과거 몇 년 동안 미국과 독일에서는 엄청나게 많은 저서들이 이와 같은 요구를 했다. 첫째는 인간의 단순한 생존을 위해서, 둘째는 우리의 안정과 복지를 위해서 경제를 인간의 필요에 종속시켜야 한다는 것이다.(필자는 이러한 내용이 담긴 약 35권의 책을 읽고 검토했으나 적어도 그 두 배의 책이 유용한 내용을 담고 있다고 본다). 이들 저서의 저자들은 대부분 다음과 같은 점에 의견이 일치했다. 즉, 물질적 소비의 증가는 필연적으로 복지의 증진을 의미하는 것은 아니며 성격적인 그리고 정신적인 변화가 필요한 사회적 변화에 수반되어야 한다. 그리고 만약 인간이 천연자원의 낭비와 인간 생존에 필요한 생태학적 환경의 파괴를 그치지 않는다면, 백 년 안에 대파국이 예견된다는 것이다. 나는 여기서 이 같은 새로운 인본주의적 경제학을 대표하는 사람들 중 뛰어난 몇몇 학자들에 대해서만 언급하고자 한다.

경제학자인 슈마허(E. F. Schmacher)는 《작은 것이 아름답다.(Small is Beautiful)》라는 그의 저서에서 우리의 실패는 우리의 성공의 결과이며 우리의 기술은 진정한 인간의 요구에 종속되어야 한다고 말하면서 이렇게 말했다.

'삶의 내용으로서의 경제는 치명적인 질병이 되어 버렸다. 왜냐하면 무한한 성장은 이 유한한 세계에 적합하지 않기 때문이다. 경제가 삶의 내용이 되어서는 안 된다는 것은 인류의 위대한 스승들에 의해 말해져 왔다. 그렇게 될 수 없다는 것은 오늘날 명백하다. 만약 그 같은 치명적인 질병을 좀더 자세하게 설명하기를 원한다면, 그것은 알콜 중독이나 약물 중독처럼 하나의 탐닉과 비슷하다고 보면 된다. 그 탐닉이 좀더 이기적 형태인지 아니면 이타적인 형태인지, 또는 조야(粗野)한 물질적인 방법으로 만족을 취하는지, 아니면 예술적, 문화적 또는 과학적인 세련된 방법으로 만족을 취하는지 하는 것은 큰 문제가 되지 않는다. 비록 은박종이로 포장을 했어도 독약은 독약이다…. 만약 인간 내면의 문화, 곧 정신적인 문화가 무시된다면 이 주의는 인간을 지배하는 힘으로 남게 되고 또한 자본주의와 마찬가지로 이기주의 체제는 이웃을 사랑하는 체제보다도 이같은 지향에 오히려 더 잘 들어맞는다.'

슈마허는 산업화하지 않은 나라들의 필요에 적합한 아주 소규모의 기구들을 고안해 냄으로써 그의 원칙들을 적응시켜 나갔다. 그의 책이 엄청난 광고에 의해서가 아니라 그의 독자들과 입과 입을 통해 번져 나가면서 해마다 인기가 높아 가고 있다는 사실은 특히 주목할 만하다.

폴 에를리히(Paul Ehrlich)와 앤 에를리히(Anne Ehrlich)는 슈마허의 사상과 비슷한 미국 학자들이다. 《인구·자원·환경 : 인간 생태학의 문제점들(Population, Resources, Environment : Issues in Human Ecology)》이란 이들의 저서에서는 '현 세계의 상황'에 대해 다음과 같은 결론을 내렸다.

1. 현대 과학 기술과 행동 양식들을 고려해 볼 때 이 지구는 엄청난 인구 과잉의 상태이다.
2. 절대다수의 인구와 높은 인구 성장률은 현재의 인간 문제를 해결하는데 있어서 주된 장애물이다.
3. 전통적인 방법으로 식량을 생산해 내는 인간의 능력은 거의 한계에 도달했다. 식량의 공급과 분배 문제 때문에 대략 전세계 인구의 절반에 가까운 사람들이 매년 굶어 죽어 가고 있다.
4. 식량 생산을 좀더 증가시키려는 노력은 환경의 파괴를 촉진시키는

경향으로 나아가게 될 것이며 결국 식량을 생산하는 지구의 능력을 감소시키게 될 것이다. 환경 파괴가 본질적으로 치유될 수 단계에까지 이미 가 버렸는지는 명확하지가 않다. 그러나 인간의 생명을 유지시키는 지구의 능력이 영속적으로 침해되었다는 사실은 분명하다. 자동차·살충제·무기질소·비료와 같은 과학 기술의 '성공'은 환경 파괴의 주된 원인이다.

5. 인구 증가는 치명적인 전세계적 열병과 핵전쟁의 가능성을 증가시킬 것이라고 믿을 만한 근거는 있다. 이 둘은 인구문제에 있어 바람직하지 못한 '사망률을 확대시킨 해결책'을 제공해 줄 수 있다. 그러나 그것은 모두 문명의 파괴와 심지어는 인류 전체를 파멸로 몰고 갈 수 있는 가능성을 가지고 있다.

6. 비록 환경 오염의 감소와 통신수단, 그리고 토지 비옥도의 조정 등 그 같은 분야에 적절하게 적용된 과학기술이 엄청난 도움을 줄 수 있는 것은 사실이지만 인구·식량·환경 위기 등의 복잡 다단한 문제들을 해결해 주는 만병통치약 같은 과학기술은 없다. 근본적인 해결을 위해서는 인간 태도의 극적이고 급격한 변화가 있어야 한다.

특히 이것은 재생산적 활동, 경제성장, 과학 기술, 환경, 분쟁의 해결 등과 관련되어 있다.(강조는 필자가 덧붙인 것임)

에플러(E. Eppler)의 「종말이냐 변화냐 Ende oder Wende」라는 책은 이같은 문제를 언급하고 있는 또 다른 최근의 저서이다. 에플러의 사상은 다소 덜 급진적이기는 하지만, 슈마허의 사상과 비슷하다. 에플러의 입장은 특히 흥미롭다. 왜냐하면 그는 독일의 바덴 뷔르템베르크(Baden Württemberg) 지방의 사회민주당 지도자이며 신앙심 깊은 청교도이기 때문이다. 내가 쓴 두 권의 책 《건전한 사회(The Sane Society)》와 《희망의 혁명(The Revolution of Hope)》은 똑같은 사상적 바탕을 갖고 있다.

생산 제한의 사상이 항상 금기시되어 왔던 소련 블록의 저자들 사이에 서조차도 성장 없는 경제를 고려해야 한다고 주장하는 소리가 일어나기 시작하고 있다. 마르크스주의와 의견을 달리하는 서독 민주공화당 소속 하리히(W. Harich)는 전세계적인 정지 상태의 경제 균형을 제안했다. 그리고 이것만이 평등성을 보장할 수 있으며 생물계에 미치는 환원 불가능한 손상의 위험을 막을 수 있다는 것이다. 1972년 소련의 가장 유명한 자연과학자·경제학자·지리학자들이 모여 '인간과 그 환경'에 대해 토론했다. 그들의 의제 중에는 로마클럽의 연구 결과에 관한 토론도 있었다. 이들은 로마 클럽의 연구에 대해 동의하지는 않았지만, 그 연구의 상당한 장점들을 지적하면서 존경심을 갖고 이 연구들을 다루었다.

휴머니스트적인 사회적 재건설을 시도하는 갖가지 노력에 공통적인 휴머니즘에 대한 가장 중요한 현대의 인류학적·역사학적 표현은 멈포드(L. Mumford)의 《강력한 페타곤(The Pentagon of Power)》이라는 책과 그가 그 전에 쓴 저서들 가운데서 발견할 수 있다.

제 8 장

인간 변혁의 조건과 새로운 인간의 특성

생존에 있어서 소유 양식의 우위에서 존재양식의 우위로 인간의 성격이 근본적으로 변하는 것만이 우리를 심리적·경제적 대재난으로부터 구해 낼 수 있다는 전제가 옳다고 가정하면, 다음과 같은 의문이 제기된다. 대규모의 성격 논리적 변화가 가능한가? 만약 가능하다면 어떤 방법으로 그와 같은 변화를 일으킬 수 있는가?

나는 다음의 조건이 존재한다면, 인간의 성격이 변화할 수 있다고 생각한다.

(1) 우리는 고통받고 있으며 그러한 사실을 우리가 인식할 것.

(2) 우리의 불행의 원인을 인식할 것.

(3) 우리는 우리의 불행을 극복할 수 있는 길이 있다는 것을 인정할 것.

(4) 우리가 우리의 불행을 극복하기 위해서는 어떤 일정한 생활규범을 따라야 하며, 우리의 현재의 생활을 변혁해야 한다는 것을 받아들일 것.

이상의 네 가지 조건은 불타(佛陀)의 가르침의 기초를 이루고 있는 네

가지 진리(四聖諦)와 상응한다. 그러나 불타의 네 가지 진리는 인간 존재의 일반적 조건을 다루고 있고 특수한 개인적 사회적 환경에 기인한 인간 불행의 사례들을 취급하지 않고 있다.

붓다의 방법의 특성을 이루는 동일한 변혁의 원리는 또한 마르크스의 구원 사상을 뒷받침하고 있다. 그러한 이유를 알기 위해서는 다음과 같은 사실을 알아야 한다. 즉, 마르크스 자신이 말한 바와 같이 그에게 있어 공산주의는 최종 목표가 아니라, 인간을 비인간화시키는(곧, 인간을 물질과 기계 그리고, 인간 자신의 탐욕의 노예로 만드는) 사회 경제적·정치적 재조건으로부터 인간을 해방시켜 가는 역사 발전의 한 단계였다는 것이다.

마르크스가 제시한 첫 번째 단계는 그 당시 가장 소외되고 비참한 노동자 계급에게 자기들이 고통받고 있다는 사실을 보여 주는 것이었다. 그는 노동자들 자신의 비참함을 알지 못하게 방해하는 모든 환상을 없애려고 했다. 두 번째 단계는 이 고통의 원인을 밝히는 것이었다. 그는 그 원인이 자본주의의 본질과 자본주의 체제가 만들어낸 탐욕과 탐심과 의존적 성격에 있다고 지적하고 있다. 노동자들의 고통(그들만의 것은 아니지만)의 원인에 대한 이러한 분석은 마르크스의 저작(著作), 즉 자본주의 경제분석의 요체(要諦)를 이루고 있다.

셋째 단계는 고통을 일으키는 조건이 제거되면, 그 고통도 제거될 수 있다는 것을 입증하는 것이었다. 넷째 단계에서 그는 새로운 생활의 관습, 즉 낡은 체제가 필연적으로 만들어 내지 않을 수 없었던 고통으로부터 해방된 새로운 사회체제를 제시하였다.

프로이드의 치유 방법도 본질적으로는 비슷하다. 환자들은 그들이 고통을 당하고 있으며 고통받고 있다는 사실을 알고 있기 때문에 프로이드를 찾아와 진찰을 받았다. 그러나 그들은 늘 무엇 때문에 고통을 받고 있는지를 몰랐다. 정신분석학자들의 통상적인 첫 번째 일은 환자들이 그들의 고통에 관해 갖고 있는 환상을 떨쳐 버리고, 그들의 불행의 참다운 원인이 무엇인지 알 수 있도록 돕는 일이다. 개인이나 사회의 불행의 본질에 대한 진단은 해석의 문제이며 서로 다른 여러 가지 해석이 있을 수 있다. 그러나 불행의 원인에 관한 환자 자신의 묘사는 진단을 내리는데 별로 믿을 만한 자료가 되지는 못한다. 정신분석 과정에서 가장 중요한 것은 환자가 자신의 불행의 원인을 깨달을 수 있도록 돕는 일이다. 그 원인을 깨닫게 됨으로써 환자는 다음 단계, 즉 불행의 원인이 제거되면 그들의 불행은 치유될 수 있다는 통찰에 도달할 수 있게 된다.

프로이드의 관점에서 보면 이것은 어떤 유아기 사건의 억압에서 벗어나는 것을 의미했다. 그러나 전통적인 정신분석가들은 본질적으로 내가 위에서 제시한 조건 중 네 번째의 조건의 필요성에는 동의하지 않을 것 같다. 많은 정신분석학자들은 환자가 억압받고 있는 것에 대한 통찰 그 자체가 치료 효과를 갖는다고 생각하는 것 같다. 사실, 그런 경우도 흔히 있다. 환자가 히스테리나 강박관념적 증세 등과 같은 한정적인 증상으로 인해 고통받고 있을 때는 특히 그렇다. 그러나 일반적인 불행으로 인한 고통을 받고 있어서 성격의 변화가 필요한 사람들은 그들이 달성하고자 하는 성격의 변화에 맞추어 생활 습관을 변화시키지 않는 한 어떤 지속적인 성과를 얻을 수 있다고는 믿지 않는다.

예를 들면 개인의 의존성에 대한 분석은 영구히 계속할 수 있다. 그러나 그런 분석의 결과 얻어진 통찰은 그들이 그러한 통찰 이전에 생활해 오던 실제적인 상황에 그대로 머물러 있는 한 아무 소용도 없을 것이다. 간단히 예를 들어보자. 한 여성이 있다고 하자. 그녀의 불행의 근원이 그녀의 아버지에 대한 의존성에 기인한다고 하자. 비록 그녀가 그녀의 의존성의 깊은 원인에 관한 통찰력을 지녔다 하더라도 그녀의 생활 습관의 변화가 없는 한, 예를 들어 아버지와 떨어져서 산다든가, 아버지의 호의를 받아들이지 않는다든가, 자립을 지향하는 실제적 행동이 내포하는 위험과 고통을 무릅쓰는 등의 생활의 변화 없이는 사실상 아무런 실제적인 효과를 이룰 수 없을 것이다. 실제와 유리된 통찰은 아무런 효과도 없다.

1. 새로운 인간

새로운 사회의 기능은 새로운 인간의 출현을 고무시키는 데 있는데, 그 새로운 인간이란 다음과 같은 특성의 성격구조를 나타낼 것이다.

- 완전하게 존재하기 위하여 모든 형태의 소유를 기꺼이 포기한다.
- 완전, 주체의식, 확신을 갖는다. 이 확신은 자기 존재에 대한 신뢰, 자기 주위의 세계에 대한 상호 관련성·관심·사랑·유대에 대한 요구에 기반을 둔 것이어야 세계를 소유하고 지배하여, 그 결과 자기 소유물의 노예로 만들어 버리는 그러한 욕망에 기반을 둔 것이어서는 안 된다.
- 자기 밖에 있는 누구도, 그 어떤 것도 삶에 의미를 부여하지 못한다는 사실과 철저한 독립성과 무물성(無物性, no-thingness)이 보살핌과 공유에 헌신하는 가장 충족된 행동 조건이 될 수 있다는 것을 인정한다.
- 지금 존재하고 있는 곳에 완전히 존재한다.
- 축재(蓄財)와 착취에서가 아니라, 줌(giving)과 공유함으로부터 오

는 기쁨을 느낀다.
- 물건, 권력, 죽어 있는 모든 것이 아니라 삶과 삶의 성장에 관련된 모든 것이 신성하다는 것을 알고, 충분히 표현함으로써 삶에 대한 사랑과 존경을 가진다.
- 탐욕과 미움, 환상을 될 수 있는 한 최소로 줄이도록 노력할 것.
- 환상을 요구하지 않는 상태에 도달함으로써 환상을 갖지 않고, 우상을 숭배하지 않는 생활을 한다.
- 비판적이고, 냉철한 사고 능력과 더불어 사랑할 수 있는 능력을 계발시킨다.
- 자기 도취적 집착증(Narcissism)을 벗어버리고, 인간실존의 타고난 비극적 유한성을 받아들인다.
- 자기와 동료들의 충분한 성장을 삶의 지상의 목표로 삼는다.
- 이러한 목표에 도달하기 위해서는 훈련과 현실에 대한 존중이 필요하다는 것을 깨닫는다.
- 또한 한 구조 속에서 이루어지지 않는 성장이란 건전하지 못하다는 것을 알고, 또한 생명의 속성으로서의 구조와 비생명(no-life) 즉, 죽음의 속성으로서의 '질서'라는 구조 사이의 차이를 안다.
- 견딜 수 없는 환경으로부터의 도피로서가 아니라, 실제적인 가능성에 대한 예견으로서 견딜 수 없는 환경을 떨쳐 버리기 위한 수단으로서 상상력을 계발한다.
- 다른 사람을 속이지 말고, 다른 사람으로부터 속임을 당하지도 않는다. 순진한 사람이라고도 불릴 수는 있지만, 천치같이 바보스럽다고 불리지는 않는다.

- 자기 자신을 알려고 노력한다. 알고 있는 자아뿐만 아니라, 자기 자신이 알지 못하고 있는 자아까지도 알려고 노력한다. 비록 자기가 알지 못하고 있는 자아에 대해서는 어렴풋한 자신밖에 가질 수 없다고 할지라도.
- 모든 생명체와 자기가 하나임을 인식하고, 그렇게 함으로써 자연을 정복하고, 지배하고 착취하고, 약탈하고, 파괴하려는 목적을 포기하고 오히려 자연을 이해하고 자연과 협력하도록 노력한다.
- 방종이 아닌, 자기화의 가능성으로의 자유를 구한다. 여기서 찾는 자기는 탐욕의 덩어리가 아니라 성장이냐, 부패냐, 삶이냐 죽음이냐의 양자 택일에 직면한 그 어떤 순간에도 미묘하게 균형을 유지할 수 있는 구조이어야 한다.
- 악과 파괴성은 성장에 실패함으로써 나타나는 필연적 결과임을 안다.
- 불과 소수의 사람만이 이러한 모든 자질을 성취했다는 사실을 안다. 그러나 꼭 목표에 도달하겠다는 야망을 갖지 않으며, 그러한 야망은 탐욕과 소유의 또 다른 형태임을 안다.
- 운명이 자기에게 도달하도록 허용하는 최대한의 지점이 무엇이든, 끊임없이 성장하는 생동성의 과정에서 행복을 느낀다. 왜냐하면 자기가 할 수 있는 한의 충족된 삶이란 매우 만족스러운 것이어서 내가 과연 어떤 것을 성취할 수 있을까? 하는 데 대한 관심이 별로 없게 되기 때문이다.

현대의 인공두뇌적 관료적 산업주의 속에— 그것이 '자본주의'이건 '사회주의'이건 간에— 살고 있는 사람들이 생존의 소유 형태를 분쇄하고 존재 영역을 넓히기 위해 할 수 있는 일을 제시하는 것은 이 책의 범위를 벗어난다. 사실상 그것은 그 자체만으로 한 권의 책이 될 수 있으며, 그 책에는 아마 '존재의 기술(The Art of Being)'이라는 타이틀을 붙이는 것이 적절할 것이다.

그러나 최근 몇 년 동안 안녕으로 이르는 길에 관한 많은 책이 출판되었다. 그 중 어떤 것은 도움이 되지만, 나머지 대다수는 불안에서 도피하려는 사람들의 욕구에 영합하여 판매 부수를 최대한으로 올려 보려는 사기성 때문에 오히려 해독이 되고 있다. 몇몇 가치 있는 책들은 인류의 안녕의 달성이라는 문제에 대해 진지한 관심을 갖고 있는 누구에게나 도움이 될 것이기에 뒷부분의 참고도서 목록에 수록하였다.

제 9 장
새로운 사회의 특징

1. 새로운 인간과학

　새로운 사회의 창조를 가능하게 하려고 할 때, 첫 번째로 요구되는 것은 그러한 시도가 직면하지 않을 수 없는 거의 극복하기 힘든 어려움을 인식해야 한다는 것이다. 필요한 변혁을 성취하기 위한 노력이 별로 기울여지지 않고 있는 가운데 하나는 아마 이 어려움에 관한 인식이 뚜렷하지 못한 데 있을 것이다. 많은 사람들은 '왜 불가능한 일을 가지고 그토록 애를 쓰는가? 차라리 우리가 나아가고 있는 행로(行路)가 가리키는 안전과 행복의 장소로 통하고 있는 것처럼 행동하자'라고 생각한다.
　그러나 무의식적으로 절망하면서도 낙관주의의 가면을 쓰고 있는 이런 사람들이 반드시 현명한 것은 아니다. 희망을 포기하지 않은 사람들이 감정에 흐르지 않는 현실주의자들이 되어서 모든 환상을 떨쳐 버리고 그 어려움을 충분히 그리고 적당하게 평가한다면 성공할 수 있다. 이러한 냉철성이 바로 깨어 있는 '이상주의자'와 몽상적인 '이상주의자'의 차이점인 것이다.

새로운 사회의 건설을 위해서 해결해야 할 난관중 몇 가지만을 언급하면 다음과 같다.

- 전적인 집중을 피하면서, 다시 말하면 낡은 형태의 파시즘이나 혹은 기술주의적인 '미소 짓는 얼굴을 가진 파시즘'(이쪽이 더욱 가능성이 짙다)으로 전락하지 않고도 산업적 생산양식을 지속해 갈 수 있는 방법을 찾아야 할 것이다.
- 대체로, 허구에 불과한 것이 되어 버린 '자유시장경제'를 포기하고 전반적 계획을 고도의 비집중화와 결합시켜야만 할 것이다.
- 경제적인 파국이라는 모험을 피하면서 무한한 성장이라는 목표를 포기하고 선택적 성장이란 목표로 설정해야 할 것이다.
- 물질적인 이득이 아니라, 그와는 다른 정신적 만족이 효과적인 동기가 되는 보편적인 시대 풍조와 작업조건을 창조해야 할 것이다.
- 과학적인 발전을 진전시키면서 동시에 이 과학적 발전의 실제적 응용이 인류를 위험에 빠뜨리지 않도록 해야 할 것이다.
- 사람들로 하여금 최대의 쾌락 충동의 만족이 아닌 안녕과 기쁨을 경험할 수 있게 하는 조건들을 창조해야 할 것이다.
- 각 개인에게 기본적 안정을 제공하면서 한편 그들이 그들을 부양하는 관료 체제에 의존하지 않게 해야만 할 것이다.
- 사업에서보다는 삶에서 개개인이 창의성을 발휘할 가능성을 회복해야 할 것이다(사업에 있어서도 이제는 개인의 창의성은 어떤 방법으로도 더 이상 존재하지 않는다).

기술의 발전 과정에 있어서도 몇몇 난관은 극복할 수 없는 것처럼 보였던 것과 마찬가지로 위에 열거한 난관도 지금은 극복할 수 없는 것처럼 보인다. 그러나 기술의 발전을 가로막았던 어려움은 결국 극복할 수 없는 것은 아니었다. 그 이유는 관찰의 법칙과 자연에 대한 지식이 자연을 조절하기 위한 조건이라고 선언하는 새로운 과학이 확립되었기 때문이다.(프랜시스 베이컨 Francis Bacon의 「新機關 Novum Organum」 1620). 이러한 17세기의 '새로운 과학'은 오늘날까지 산업화된 국가의 가장 뛰어난 두뇌들을 매료시켜 왔으며, 그 결과 인간의 지성이 오랫동안 꿈꾸어 오던 기술의 유토피아를 실현시켜 주었다.

그러나 그로부터 대략 3세기가 지난 오늘날 우리는 완전히 내용이 다른 새로운 과학을 필요로 하고 있다. 우리는 응용과학(Applied Science)과 사회개조학(Art of Social Reconstruction)의 기초로서 인본주의적 인간과학(Humanistic Science of Man)을 필요로 하고 있다.

기술적 유토피아— 예를 들면, 비행 같은 것— 는 새로운 자연과학에 의해 성취되었다. 메시야의 시대에 대한 인간적 유토피아 속에 사는 새로이 연합된 인류의 삶— 도, 우리가 기술의 유토피아의 실현을 위해 바쳐온 만큼의 정력과 지능과 열정을 그것의 실현에 쏟는다면 성취될 수 있다. 줄 베르느(Jules Verne)의 소설을 읽었다고 잠수함을 만들 수는 없으며, 예언서를 읽었다고 해서 인본주의적인 사회가 만들어지는 것도 아니다.

현재의 자연과학 우위에서 새로운 사회과학으로 옮기는 변화가 일어날 것이냐 하는 것은, 아무도 단언할 수 없다. 만약 그런 변화가 일어난다면 우리는 아직도 살아 남을 수 있는 기회가 있지만 그런 변화가 일어나느냐 않느냐 하는 문제는 다음과 같은 한 가지 요인에 달려 있다. 즉, 총명하고 학식이 있고 훈련을 받고, 주의 깊은 사람들이 얼마나 많이 인간 정신에 대한 새로운 도전에 매료되느냐, 또 목표는 자연에 대한 지배가 아니라, 기술에 대한 지배 그리고 전 인류는 아니더라도 서구사회의 생존을 위협하고 있는 비합리적인 사회 세력과 제도에 대한 지배라는 사실에 매료되느냐 하는 점이다.

현재의 위기에 대한 인식이 이루어진다면, 우리의 미래는 가장 탁월한 두뇌들이 새로운 휴머니즘적 인간과학에 헌신적으로 참여하느냐에 달려 있다고 나는 확신하고 있다. 왜냐하면 그들의 집중된 노력만이 위에서 언급한 문제에 대한 해결은 물론, 다음에서 논의된 목표를 성취하는데 도움이 될 수 있을 것이기 때문이다.

'생산수단의 사회화'와 같은 일반적인 목표에 대한 청사진은 주로 사회주의의 부재(不在)를 은폐하려는 사회주의자와 공산주의자의 구호라는 것이 판명되었다. '프롤레타리아의 독재'니 '지적 엘리트의 독재'니 하는 것도 '자유 시장경제'라는 개념이나 마찬가지로 애매 모호하고도 그르치기 쉬운 말이다. 그 점에서는 '자유'국가라는 개념도 마찬가지이다.

마르크스에서 레닌에 이르는 초기의 사회주의자와 공산주의자들은 사회주의 사회나 공산주의 사회에 관한 구체적인 계획을 갖지 못했었다. 이것이 바로 사회주의의 최대의 약점이었다.

존재의 토대가 될 새로운 사회 형태는 많은 고안, 모델, 연구, 그리고 실험을 통해 필요한 것과 가능한 것 사이의 간격을 메우기 시작하는 일이 없이는 생겨나지 않을 것이다. 결국 대규모적인 장기 계획과 첫 단계를 위한 단기 방안을 세워야 할 것이다. 문제는 이 일에 종사하는 사람들의 의지와 인본주의적인 정신이다. 그밖에 것은 문제가 되지 않는다. 사람들이 미래의 비전을 갖게 되고, 또 동시에 그것을 성취하기 위한 구체적 방법으로서 어떠어떠한 일이 단계적으로 행해질 수 있다는 것을 알게 되면 그들은 공포 대신에 용기와 열정을 느끼기 시작할 것이다.

사회의 경제적, 정치적 영역이 인간의 발전에 종속되어야 하는 것이라면 새로운 사회의 모델은 소외되지 않았고, 존재지향적인 개인의 요건에 따라 결정되어야만 한다. 이렇게 되면 인류는 아직도 대다수 인간의 기본적인 문제인 비인간적 빈곤 속에서 살지 않게 되며 오늘날 산업화 세계의 풍요한 계층들처럼 끊임없이 생산의 증대를 요구하며 따라서 끊임없이 소비의 증대를 강요하는 자본주의 생산법칙에 의하여 소비 인간(Homo consumens)이 되도록 강요당하지도 않게 될 것이다.

인류가 그 어느 때보다 자유롭게 되고 병적인 소비로 산업을 살찌우기를 그만둘 수 있으려면 경제 체제의 철저한 변혁이 필요하다. 즉 우리는 인간이 병들어야만 하는 대가로서만 건강한 경제가 가능한 현재의 상황을 종식시키지 않으면 안 된다. 다시 말하여 건강한 사람을 위한 건강한 경제를 건설하는 것이 우리의 과제이다. 이러한 목표에 도달하기 위하여 취해야 할 첫 번째 가장 중요한 조치는 생산이 '건전한 소비'를 위하여 행해지도록 이끄는 것이다. '이윤을 위한 생산 대신 사용을 위한 생산'이라는 전통적인 공식만으로는 불충분하다. 왜냐하면 이 공식은 사용이 어떤 종류의 사용을 가리키는 것인지, 다시 말하여 건전한 사용인지, 병적인 사용인지 분명히 하고 있지 않기 때문이다. 바로 이 점에서 가장 어려운 실제적인 의문이 제기된다. 즉, 어떤 욕구가 건전하고, 어떤 욕구가 병적인가를 누가 결정할 것인가 하는 문제이다. 우리는 한 가지에 관해서만은 확신할 수 있다. 즉 국가가 최선의 것이라고 결정한 것을 시민에게 소비하도록 강요하는 것은 비록, 그것이 최선의 것이라 할지라도 절대로 있어선 안 된다고 하는 것이다. 관료주의적 통제에 의해 소비를 강제적으로 방해한다면 그것은 사람들을 더욱 더 소비에 굶주리게 할 것이다. 점점 더 많은 수의 소비자들이 그들의 소비양식과 생활방식을 바꾸고 싶어 때에만 건전한 소비는 가능해진다. 그리고 이것은 또 사람들에게 지금까지 습관화되어 온 소비 형태보다 더 매력적인 소비 형태를 제시할 때에만 가능하다. 이것은 하룻밤 사이에 또는 어떤 법령에 의해서 이루어질 수 있는 것이 아니다. 점진적인 교육 과정이 필요한데, 이 점에서 정부가 중요한 역할을 담당해야 한다.

무관심하고 병적인 소비에 반대되는 건전한 소비의 규범을 확립하는 것이 국가가 해야 할 기능이다. 원칙적으로 이러한 규범은 확립될 수 있다. 미국의 상품의약품협회(FDA)가 그 좋은 예이다. FDA는 여러 분야의 과학자들이 흔히 장기적 실험을 거쳐 제시한 전문적인 의견을 토대로 하여, 어느 식품 혹은 의약품이 인체에 해로운가를 결정한다. 비슷한 방법으로 심리학자·인류학자·사회학자·철학자·신학자 및 여러 사회 집단이나 소비자 단체의 대표들로 구성된 위원회에서 기타 상품이나 용역의 가치를 결정할 수 있을 것이다.

그러나 무엇이 삶을 향상시키고, 무엇이 삶에 해를 주는가에 관한 조사는 FDA의 문제를 해결하는 데 필요한 것보다는 비교할 수 없을 정도로 훨씬 더 깊은 연구를 필요로 한다. 거의 손조차 대지 못한 상태에 있는 욕구의 본질에 관한 기초 연구는 새로운 인간 과학이 수행해야 할 과제이다. 우리는 어떤 욕구가 문화적 진보의 결과인가, 어느 것이 개인적 성장의 표현이고 어느 것이 산업사회가 개체에게 강요한 합성된 욕구인가, 어느 것이 '능동적'인 것이고, '수동적'인 것인가, 어느 것이 병적인 것이고 어느 것이 정신적 건강에 뿌리 박은 욕구인가를 결정해야 할 필요가 있을 것이다.

　기존의 FDA와는 대조적으로 이 새로운 인도주의적 전문가 단체의 결정은 강제적으로 시행되지 않을 것이며, 다만 시민들의 토론을 위한 지침서 역할만을 할 것이다. 우리는 이미 건강에 유익한 식품과 건강에 해로운 식품의 문제에 대해서는 많은 것을 알게 되었다. 이와 같은 전문가들의 조사결과는 다른 모든 분야에서도 건전한 욕구와 병적인 욕구에 대한 사회의 인식을 증진시키는 데 도움이 될 것이다. 그렇게 되면 사람들은 대부분의 소비가 수동성을 조장한다는 것, 또한 소비지상주의에 의해서만 충족될 수 있는 스피드와 새로움에 대한 욕구는 불안감, 즉 자기 자신으로부터의 내적 도피를 반영한다는 것을 알게 될 것이다. 또한 다음에 해야 할 일이나, 사용해야 할 가장 새로운 도구를 찾는 행위는 자기 자신을 자기 자신이나 다른 사람에게 가까워지지 못하도록 하는 수단에 불과하다는 사실도 깨닫게 될 것이다.

　정부가 바람직한 상품이나 용역의 생산이 이윤을 남길 수 있을 때까지 보조함으로써 이러한 교육 과정을 크게 촉진시킬 수 있다. 건전한 소비를 위한 대규모의 교육적인 캠페인이 이러한 노력에 수반되어야만 할 것이다. 건전한 소비에 대한 욕구를 자극시키는 일치된 노력만이 소비의 양식을 변화시킬 수 있을 것으로 기대되기 때문이다. 만약 오늘날 기업이 사용하고 있는 세뇌적인 광고 방법을 쓰지 않더라도(이것은 기본적 조건이다). 이러한 노력이 오늘날 기업의 광고 효과에 못지 않은 효과를 가져올 수 있다고 기대해도 무리는 아닐 것 같다.

　무엇이 안녕을 진작시키는가? 라는 원리에 따른 선택적인 소비(또는 생산)에 관한 전반적인 계획에 대한 가장 전형적인 반론은 자유시장 경제 하에서는 소비자가 그들이 바라는 바를 정확하게 알고 있으며 따라서 선택적인 생산을 할 필요가 없는 것이다. 이러한 주장은 소비자가 그들에게 유익한 것만을 원한다는 가정에 기초를 두고 있다. 물론 이것은 빤한 거짓말이다.(담배에 관해서 또는 마약에 대해서까지도 이러한 주장을 하는 사람은 아무도 없을 것이다). 이러한 주장이 명백히 무시하고 있는 가장 중요한 사실은 소비자의 욕구는 생산자에 의하여 조작되어 진다는 점이다. 상품간의 경쟁도 심하겠지만 광고의 전반적인 효과는 소비욕을 자극시키는 데 있다. 모든 상사가 그들의 광고를 통하여 이러한 기본적인 영향을 미치려는 점에 있어서는 상부상조하고 있다. 소비자는 서로 경쟁하는 상표들 중에서 선택하는 부차적이고 미덥지 못한 특권을 행사할 뿐이다. 소비자는 왕이다라고 주장하는 사람들은 포드 회사의 '엣셀 Edsel'의 실패가 바로 이와 같은 사실을 입증하는 좋은 예라고 이야기한다. 그러나 엣셀이 크게 성공하지 못했다 해서 별로 달라진 것은 없다. 즉, 엣셀의 광고 선전 역시 자동차를 사도록 하기 위한 광고 선전이었다. —엣셀은 불운했지만, 그 외의 다른 모든 상표의 자동차들이 그 광고의 덕을 보았다— 는 사실을 간과할 수는 없다. 더욱이 기업은 인간에게는 유익하지만 기업에게는 이윤이 적은 상품은 생산하지 않음으로써 소비자의 취향에 영향을 준다.

　오로지 이윤과 팽창에만 근거하여 생산을 결정하는 대기업의 주주나 경영자의 권리를 우리가 철저하게 제어할 수 있을 때에만 건전한 소비가 가능해 진다.

　그러한 변화는 서구 민주주의의 헌법을 고치지 않고도 법률에 의하여 효과적으로 이루어질 수 있다.(이미 공공복리를 위해 재산권을 제안하는 많은 법률이 시행되고 있다.) 문제는 자본의 소유권이 아니라 생산을 지시하는 권력이다. 장기적으로 볼 때, 광고의 암시적인 힘이 없어지기만 하면 소비자의 취향이 무엇을 생산해야 되는가를 결정할 것이다. 그렇게 되면 기존하는 기업은 그들의 시설을 새로운 욕구를 충족시키기 위한 방향으로 전환시키든지, 그들의 불가능한 곳에서는 정부가 소비자가 필요로 하는 새로운 상품과 용역 생산에 필요한 자본을 조달해야만 할 것이다.

이러한 모든 변혁은 서서히 그것도 국민 대다수의 동의하에서만 이루어질 수 있다. 그러나 이러한 변혁은 새로운 형태의 경제체제를 만들어 낼 것이다. 이 새로운 경제체제와 오늘날의 자본주의와의 차이는 오늘날의 자본주의와 소련의 중앙집권적인 국가 자본주의나, 스웨덴의 전체적인 복지 관료주의간의 차이만큼은 엄청날 것이다.

대기업들이 처음부터 그러한 변혁에 저항하기 위해서 그들의 무시무시한 힘을 사용하게 될 것이라는 점은 명백하다. 오로지 건전한 소비에 대한 시민들의 압도적인 욕망만이 대기업의 저항을 분쇄할 수 있을 것이다.

시민들이 소비자의 힘을 과시할 수 있는 효과적인 한 방법은 '불매동맹 (不買同盟)'의 위협을 무기로 쓰는 전투적인 소비자 운동을 전개하는 것이다. 예를 들면, 미국의 자동차 소비 인구 중 20%가 대중 교통 수단에 비하여 자가용은 경제적으로 보아 낭비적이고 생태학적으로 보아 해로우며 심리적으로 해를 끼치는 마약— 즉, 어떤 인위적인 권력 감정을 만들어 내며, 질투심을 불러일으키고, 자기 자신으로부터 도피하는데 도움을 주는 마약—이기 때문에 더 이상 자가용을 구입하지는 않겠다는 결정을 했다고 가정하자. 그것이 자동차 산업—물론 석유회사까지 포함하여—에 얼마나 큰 경제적인 위협이 될 것인가는 경제학자만이 분명히 가늠할 수 있겠지만, 분명히 그러한 불매동맹이 일어난다면 자동차 생산을 중심으로 구축된 국가경제가 심각한 문제에 봉착하리라는 것은 명백하다. 물론 미국 경제가 심각한 타격을 받기를 바라는 사람은 아무도 없다. 그러나 만약(예를 들면 한 달 동안 자동차를 사용하지 않은 것 같은) 그런 위협이 가능하다면 소비자는 모든 생산체제에 변화를 유도하는 강력한 지렛대 역할을 하게 될 것이다.

불매동맹의 커다란 이점은 정부의 어떤 조처를 필요로 하지도 않으며 이에 대한 기업 측의 투쟁은 어렵다는 점(정부가 소비자들이 원하지 않는 상품을 사도록 강요하지 않는 한), 정부가 강제 조치를 취하기 위해 시민 과반수의 동의를 기다릴 필요도 없다는 점 등이다. 왜냐하면 단지 20%의 소수일지라도, 변화를 유도해 내는데 지극히 효과적이기 때문이다. 불매동맹은 정치 노선이나 정치적 구호에 관계없이 실행될 수 있다. 즉, 자유주의자, 보수주의자, 그리고 '좌익' 휴머니스트들까지도 모두 참가할 수 있을 것이다. 왜냐하면 건전하고 인간적인 소비에 대한 갈망이라는 하나의 동기가 그들을 연합시키기 때문이다. 불매동맹에 들어가기 전단계로서 급진적이고, 인본주의적인 소비자 운동의 지도자들이 자기들이 요구하는 변화를 놓고 대기업(또는 정부)과 협상을 벌이게 될 것이다. 그러한 방법은 기본적으로 노동자의 파업을 막거나 끝내기 위한 노동협상을 벌이는 것과 같다.

여기서 문제는 소비자로 하여금, (1) 소비 지상주의에 대한 그들의 부분적인 무의식적 반감과 (2) 일단 인본주의적인 정신을 가진 소비자들이 조직화되면 갖게 될 자기들의 잠재력을 깨닫도록 해 주는 것이다. 그러한 소비자 운동이야말로 진정한 민주주의 발현이 될 것이다. 즉 개개인이 직접적으로 자기의 의견을 나타낼 수 있으며 능동적이고 소외되지 않은 형태로 사회 발전의 방향이 변화되도록 노력하게 될 것이다. 그리고 이런 모든 것은 정치적인 슬로우건이 아니라 개인적인 경험에 그 토대를 두게 될 것이다.

그러나 아무런 효과적인 소비자 운동이라도 대기업의 권력이 오늘날처럼 강하게 유지되는 한 충분한 힘을 발휘할 수 없을 것이다. 왜냐하면 (나날이 강력하게 되어 가는) 대기업의 정부에 대한 지배가 분쇄되지 않는다면, 아직은 존재하고 있는 민주주의의 잔재마저 기술주의적 파시즘이나 사고할 줄 모르는 살진 로봇의 사회, 즉 우리가 두려워하는 '공산주의'라는 이름의 사회 형태로 전락되어 버릴 운명에 처해 있기 때문이다. 미국은 독점금지법에 나타나 있듯이 대기업의 권력을 통제해 온 전통을 가지고 있다. 강력한 대중의 감정만이 이런 법률의 정신을 오늘날의 초 대기업에게 적용케 할 수 있다. 그렇게 되면 이들 초 대기업들은 좀더 작은 단위로 분해될 것이다.

존재에 기초한 사회를 이룩하기 위해서는 모든 사람들은 그들의 경제적 기능에 능동적으로 참여하여야 한다. 따라서 생존의 소유 양식으로부터의 해방은 산업적, 정치적 참여 민주주의를 완전히 실현함으로써만 가능하다.

이러한 주장은 모든 급진적 휴머니스트들의 공감을 얻고 있다. 산업민주주의(industrial democracy)란 다음과 같은 것을 의미한다. 즉 대규모 산업조직 혹은 기타 조직의 각 구성원은 그 조직 내의 생활에서 능동적 역할을 하며, 각 구성원은 충분한 정보를 제공받고 자기의 작업과정, 건강, 안전조치 등의 수준에서부터 어떤 결정을 내리는데 적극 참여하기 시작해서(이것은 스웨덴과 미국의 몇몇 기업에서 이미 시도되어 성공을 거두고 있다.)

결국에는 기업의 높은 수준의 일반 정책 결정에까지 참여해야 한다.

노동조합의 실무자들이 아닌 노동자들과 피고용인들이 각각의 공동정책을 결정하는 기구에서 그들 자신을 대표해야 한다는 점이 특히 중요하다. 산업민주주의란 또한, 기업이 단순히 경제적, 기술적 제도일 뿐만 아니라, 그 속에서의 생활과 기능 방법에 모든 구성원이 능동적이고, 따라서 관심을 가질 수 있는 사회제도이어야 한다는 것을 뜻한다.

정치적 민주주의(Political democracy)의 수행에도 같은 원리가 적용된다. 민주주의가 수동적인 '방관 민주주의(spectator democracy)'에서 능동적인 '참여 민주주의(participatory democracy)'로 전환된다면 민주주의는 권위주의적 위협에 저항할 수 있게 된다. 참여 민주주의 하에서는 공동체의 일이 시민 각자에게 그들의 개인적인 일만큼 밀접하고 중요한 것이 되며, 더 나아가서는 공동체의 안녕이 시민 각자의 관심사가 되는 것이다. 사람들은 공동체에 참여함으로써 그들의 삶이 더욱 흥미 있고 자극적인 것이 된다는 것을 발견하게 된다. 참된 정치적 민주주의는 그 속에서의 삶이 바로 이와 같이 흥미로워야 하는 것이라고 정의할 수도 있다. 바로 그러한 특성에 의해서 참여 민주주의는—'인민 민주주의'나 '중앙집권적 민주주의'와는 대조적으로—비(非)관료주의적이며, 선동적인 정치가의 출현을 실질적으로 배제시키는 분위기를 형성한다.

inside참여 민주주의를 위한 방법을 고안해 내는 일은 아마도 18세기에 민주주의적 헌법을 제정해 내던 일보다 훨씬 더 힘든 일일 것이다. 많은 유능한 사람들이 참여 민주주의 건설을 위해 새로운 원칙과 실천방법을 고안하기 위한 막대한 노력을 기울여야 할 것이다. 이러한 목표를 달성하기 위하여 제기된 많은 가능성의 단 하나로서 나는 내가 20여 년 전에 저술한 《건전한 사회(The Sane Society)》 속에서 언급했던 제안을 다시 한

번 말하고자 한다. 수십 만의 압력집단(foce to face group)(각 집단의 구성원 수는 대략 5백 명 정도)을 만들어서 그들 스스로 경제·외교정책·건강·보육·복지수단 등 분야의 기초적인 문제를 숙고하여 의사결정을 하는 상설 기관이 되도록 한다. 이들 집단들에게는 모든 합당한 정보(이 정보의 특성에 관해서는 후에 기술하겠다)가 제공되어야 할 것이며 그들은 이 정보를 가지고 외부의 아무런 영향을 받지 않고 토론을 하며, 쟁점이 생길 경우는 투표를 행하도록 한다(오늘날의 기술적인 방법을 전제로 한다면 모든 집단의 투표는 하루 이내에 집계될 수 있다). 그러면 이들 집단의 총체가 '하원(下院)'을 형성할 것이며 그들의 결정은 다른 정치 기관의 의사 결정과 함께 입법에 결정적인 영향을 미칠 것이다.

'왜, 이와 같은 공들인 계획을 세워야 하는가 여론 조사가 역시 짧은 시간 내에 전체 국민의 의견을 조사해 낼 수 있을 텐데'라고 의문을 제기할 수도 있다. 이러한 반대는 의사 표현에 관한 가장 문제점 있는 측면을 생각해 보도록 해준다. 여론조사가 토대로 삼은 '의견'이라는 것이 타당한 정보의 혜택이나 비판적인 심사숙고와 토론을 거치지 않은 개개인의 의견 외에 무엇이란 말인가? 더욱이 여론 조사에 응하는 사람들은 그들의 '의견'이 중요시되지도 않으며, 따라서 효과도 없으리라는 사실을 알고 있다. 그러한 여론은 주어진 어떤 순간의 국민들의 의식적인 생각을 나타내고 있을 뿐, 환경이 변하면 반대 의견으로 될 수도 있는 기초적인 경향에 대해서는 아무런 것도 가르쳐 주지 않는다. 정치적인 선거에 있어서도 투표자들은 일단 후보자에게 투표를 하고 난 다음에는 그들이 사건의 진행 경로에 아무런 실제적인 영향력을 미칠 수 없다는 것을 알고 있다. 어떤 점에서는 정치적인 선거가 여론조사보다 더 나쁘다. 왜냐하면 선거는 반쯤, 최면적인 방법을 써서 사고를 무디게 하기 때문이다. 선거는 흥미진진한 주간 연속 방송극이 되어 버려서 후보자들의 희망과 열망으로 가득 차게 되었고, 정치적 문제는 관심 밖이다. 유권자들은 그들이 지지하는 후보자에게 투표를 함으로써 이 드라마에 참여할 수 있을 뿐이다. 비록 겉으로 나타내려고는 하지 않지만 대부분의 사람들은 검투사가 아닌 정치가들이 투기장에서 싸우고 있는 근대적인 로마의 장관에 열광하게 된다.

진정한 확신을 형성하게 되는 데에는 최소한 다음의 두 가지 요건이 필요하다. 즉 타당한 정보와 자기의 결정이 영향력을 가진다는 인식이 되어야 한다는 것이다. 무력한 방관자에 의해 만들어진 의견이란, 그들의 확신을 표현하는 것이 아니라 담배의 상표를 고를 때 어떤 것을 더 좋아하는가를 나타내는 것과 유비가 되는 하나의 게임이다. 이러한 이유에서 여론조사나 선거에서 나타난 의견은 인간의 판단력의 수준에서 볼 때 최선의 것이라기보다는 최악의 것이다. 이런 사실은 사람들이 최선의 판단을 내린다고 볼 수 있는 다음 두 가지 예에서 확인할 수 있다.

(1) 그들의 사사로운 일(요젭, 슘페터 〈Joseph Schumpeter〉가 분명히 지적한 것처럼 특히 사업의 경우에)

(2) 그들이 배심원의 일원이 되었을 때에는 그들의 결정은 정치적인 결정을 내릴 때보다 훨씬 탁월하다. 배심원은 보통의 시민들로 구성되어 있으며 가끔 복잡하고도 이해하기 어려운 문제에 대해 결정을 내려야 한다. 그러나 배심원들은 모든 적절한 정보를 제공받으며, 광범위한 토론을 할 기회가 주어진다. 또한 그들은 그들의 판결이 재판을 받고 있는 사람의 생명과 행복을 결정한

다는 사실도 알고 있다. 그 결과 그들의 결정은 대체로 대단한 통찰력과 객관적 타당성을 보여준다. 반면에 정보가 결핍되고 반(半) 최면 상태의 힘없는 사람들은 진지한 확신을 표현할 수 없다. 정보와 심사숙고가 없고 또 자기의 결정을 효력 있게 할 힘이 없다면 민주적으로 표현된 의견이 스포츠 경기에 보내지는 갈채에 불과한 것이다.

정치생활에의 능동적인 참여를 위해서는 산업과 정치의 최대한의 비중앙집권화가 요구된다.

기존 자본주의에 내재된 논리에 의해 기업과 정부는 점점 대규모화되어 마침내는 거인(巨人)이 되고 만다. 그 거인은 관료주의적 기구를 통해 정점으로부터 중앙통제된다. 인본주의적인 사회로 되기 위한 요건 중의 하나는 이러한 중앙집권화의 과정이 중지되고 대규모적인 분권화가 행해져야 한다는 사실이다. 이렇게 되어야 하는 데에는 여러 가지 이유가 있다. 만약 사회가 멈포드(Mumford)가 말한, 소위 '거대한 기계'로 된다면(말하자면 사람들을 포함한 사회 전체가 중앙에서 통제되는 하나의 커다란 기계같이 된다면) 결국에 가서는 파시즘을 피할 수 없게 된다. 왜냐하면 ① 대중은 순한 양이 되어 비판적 사고능력을 잃어버리며, 무력감을 느끼고, 수동적이 되어 필연적으로 무엇을 할 것인가 아는, 즉 그들이 알지 못하는 모든 것을 '알고 있는' 지도자를 대망하게 되며 ② 이 '거대한 기계'는 누구든지 접근하여 적절한 단추만 누르면 작동해 버리기 때문이다. 그 거대한 기계는 하나의 자동차와 같아서 본래 스스로 작동된다. 즉, 자동차의 핸들을 잡고 있는 사람은 올바른 단추를 누르고 핸들과 브레이크를 조정하며, 다른 비슷한 세부 사항에 약간의 주의를 기울이기만 하면 자동차는 움직이는 것이다. 자동차나 그밖에 기계에 많은 바퀴가 있듯이, 이 거대한 기계에는 여러 단계의 관료주의적 행정이 있다. 평범한 지식과 능률을 가진 사람이라도 권좌(權座)에 앉기만 하면 쉽게 국가를 통치할 수 있게 된다.

정부의 기능이 그 자체가 거대한 집합체인 각 주(州)에 위임되어서는 안 된다. 그것은 사람들이 서로를 알고 서로를 판단할 수 있으며, 따라서 그 자신이 속해 있는 공동체의 업무에 관한 행정에 능동적으로 참여할 수 있는 비교적 규모가 작은 지역 자치단계에 위임되어야만 한다. 기업 내의 분권화는 기존 기업 내의 작은 분과에 강대한 권한을 부여함으로써 거인이 된 대기업을 소집단으로 분해해야 할 것이다.

능동적이고 책임 있는 참여를 위해서는 또한 관료주의적 행정이 인본주의적 행동으로의 대치가 더 한층 요구된다.

대부분의 사람들은 아직도 모든 종류의 대규모적인 행정이 필연적으로 '관료주의적' 행정 즉, 소외된 형태의 행정이 될 수밖에 없다고 믿는다. 그러나 대부분의 사람들은 관료주의적인 풍조가 얼마나 치명적인지, 그리고 그것이 얼마나 철저하게 생활의 모든 영역에까지 침투되어 있는지를 모르고 있다. 관료주의적 풍조는 의사와 환자, 부부간의 관계와 같은 가장 있음직하지 않은 영역에까지 나타난다. 관료주의적 방법은 ① 인간을 물건처럼 다루고, ② 수량화와 통제를 보다 쉽고 값싸게 하기 위해서 이 물건을 질적인 면보다는 양적인 면으로 다루는 것이라고 정의될 수 있다.

관료주의적 방법은 통계자료에 의하여 지배된다. 즉, 관료는 자기 앞에 서 있는 살아 있는 존재에 반응하기보다는 통계자료에 의해 도달하게 된

고정적인 규칙에 기초하여 어떤 일을 결정한다. 그들은 그런 형식에 들어맞지 않는 5-10%의 사람들이 상처를 입는 것을 무릅쓰고 통계적으로 가장 그럴 듯한 사례에 따라 문제를 결정한다. 관료들은 개인적인 책임을 두려워하여 항상 규칙의 이면(裏面)에서 도피처를 찾는다. 그들의 안전과 자부심은 규칙에 대한 그들의 충성에 있는 것이지 인간 양심의 법칙에 대한 충성에 있는 것이 아니다.

아이히만(Eichmann)은 관료주의자의 극단적인 예의다. 아이히만은 유대인이 미워서 수십만의 유대인을 죽게 한 것은 아니다. 그는 누구를 미워하지도 사랑하지도 않았다. 아이히만은 단지 '그의 의무를 다했을' 뿐이다. 그는 유대인을 죽음으로 몰아 넣을 때 마치 그들을 독일로부터 신속히 이민시키는 책임을 맡았을 때처럼 의무에 충실했던 것이다. 그에게는 규칙에 복종하는 것이 지상 과제였다. 그는 그가 규칙에 복종하지 않았을 때에만 죄의식을 느꼈다. 그는 단지, 학생 시절에 무단 결석했을 때와, 공습 기간중에 대피하라는 명령을 지키지 못했을 때의 두 경우에만 양심의 가책을 느꼈다고 진술했다.(그의 이러한 진술은 후에 재판 과정에서 그에게 불리한 것이었다). 이것은 물론 아이히만이나 다른 관료들에게 사디즘적인 요소— 다른 살아 있는 생물을 통제함으로써 만족을 얻는— 가 없었다는 것을 의미하지는 않는다. 그러나 이러한 사디즘적인 경향이 관료들에게는 단지 부차적인 요소에 불과하다. 그들에게 있어서 일차적인 요소는 인간적인 반응의 결핍과 규칙에 대한 숭배이다.

모든 관료주의자가 아이히만과 같다는 것은 아니다. 첫째로 관료의 지위에 있는 많은 사람들이 성격논리학적 의미에서의 관료는 아니다. 둘째로, 많은 경우에 있어서 관료주의적 태도가 그 인간 전체를 지배하여 그의 인간적인 측면까지 말살해 버리는 것은 아니다. 그러나 관료주의자들 중에는 아직도 많은 아이히만이 있다. 다만, 다른 점이 있다면 그들은 수천의 사람을 죽일 필요가 없었다는 점뿐이다. 병원의 관료가 환자는 의사의 처방이 있어야 한다는 그 병원의 규칙 때문에 중환자를 거절했을 때, 그의 관료 행동은 아이히만이 했던 것과 전혀 다를 바 없다. 관료주의적 규약의 어떤 규칙을 위반하기보다는 사회복지를 받는 빈민을 굶주리도록 내버려두기로 결정한 사회사업가의 행동도 마찬가지다. 이러한 관료주의적 태도는 단지, 행정가들 중에만 있는 것은 아니다. 그것은 의사·간호원·교사·교수들 중에도 많은 부부관계와 부모와 자식들과의 관계 속에도 살아 있다.

일단, 살아 있는 인간이 하나의 숫자로 격하되면 진정한 의미에서의 관료주의자는 철저히 잔인한 행동을 할 수 있다. 그것은 그들의 대상물에 대하여 아무런 인간적인 연대감도 느끼지 못하기 때문이다. 관료는 사디스트보다는 덜 포악하지만 더욱 위험스럽다. 왜냐하면, 그들은 양심과 의무 사이에 아무런 갈등도 느끼지 않기 때문이다. 그들의 양심이란 바로 그들의 의무를 다하는 것이기 때문에 동정과 공감의 대상으로서의 인간이란 그들에게는 존재하지 않는다.

쉽게 불친절하게 되는 구식의 관료가 아직도 오래 전에 설립된 기업이나 복지후생성, 병원, 교도소와 같은 거대한 조직에 존재하고 있으며 그런 곳에서는 일개 관리라도 가난하고, 이렇다 할 힘없는 사람들에게 무시할 수 없는 권력을 휘두른다. 오늘날의 산업사회의 관료는 사람들에게 권력을 행사함으로써 어떤 쾌락을 맛보기는 하지만, 불친절하지도 않고 사디즘적 경향도 거의 없다. 그러나 역시 우리는 그들 속에서 사물— 그들의 경우에는 체제— 에 대한 저 관료주의적인 충성심을 찾아 낼 수 있다. 그들은 체제를 믿고 있다. 회사는 그들의 가정이며 회사의 규칙은 그것이 '합리적'이라는 이유로 신성시된다.

그러나 구식의 관료이건 신식의 관료이건 간에 관료는 참여 민주주의와 공존할 수 없다. 왜냐하면 관료주의적인 정신과 개인의 능동적인 참여 정신은 양립할 수 없기 때문이다. 새로운 사회과학자들은 비관료적이고 대규모적인 새로운 행정 형태를 고안해 내야만 한다. 그리고 그 새로운 형태는 단순한 규칙의 적용에 의해서가 아닌 백성들과 상황에 대한 반응('책임'을 반영하고 있는)에 의해 관리되는 형태여야 한다. 비관료주의적인 행정은 행정가들에 가능한 한 자발적인 반응이 어느 정도 보장되고, 비용 절감에 대한 맹목적인 숭배가 조장되지 않을 때에야 가능해진다.

존재적 사회를 이룩하는 데 있어서의 성패는 그밖에 여러 가지 조치에 달려 있기도 하다. 아래에서 제시하는 방안이 나의 독창적인 생각이라고 주장할 마음은 없다. 그와는 반대로 다음에 제시하는 생각의 대부분이 인본주의적인 저작가들에 의하여 이러저러한 형식으로 이미 제시되었던 것이라는 사실에 나는 크게 고무되어 있다.[23]

기업광고와 정치적 선전에 있어서 모든 세뇌적인 방법은 금지되어야 한다.

이 세뇌적인 방법은 우리가 필요로 하지도 원하지도 않는 물건을 사도록 강요할 뿐 아니라 만일 우리가 우리의 제 정신을 충분히 조정할 수 있다

---

[23] 이 책의 부담을 줄이기 위해서 비슷한 제안을 하고 있는 많은 문헌들의 인용을 삼가했다(참고문헌 목록을 참조할 것).

면 원하지도 필요로 하지도 않을 정치적인 대표자를 선택하도록 유도하기 때문에 위험한 것이다. 그러나 우리가 선전에 넘어가도록 최면적 방법이 사용되고 있기 때문에 우리는 우리 제정신을 완전히 조절하지 못하고 있다. 따라서 이처럼 계속 점증하는 위험과 싸우기 위해서는 우리가 상품은 물론 정치가들을 위한 모든 형태의 최면적인 선전을 금지시켜야만 한다.

광고와 정치적인 선동에 사용되어 온 최면적인 방법은 정치적인 건강, 특히 명확하고도 비판적인 사고와 감정상의 독립에 심각하게 위험하다. 철저히 연구해 보면, 마약중독에 의한 피해는 세뇌적인 방법이 주는 피해의 극히 일부에 지나지 않는다는 사실이 밝혀질 것이라고 나는 확신하고 있다. 잠재의식적 암시로부터 끊임없는 반복의 방법이나, 성욕에의 호소로 우리의 합리적 사고를 빗나가게 하는 것과 같은 반(半) 최면적 방법('나는 린다입니다. 나를 올라타십시오')에 이르기까지 갖가지 세뇌적 방법이 우리의 정신에 엄청난 피해를 주고 있다. 순전히 암시적 방법으로 폭격처럼 쏟아지는 광고, 무엇보다도 텔레비전 C. M은 우리의 정신을 둔화시키고 있다.

이상과 현실 감각에 대한 이러한 공격은 어디에 있든지, 매일 어느 때라도 각 개인은 벗어날 수가 없다. 텔레비전을 보고 있을 때도, 고속도로를 자동차로 달릴 때도, 후보자의 정치 연설을 들을 때 등등 언제 어디서나 마찬가지다. 이러한 암시적인 방법이 갖는 특수한 효과는 우리를 몽롱하게 하고 믿지도 않고 믿지 않는 것도 아닌 모호한 의식 상태에 빠뜨리며 우리의 현실 감각을 상실케 하는 분위기를 만들어 내는 것이다.

대중적 암시의 해독을 중지시키면 소비자들은 금단(禁斷) 효과를 나타낼 것이다. 그것은 마약 중독자가 마약 복용을 끊었을 때 나타나는 금단 증상과 별로 다를 바 없다.

부국과 빈국의 격차는 좁혀져야 한다.

빈부국간의 격차가 지속되고 더욱 심화되면 대재난이 오리라는 것은 별로 의심할 여지가 없다. 가난한 나라들은 산업화된 국가에 의한 경제적인 착취를 이제 신에 의해 주어진 숙명으로 받아들이지 않게 되었다. 소련은 아직도 식민지식 방법으로 그의 위성국들을 착취하면서도 식민지 국민들의 저항을 서구에 대한 정치적인 무기로 이용하며 보강하고 있다.

원유가의 인상은 원료를 싸게 사서 산업 생산물들을 비싸게 사도록 강요하는 체제를 종식시키기 위한 식민지 백성의 요구의 서막이자 상징이다. 역시 같은 의미에서 베트남 전쟁은 식민지 제민족(諸民族)의 정치적 군사적 지배의 종식을 알리는 서막의 상징이었다.

격차를 줄이기 위해 아무런 결정적인 행동이 일어나지 않는다면 어떠한 결과가 올까? 백인 사회의 요새 속으로 역병이 퍼져 들어오거나 기근이 가난한 나라의 국민을 절망으로 몰아넣을 것이며 그들은 아마도 산업화된 세계의 동정자들의 도움을 받아 파괴 행동을 자행하게 될 것이며, 심지어는 조그마한 핵무기나 생물학적 무기를 사용하여 백인의 요새를 혼돈으로 몰아넣을 것이다.

그러므로 굶주림과 기아와 질병을 일으키는 원인들이 억제되었을 때에만, 이러한 대재난의 가능성을 막아낼 수 있다. 또한 그렇게 하기 위해서는 산업화된 국가의 도움이 절대적으로 필요하다. 그러한 도움의 방법은 부국들의 경제적인 이해 관계나 정치적인 이권이 개입되지 않고 무상으로 주어져야 한다. 이것은 또한 자본주의의 정치적, 경제적 원칙을 아시아와 아프리카에 이식시키려는 의도 없이 주어져야 한다. 물론, 경제적인 원조를 제공하는 가장 효과적인 방법은 경제 전문가들이 결정해야 할 문제이다.

그러나 진정한 전문가라고 규정될 수 있는 사람들만이, 그리고 명석한 두뇌뿐만 아니라, 최상의 해결책을 모색하려고 애쓰는 인간적인 심정을 가진 사람들도 이러한 목적에 봉사할 수 있다. 이러한 전문가들을 규합하고 또 그들의 권고에 따르기 위해서는 소유 지향은 크게 약화되고, 연대감, 보살핌(동정이 아니다) 등이 되살아나야만 한다. 여기서 말하는 보살핌은 이 지구상에 현재 살아 있는 동료 인간들에 대한 보살핌뿐만 아니라, 우리들 후손들에 대한 보살핌까지도 의미하는 것이다.

실로 지구상의 천연자원을 계속해서 낭비하고 지구를 오염시키며, 핵전쟁을 준비하는 등의 행위보다도 우리의 이기심을 더 잘 드러내 주는 것은 없다. 우리는 우리들의 후손에게 이처럼 약탈당한 지구를 아무런 주저 없이 유산으로 물려주려 하고 있다.

이러한 내적 변환이 과연 일어날 것인가? 아무도 모른다. 그러나 세계가 알아두어야 할 한 가지 분명한 사실은 이런 내적 변화가 일어나지 않는 한 빈부국간의 격차는 손 댈 수 없는 지경에까지 이르게 될 것이라는 점이다.

오늘날 자본주의 및 공산주의 사회의 수많은 해악(害惡)은 보장된 연간 수입을 도입함으로써 없어질 것이다.

이 생각의 핵심은 모두 인간이 그가 노동하든 안 하든 관계없이 굶주림에서 벗어나고 주거를 가질 절대적인 권리를 가져야 한다는 것이다. 그들은 그들의 생존을 유지해 가는 데 기본적으로 필요한 것보다 더 많이 받을 필요도 없지만 그것보다 적게 받아서도 안 된다. 이러한 권리는 기독교에서도 요구되었고, 많은 '원시' 종족들 사이에서 실행되어 온 오래된 규범이지만, 오늘날에는 새로운 개념을 표현하게 되었다. 즉, 인간은 그들이 '사회에 대한 의무'를 다하든 다하지 않든 관계없이 생존의 절대적인 권리를 보장받는다는 것이다. 그러나 현재 이것은 우리의 애완 동물에게나 보장된 권리이지 우리의 동료 인간들에게 보장된 권리는 아니다.

개인적인 자유의 영역은 그러한 법률에 의해 엄청나게 넓혀질 것이다. 경제적으로 다른 사람(예를 들면 부모·남편·사장)들에게 의존하고 있는 사람들은 기아의 공갈에 굴복되지 않게 될 것이며, 다른 생활을 하고 싶어하는 재능 있는 사람들은 그들이 잠시 동안 어느 정도 궁핍한 생활을 감수할 용의만 있다면, 그렇게 할 수 있는 것이다. 현대 복지국가는 이러한 원칙을 거의 받아들였다. 그러나 거의라는 말은 실제로는 '진정으로 받아들이고 있지 않다'는 뜻이다. 관료주의가 아직도 국민을 '통치'하고 지배하며 굴욕을 주고 있는 것이다. 그러나 연간 소득이 보장되면 조그마한 방과 최소한의 음식물을 얻기 위하여 요구되는 궁핍하다는 '증거서류'를 갖출 필요는 없게 된다. 따라서 원래부터 낭비적이고 인간의 존엄성을 침해하는 복지 계획을 운영할 어떤 관료제도도 필요 없게 된다.

연간수입이 보장되어야 진정한 자유와 독립도 보장된다. 이러한 이유에서 착취나 통제에 근거한 체제, 특히 여러 형태의 독재 체제에서는 이런 계획이 용납될 수가 없다. 가장 단순한 상품의 무료상품(가령, 무료 승차권 무료 우유 급여)의 제안도 끈질기게 거부해 온 것이 소련 체제의 특징이다. 다만, 무료 의료 봉사만은 예외이다. 그러나 완전히 예외는 분명 아니다. 왜냐하면 이 경우 무료 봉사는 분명한 조건이 있어야 하기 때문이다. 즉,

몸이 아파야만 무료치료는 받을 수 있는 것이다.

대규모적인 복지 관료 체제를 운영하는 데 필요한 현재의 비용과 그리고 육체적 정신 신체적 질병·범죄·마약중독(이 모든 것은 대체로 강제와 권태에 대한 갖가지 형태의 저항이다)을 다루는 데 드는 비용을 고려해 본다면, 필요한 사람에게 일정액의 연간수입을 보장해 주는데 드는 비용이 이러한 사회보장 체제를 유지하는 데 드는 비용보다 적은 것으로 짐작된다.

이러한 생각은 '사람은 원래, 천성적으로 게으르다'라고 믿고 있는 사람에게는 실행 가능성도 없고, 또 위험한 생각으로 보일 것이다. 그러나 그러한 상투적인 생각은 사실상 아무런 근거도 없다. 그것은 힘없는 사람들에 대한 권력의식을 포기하지 않겠다는 저항을 합리화시켜 주는 슬로우건에 불과하다.

여성은 가부장적 지배에서 해방되어야 한다.

가부장적 지배로부터의 여성의 해방은 사회가 인간화되는데 근본적인 요인이다. 남성에 의한 여성 지배는 지금으로부터 약6천년 전, 즉 농업생산의 잉여로 인하여 노동자의 고용과 착취, 군대의 조직, 강대한 도시 국가의 건설 등이 가능하게 되었을 때부터 시작된 것이다.24)

그 이래 중동과 서방 사회뿐만 아니라 대부분의 세계 문명은 여성을 정복한 '남성 연합체'에 의해 지배되어 왔다. 여성에 대한 남성의 이러한 승리는 남성의 경제력과 그들이 건설한 군사적인 기구에 그 근거를 두고 있다.

양성(兩性)간의 싸움은 계급간의 싸움만큼 오래 된 것이다. 그러나 양

---

24) 나는 「THE ANATOMY OF HUMAN DESTRUCTIVENESS」라는 책에서 초기의 모계사회와 그에 관련된 문헌을 논의했다.

성간의 싸움은 좀더 복잡하다. 왜냐하면 남성은 여성을 노동하는 짐승으로서 뿐만 아니라, 어머니로서 애인으로서, 또 위안자로서 필요로 하기 때문이다. 양성간의 싸움의 형식은 종종 공공연하고도 잔인한 형태를 띠지만 대부분은 은폐되어 있다. 여성은 힘의 우위에 복종하지만 그들 자신의 무기로써 반격해 온다. 남성을 조롱하는 것이 여성의 주된 무기이다.

　인류의 절반을 인류의 다른 절반이 정복해 왔고, 또 아직도 정복하고 있다는 것은 양성(兩性) 모두에게 막대한 손해가 되고 있다. 왜냐하면 남성은 승리자로서의 특성이, 여성은 희생자로서의 특성이 몸에 배어 있기 때문이다. 남성과 여성간의 이런 관계는 오늘날까지도 남성 쪽에서는 우월감이라는, 여성 쪽에서는— 비록 의식적으로 남성 우위에 저항하고 있는 여성들까지도— 열등감이라는 서로간의 저주에서 풀려나지 못하고 있다.(의심할 바 없는 남성우월론자인 프로이드는 불행하게도 다음과 같은 전제 위에 서 있다. 즉, 여성의 무력감은 음경(페니스)이 없다는 그들의 추정된 실망감에 기인하는 것이며, 남성들은 일반적으로 추정된 '거세(去勢)공포' 때문에 불안정하다는 것이다. 이런 현상에 대해 우리가 다루고 있는 것은 양성간에 일어나는 싸움의 증상이지 생물학적, 해부학적 차이는 아니다.)

　여성에 대한 남성 지배가 무력한 대중에 대한 강력한 집단의 지배와 무척 유사하다는 것을 우리는 많은 자료를 통하여 알아 낼 수 있다. 예를 들면, 백 년전 미국 남부의 흑인의 상황과 당시의 여성의 상황의 유사함을 생각해 보라. 오늘날도 이것은 마찬가지이다. 흑인과 여성은 흔히 어린애로 비유된다. 즉, 그들은 감정적이고 어리석고 현실 감각이 없기 때문에 그들이 내리는 결정은 신뢰할 수 없다고 여겨졌다. 그들은 책임감은 없지만 매력적이라고 생각되었다. (프로이드는 여기에다가 여성은 남성보다 덜 발달된 양심— 초자아를 가지고 있으며 더욱 자기 도취적이라는 항목을 추가했다.)

　약자에 대한 권력의 행사는 기존하는 가부장제의 본질이다. 또한 그것은 비산업화된 국가에 대한 지배나 어린애나 청소년에 대한 지배의 본질이기도 하다. 따라서 여성 해방운동의 성장은 중대한 의미를 갖는다. 왜냐하면 이것은 오늘날의 사회가— 자본주의이건 공산주의이건 똑같이 근거로 하고 있는 권력의 원리에 대한 위협이 되기 때문이다. 즉, 여성의 해방이 식민지 백성에 대한 지배와 같은 식으로 다른 그룹에 대해 남성이 지배하는 것에 전혀 참여하지 않음을 의미할 경우라면, 현사회의 권력의 원리에 대한 위협이 된다는 것이다. 만약 여성 해방운동이 '반권력'의 대표자로서의 자신의 역할과 기능을 주체적으로 의식할 수 있다면, 여성은 새로운 사회를 위한 투쟁에 결정적인 영향을 미치게 될 것이다.

　해방을 위한 기초적인 변화는 이미 이루어져 있다. 후세의 사가들은 20세기의 가장 혁명적인 사건은 여성 해방의 시작과 남성 우위의 붕괴였다고 기술한 것이다. 그러나 여성 해방을 위한 투쟁은 이제 막 시작되었으며 남성의 저항도 과대평가 될 수 없다. 성적인 관계를 포함한 남성의 여성에 대한 전반적 관계는 가상적인 우월감에 도취되어 온 것이며, 남성들도 이미 남성 우위의 신화를 거부한 여성들에 맞대서 불안감과 걱정을 느끼기 시작했기 때문이다.

　여성 해방운동은 젊은 세대의 반 권위주의적 전환과 밀접한 관련을 갖고 있다. 젊은 세대의 반권위주의 운동은 지난 60년대에 그 절정을 이루었다. 많은 변화 과정을 거치면서, 이제 '체제'에 대한 많은 반항들이 근본적으로 다시 '선량해졌다'. 그러나 가부장적, 또는 다른 권위에 대한 옛날의 숭배는 그 기세가 꺾여 버렸으며, 권위에 대한 옛날의 '외경'은 되살아나지 않을 것 같다.

권위로부터의 해방과 병행하여 성(性)에 대한 죄의식으로부터의 해방이 나타났다. 이제 분명히 성에 대한 이야기가 금지시되거나 죄악시되지는 않는 것 같다. 성의 혁명의 여러 측면에 대한 상대적인 장점에는 여러 가지의 다른 의견이 있을 수 있겠지만, 한 가지만은 확실하다. 즉 성은 더 이상 사람들을 놀라게 하지 않으며, 죄의식을 불러일으키는 수단으로 사용되지도 못할 것이며, 그럼으로 해서, 더 이상 성 때문에 복종이 강요되지도 않을 것이다.

정부, 정치가, 시민들에게 지식을 필요로 하는 모든 문제에 대하여 조언을 해줄 임무를 지는 최고 문화협의회(Supreme Cultural Council)가 설립되어야 한다.

최고 문화협의회의 구성원은 그 나라의 지식인과 예술가 집단의 대표들로서 그들의 성실성을 의심할 바 없는 남자들과 여자들로 구성되어야 할 것이다. FDA의 확장된 형태인 새로운 조직체의 구성을 그들이 결정할 것이며, 정보를 보급할 책임을 맡을 사람들도 뽑아야 할 것이다.

누가 문화 각 분야의 탁월한 대표자냐 하는 데는 실질적인 의견 일치가 이루어져 있다. 따라서 그러한 협의회에 적합한 자격을 갖춘 사람들을 발견할 수 있다고 나는 믿는다. 물론 이 협의체는 기존 견해에 반대하는 입장을 취하는 사람들, 예컨대 경제학·역사학·사회학 분야의 '급진주의자'와 '개혁론자'들을 대변해야 하며, 이것은 결정적인 중요성을 갖는다.

이 일을 수행하는 데 따르는 어려움은 협의회의 구성원을 찾는 데 있지 않고, 그들을 선택하는 데 있다. 왜냐하면 그들을 국민투표에 의하여 선택할 수도 없는 일이고, 그렇다고 정부가 지명할 수도 없기 때문이다. 그래서 그들은 선택하기 위한 다른 방법이 모색되어야 한다. 예를 들면 3, 4명의 핵심 멤버를 찾아낸 다음, 점차 넓혀서 그 그룹에 필요한 전체 인원, 말하자면 50-100명 등으로 확대할 수 있을 것이다. 이러한 문화 협의회는 제반 문제에 관한 특수한 연구를 위임할 수 있도록 충분한 재정이 보장되어야 할 것이다.

유효한 정보를 효과적으로 보급하기 위한 체계도 설립되어야 한다.

정보는 효과적인 민주정치의 형성을 위한 결정적 요소이다. '국가의 안전'이라는 가장된 이권하에 정보를 은폐한다거나 왜곡하는 일은 종식되어야 한다. 그러나 그처럼 부당한 정보의 은폐가 없다 하더라도 현재 일반 시민에게 주어지는 필요한 실제적인 정보의 양이 전무한 상태라는데 문제가 있다. 또한 이것은 일반 시민의 경우뿐만 아니다. 흔히 보아 온 바와 같이, 피선된 대표자들, 정부의 관리, 군대의 지도자들, 기업체의 지도자들도 정보가 빈약하며 정부의 여러 대리 기관들이 퍼뜨리고 보도기관들이 반복하는 아주 거짓된 정보를 제공받고 있다. 바꾸어 말하자면 불행하게도 이들의 대부분은 기껏해야 전적으로 조작된 지식을 갖고 있을 뿐이다. 그들은 배후에서 작용하고 있는 힘을 거의 이해할 능력이 없다. 그래서 우리가 흔히 들어온 그들의 이기심과 부정직이 아니더라도, 장래의 발전에 대해 올바른 판단을 내릴 능력을 거의 갖추고 있지 못하다. 그러나 세계가 직면하고 있는 대재난을 해결하기 위해서는 정직하고 지식 있는 관료가 되는 것만으로는 충분하지 않다.

몇몇의 '대(大)' 신문을 제외한다면 정치·경제·사회의 자료에 관한 사실적인 정보마저도 극도로 제한되어 있다. 소위, 대(大)신문들은 정보 제공이 나은 편이지만 정보를 잘못 알리는 데에도 앞장선다. 뉴스의 편파적인 취사 선택, 편향적인 제목, 흔히 기사 내용과 잘 맞지 않는 제목, 겉으로는 합리적, 교훈적인 언어로 위장되어 있는 당파적인 사설 등으로 그들은 정보를 왜곡한다. 사실상 신문·잡지·텔레비전·라디오 등은 사건을 원료로 하여 뉴스라는 상품을 생산해 낸다. 뉴스만이 팔릴 수 있으며, 따라서 뉴스 미디어가 어느 사건이 뉴스이고, 어느 사건이 뉴스가 아닌가를 결정한다. 정보라는 것도 기껏해야 기성품이며 사건의 표면적인 현상만을 언급할 뿐, 따라서 시민들에게 사건의 이면을 꿰뚫어 보고 사건의 보다 깊은 원인을 알아낼 수 있는 기회를 거의 제공하지 않는다. 뉴스의 판매가 기업인 한, 신문이나 잡지는 (무절제한 갖가지 방법으로) 팔릴 출판물만을 인쇄하고 광고주의 비위를 건드리지 않는 기사를 실을 수밖에 없을 것이다.

충분히 제공된 정보를 통한 의견이나, 결정이 가능하도록 하려면 정보의 문제가 다른 방법으로 해결되어야 한다. 그와 같은 방법의 실례로 한 가지만을 언급해 둔다. 즉, 최고 문화 협의회의 제 일차적이며, 가장 중요한 기능 중의 하나는 전국민의 필요에 봉사할 수 있는 모든 정보를 모아 보급하고 특히, 참여 민주주의의 대면 집단에게 토론의 근거를 마련해 주어야 할 것이다. 이러한 정보는 정치적인 결정이 행해지는 모든 분야의 기초적인 사실과 기초적인 대안을 포함하고 있어야 한다. 의견이 대립되어 있을 경우 소수의 의견과 다수의 의견을 모두 발표해서 이것을 모두 시민 특히 대면 집단들에게 모두 이용할 수 있게 하는 것이 중요하다. 최고 문화 협의회는 이 새로운 뉴스를 보고 기구의 임무를 감독할 책임을 질 것이며,

물론 라디오와 텔레비전은 이러한 정보를 보급하는 데 중요한 역할을 하게 될 것이다.

과학적 탐구는 산업과 국가 방위에 적용하는 일과는 분리되어야 한다.

지식에 대한 요구에 어떤 제한을 가한다는 것이 한편으로는 인간 발전의 장애물이 되겠지만, 과학적 탐구의 결과를 모두 실제적으로 응용한다면 극히 위험할 것이다. 많은 사람들이 강조해서 주장해 온 것처럼 유전학이나 뇌수술, 정신의약, 그 외 다른 많은 분야의 어떤 발견은 잘못 이용되면 인간에게 커다란 해가 될 것이다. 그러나 산업적 군사적 이점을 위해 모든 새로운 이론적 발견이 자유롭게 적용되도록 허용하는 한 그 위험은 피할 수가 없다. 따라서 기업의 이윤이나 군사적인 편의를 위해서 과학적인 탐구를 응용하려는 결정은 종식되어야 하며, 새로운 이론적 발견을 실제로 응용할 필요성의 여부를 결정하는 통제 기구가 마련되어야 한다. 그러한 통제 기구는 물론 법적으로나 심리적으로 기업과 정부와 군대로부터 완전히 독립되어야 한다.

최고 문화협의회가 이 통제 기구를 임명하고 감독할 권한을 가져야 할 것이다.

- 지금까지 제시된 모든 제안을 실현하는 데에는 많은 어려움이 있겠지만 여기에다 새로운 사회의 또 하나의 필수 요건, 즉 핵의 축소를 첨가하게 되면 이 어려움은 거의 극복하기 어렵게 된다.

우리 경제의 병적인 요소의 하나는 대규모적인 군수 사업을 필요로 한다는 점이다. 오늘날 세계 최대의 부국인 미국에서조차 군사 예산의 부담 때문에 건강과 복지와 교육에 관한 예산을 삭감하지 않을 수 없다. 국가가 살상의 수단으로서밖에 쓸모가 없는 중무기의 생산 때문에 그 재원을 탕진하여 빈곤해지는 한, 사회적 실험의 비용을 감당해 낼 수는 없을 것 같다. 더욱이 나날이 강대해져 가는 군사적 관료 체제가 공포와 종속을 더욱 가중시키고 있는 분위기에서는 개인주의와 능동성의 정신이 살아남을 수 없다.

2. 새로운 사회 : 그 실현이 가능한 적당한 기회는 과연 있을 것인가?

단번에 세계의 많은 지역에 기근을 몰아올 수 있는 기후의 급변 같은 현상은 차치하고라도 대기업의 권력, 대중전반의 무관심과 무능력, 거의 모든 나라들의 부적절한 정치적 지도자들, 핵전쟁의 위협, 생태학적 위험 등을 고려해 볼 때 과연 구원의 적당한 기회가 있을까? 사업거래의 관점에서 볼 때 단지 2%의 승산에다가 자기의 운명을 걸거나 이득의 가능성이 거의 없는 위험한 사업에다가 막대한 자본을 투자할 사람은 제 정신을 가진 사람 중에는 하나도 없을 것이기 때문이다. 그러나 그것이 죽느냐 사느냐 하는 문제라면, 그 가능성이 아무리 작더라도 '적당한 기회'는 '현실적 가능성'으로 해석되어야 한다.

생명이란 운에 맡긴 게임도 아니고, 사업상의 거래도 아니다. 그러므로 우리는 어떻게 해서든지 구체의 가능성을 인정하고 찾아야 한다.

일례로 의술의 경우를 생각해 보자. 가령 환자가 회복할 가능성이 거의 없을 때라도 책임 있는 의사라면 '포기합시다. 가망 없습니다'라고 말한다든지 진통제만을 투여한다든지 하지는 않을 것이다. 반대로 환자의 생명을 구하기 위해 동원할 수 있는 모든 방법을 강구할 것이다. 병든 사회의 경우에도 조금도 다를 바 없다.

생명의 관점에서가 아닌 투기나 상업의 관점에서 현 사회의 구제의 가능성을 판단하는 것은 상업사회 정신이 특정인 것이다. 정서가 없이 작업이나 오락으로 우리가 바쁘게 살아가는 것은 크게 잘못된 것이 아니라는 오늘날의 유행하고 있는 기술 정치적(technocratic) 견해는 별로 지혜로운 견해가 아니다. 이 기술 정치적 견해는 만약 잘못이 있다고 하더라도, 그래서 마침내 기술 정치적 파시즘이 나타나더라도 별로 나쁘지 않을는지도 모른다고 보고 있는 것이다. 그러나 이것은 바람직한 사고가 아니다. 기술정치적 파시즘은 필연적으로 파국을 초래할 것이다. 비인간화된 인간은 너무 광적이 된 나머지, 장기적으로는 생존할 수 있는 사회를 지탱해 나갈 수 없을 것이며, 단기적으로는 핵무기나 생물학적 무기의 자폭적인 사용을 억제할 수 없을 것이다.

그러나 우리의 용기를 북돋아 주는 몇 개의 요소가 있다. 첫째는 점점 많은 사람들이 메사로빅(Mesarovic), 페스텔(pestel), 두 사람의 에를리히(Anne H. Ehrlich와 Paul R. Ehrlich), 그리고 다른 많은 사람들이 주장해 온 진실을 인식하기 시작했다는 점이다. 이 진실이란, 만약 서구 사회가 파멸하지 않으려면 순수한 경제적인 기초 위에서 새로운 윤리, 자연에 대한 새로운 태도, 인간적 유대, 협동이 필요하다는 것이다. 감정적·윤리적 고려는 차치하고라도, 이성에 대한 이러한 호소는 적지 않은 사람들의 마음을 움직일 수 있을 것이다. 그렇기는 하지만 역사적으로 보아 여러 가지 국가가 때때로 그의 중대한 이해관계, 더 나아가서는 생존에 대한 충동에까지도 반대되는 행동을 해 왔다는 사실을 가볍게 취급해서는 안 된다. 국민이 자기들은 지금 '죽느냐 사느냐'의 중대한 선택에 봉착해 있지는 않다고 그들의 지도자들에게 설득 당하고 또 국민 스스로 자신을 설득하여 그렇게 믿게 되었기 때문에 국가가 그렇게 행동을 취할 수 있었던 것이다. 그들이 진실을 인식했더라면 정상적인 신경생리학적 반응이 일어났을 것이다. 즉, 중대한 위협에 대한 자각이 거기에 대한 적절한 방어 행동을 일으켰을 것이다.

또 하나의 희망적인 조짐은 현대의 사회체제에 대한 불만의 표시가 늘어나고 있다는 점이다. 점점 많은 사람들이 금세기의 질병(La malaise du Siecle)을 느끼고 있다. 그들은 억압을 느끼고 있으며 그것을 억제하려는 모든 노력에도 불구하고 그 억압을 의식하고 있다. 그들은 고립의 불행과 더불어 함께 있음의 공허를 느낀다. 많은 사람들이 이러한 모든 것을 분명히 의식적으로 느끼고 있다. 나머지의 사람들도 분명히 느끼지는 못하지만 다른 누가 말해 주기만 하면 충분히 그것을 인식할 수 있게 되었다.

세계 역사상 공허한 쾌락적 생활은 단지 소수 엘리트에게만 가능하였다. 그들은 본질적으로 제 정신을 차리고 있었다. 그들은 자신이 권력을 쥐고 있음을 알고 있었으며 권력을 잃지 않기 위해서 생각하고 행동해야 된다는 점을 알고 있었기 때문이다. 그러나 오늘날 공허한 소비 생활은 경제적이나 정치적으로 무력하며 개인적인 책임감도 거의 없는 전체 중산계급의 것이 되어 있다. 서구 사회의 대부분은 행복스러운 소비형의 혜택을 알고 있으며, 그로부터 혜택을 입고 있는 많은 사람들이 점점 그런 소비 상태가 결핍되어 있음을 발견하고 있다. 또한 그들은 많이 소유한다고 안녕을 창조하는 것이 아니라는 점도 발견하기 시작하고 있다. 전통적인 윤리적 가르침이 실험대 위에 놓여졌지만, 이제 경험에 의해 확고하게 되고 있는 것이다.

중산계급의 사치의 혜택을 받지 못하고 살아 온 사람들에게만 낡은 환상이 그대로 남아 있다. 그들은 서구사회의 중하층 계급이며 '사회주의' 국가의 대다수 국민들이다. 사실상, '소비를 통한 행복'이라는 부르주아적 희망은 아직 부르주아적 꿈이 성취되지 못한 나라에서 가장 생생하게 부풀어 있다.

탐욕과 시기는 극복될 수 있다는 가능성에 대한 가장 중대한 거부중의 하나, 즉 탐욕과 시기는 인간의 본성에 강하게 뿌리 박고 있다는 주장은 연구의 실험이 진척됨에 따라 점점 그 비중을 잃고 있다. 탐욕과 시기가 그토록 강한 것은 그것의 본질적인 강도 때문이 아니라 다같이 이리가 되자는 공중의 압력에 저항하기 어렵다는 데에 기인한다. 사회적인 분위기와 승인 혹은 비승인된 가치관을 변혁하기만 하면 이기심에서 이타심으로 변화는 그리 어렵지 않게 이루어질 것이다.

이제 우리는 존재 지향이 인간 본성에 내재하는 강한 잠재성이라는 전제(前提)에 다시 되돌아가자. 소수만이 소유양식에 완전히 지배되고 있으며, 반면에 또 다른 소수는 존재양식에 완전히 지배되고 있다. 둘 다 지배적인 양식이 될 수 있으며 어느 쪽이 지배적이 되느냐는 사회구조에 달려 있다. 존재지향이 주도하는 사회에서는 소유경향은 소멸되고 존재양식이 강화된다.

우리들 사회와 같이 소유지향이 지배적인 사회에서는 그 반대현상이 일어난다. 그러나 생존의 존재 양식은 비록, 억압받고 있기는 하지만 언제나 이미 존재하고 있는 것이다. 사울이 개종하기 전에 이미 바울과 같은 성품이 내재하지 않는 한 바울로 될 수는 없는 것이다.

사회적 변화와 관련해서 새로운 것이 장려되고 낡은 것이 억제될 때 소유로부터 존재에로의 변화가 실제로 우세하여질 것이다. 더욱이 새로운 인간과 옛 인간의 차이는 하늘과 땅 사이의 차이는 아니다. 그것은 방향 변화의 문제이다. 새로운 방향으로 한 걸음 내딛으면 다음이 뒤따를 것이며, 방향을 옳게만 잡았다면 이러한 발걸음은 모든 일에 다 영향을 줄 것이다.

우리들이 또 한 가지 고려해야 할 고무적인 측면은, 지도자들까지 포함한 대부분의 사람들을 특징 짓고 있는 소외의 정도에 역설적으로 관련된 문제이다. 앞에서 '시장적 성격'을 논할 때 지적했던 것처럼 소유욕과 축재욕은 단순히(체제 속에서) 잘 기능하려는 경향, 자신을 단순한 상품으로 교환하려는 경향에 의해 조절되어 왔다. 소외된 시장적 성격이 변화하는 것은 축재적 성격(hoarding character)이 변화하는 것보다 훨씬 쉽다. 축재적 성격은 광적으로 자기의 소유물, 특히 자기의 에고(ego)에 집착하기 때문이다.

약 백여 년전, 즉 대부분의 인구가 독립 생활자로 구성되어 있었을 때는, 변화에 대한 최대의 장애는 재산과 경제적인 독립을 상실하게 될지도 모른다는 공포와 그에 대한 저항이었다. 마르크스가 살았을 당시에는 노동계급이 유일한 대규모의 종속 계급이었고, 그 노동계급은 마르크스가 생각하기에는 가장 소외된 계급이었다. 오늘날의 인구의 대부분이 종속적이며 실제로 대부분이 고용되어 일하고 있다.(1970년 미국 인구조사 보고서에 의하면 16세 이상의 노동인구 중 7.82%만이 자영(自營), 즉 독립되어 있다). 적어도 미국에서는 전통적 중산계급의 축재적 성격을 아직도 가지고 있는 층은 육체 노동자들뿐이며, 그들은 오늘날의 보다 소외되어 있는 중산층보다 변화에 대해 더욱 폐쇄적이다.

이러한 모든 사실은 매우 중요한 정치적 결과를 초래한다. 즉, 사회주의는 모든 계급의 해방, 곧 계급 없는 사회를 추구하면서도 주로 '노동계급' 즉 육체노동 계급에 호소하고 있다. 오늘날의 노동계급은(상대적으로 보아) 백 년 전보다 소수 집단이다. 권력을 획득하기 위하여 사회민주주의 정당은 많은 수의 중산층의 지지를 필요로 한다. 따라서 사회주의 정당은 이 목적을 이루기 위해서 그들의 강령을 사회주의적인 이상에서 자유주의적인 개혁을 제공하는 것으로 거슬러 올라가지 않을 수 없었다. 한편, 사회주의는 노동계급을 인본주의적인 변혁의 지렛대로 인정함으로써 모든 다른 계급의 저항을 받을 수밖에 없었다. 왜냐하면 이들 다른 계급들은 필연적으로 노동계급에 의해 자기네들의 재산과 특권이 약탈될 것이라고 느꼈기 때문이다.

오늘날 새로운 사회에 대한 호소는, 소외로 인해 고통받고 있는 모든 사람, 모든 피고용자들, 자기 재산이 위협받지 않을 모든 사람들을 향하고 있다. 다시 말하면, 그것은 소수뿐만 아니라 다수에 관련된 문제이다. 그것은 어느 누구의 재산도 위협하지 않고, 수입에 관련되는 한, 가난하게 사는 사람들의 생활 수준을 높여 줄 것이다. 고위 행정직의 높은 보수는 낮아질 필요가 없을 것이다. 그러나 새로운 사회체제가 작용하게 되면, 그들은 지나가 버린 구시대의 상징으로 남고 싶어하지 않을 것이다.

더 나아가, 새로운 사회의 이상은 모든 정당의 노선을 초월할 것이다. 즉, 많은 보수주의적 정당은 그들의 윤리적·종교적 이상을 잃지 않을 것이며,(에플러〈Eppler〉는 그들을 '가치 보수주의자(Value Conservatives)'라 부른다) 많은 자유주의 정당과 좌익정당도 마찬가지이다. 각 정당은 자기네들이 휴머니즘의 참된 가치를 대표한다고 설득함으로써 유권자를 유인한다. 그러나 모든 정당의 배후에는 두 진영만이 존재할 뿐이다. 즉 보살피는 진영과 보살피지 않는 진영이다. 보살피는 쪽에 가담해 있는 모든 진영이 정당의 상투성을 떨쳐버리고, 그들이 모두 같은 목표를 갖고 있다는 점을 실감할 수만 있다면, 변화의 가능성은 상당히 증대할 것이다. 그렇게 되면 특히 대부분의 시민은 정당에 대한 충성과 정당의 슬로우건에 점점 무관심해질 것이기 때문에 그 가능성은 특히 높아진다. 오늘날 사람들은 지혜와 확신을 갖고, 확신에 따라 행동할 수 있는 용기를 가진 인간을 열망하고 있다.

그러나 이와 같은 희망적인 요인에도 불구하고 인간과 사회에 필요한 변화는 가능성이 희박하다. 우리의 유일한 희망은 새로운 비전의 활력을 돋우는 매력에 있다. 체제의 변혁이 없이 이런저런 개혁을 시도하는 것은 결국 아무런 소용도 없다. 왜냐하면 그것은 강력한 동기라는 추진력을 수반하지 않기 때문이다. '유토피아적' 목표가 오늘날 지도자들의 '현실주의'보다 훨씬 현실적이다. 새로운 사회와 새로운 인간의 실현은 이윤·권력·지식과 같은 낡은 동기가 존재·공유·이해와 같은 새로운 동기에 의해 대치되었을 때만 가능하다. 또한 시장적 성격은 생산적인 사랑의 성격에 의해 대치되어야 하며 인공 두뇌적 종교는 철저한 인본주의적인 새로운 정신에 의해 대치되어야 한다.

사실상 유신론적 종교에 확실하게 뿌리 박혀 있지 않은 사람들에게 있어 근본적인 문제는 인본주의적인 '종교성(religiosity)'으로의 개종이라는 문제이다. 인본주의적인 '종교성'은 종교가 아니며 독단적인 교리도 갖고 있지 않고 기구도 갖고 있지 않은 불타에서 마르크스에 이르는 비신적(nontheistic) 종교성 운동에 의해 오랜 기간에 걸쳐 준비해 온 것이다. 우리는 이기주의적인 물질주의와 신에 대한 기독교적인 개념의 수락(受諾) 사이의 선택에 직면해 있는 것이 아니다. 사회생활 그 자체가— 노동·여가·인간관계의 모든 측면에서—'종교적 정신'의 표현이 될 것이며, 이것과 별도의 어떤 종교도 필요 없게 될 것이다. 비신적(非神的), 무제도화(無制度化)된 새로운 '종교성'에 대한 이러한 요구는 기존하는 종교에 대한 공격은 아니다. 그러나 로마의 관료주의에서 비롯된 로마 카톨릭 교회는 그 자체가 복음서의 정신으로 돌아가야 한다는 것을 의미한다. 그것은 '사회주의 국가들'이 '비사회주의화'되어야 한다는 것을 의미하지는 않지만, 그들의 거짓된 사회주의는 진정한 인본주의적인 사회주의로 대치되어야 한다는 것을 의미한다.

후기 중세 문화는 사람들이 하나님 나라(City of God)의 비전을 따랐기 때문에 번영했다. 근대사회는 사람들이 지상의 진보의 나라의 성장이라는 비전에서 활력을 얻었기 때문에 번영했다. 그러나 금세기에 와서 이러한 비전은 바벨탑의 비전으로 타락되었다. 이제 그 바벨탑은 붕괴하기 시작하고 있으며, 궁극에 가서는 그 폐허 속에 모두를 묻어 버리고 말 것이다. 만약, 신의 나라와 지상의 나라가 정(正Thesis)과 반(反: Antithesis)이라면 하나의 새로운 합(合:Synthesis)이 이 혼돈에 대한 유일한 대안일 것이다.

즉, 후기 중세사회의 정신적 핵심과 르네상스 이래의 합리적인 사고 및 과학의 발달과의 종합이 유일한 대안이 될 것이다. 이러한 종합이 존재의 나라(City of Being)인 것이다.

에리히 프롬에 관한 해설 및 연구논문

― 에리히 프롬의 인간과 사회와 종교 ―

沈 一 燮

에리히 프롬의 인간과 사회와 종교

I. 서론 : 에리히 프롬의 인물과 사상적 배경

　에리히 프롬은 프로이드(S. Freud)의 정신분석 이론을 내부로부터 비판하면서 사회학과 문화인류학의 영향하에 1930년대 미국에서 일어났던 一群의 分析醫들에게 이름 붙였던, 新프로이드 학파(Neo-Freudian)의 한 지도적 거인이다. 프롬은 '네오프로이디안'이긴 하지만 그의 풍부한 철학·경제학·문화인류학·역사학·신학 그리고 사회심리학 등의 지식은 그의 입장을 명확히 규정 짓기에는 너무나도 복잡케 하고 있다.
　이와 같이 방대한 그의 지식으로서 지금까지 新프로이드 학파에서는 충분히 고려되지 않았던 社會經濟的(Socio-economic) 요인들을 마르크스의 이론과 절충시켜 정신 분석학에 도입하였다. 그리하여 프롬은 정신분석학의 이론을 사회나 문화의 여러 문제에까지 적용시키려는 개척자의 길을 걸어 왔다. 그래서 프롬을 문화학파, 非리비도파, 新프로이드학파(프로이드좌파), 사회정신의학파 등으로 지칭하고 있지만 정확하게 그의 학적 입장을 규정 짓기에는 곤란할 만큼 그의 활동범위나 영향력은 광범하다. 그러나 필자는 프롬을 '인간주의적(사회적) 정신분석학자' [Humanistic(Social) Psychoanalyst] 라고 부르고 싶다.

프롬은 1900년 3월 23일 독일 프랑크푸르트의 한 중류 독일계 유대인의 가정에서 랍비적 배경(Rabbinical background) 속에서 태어났다. 그는 하이델베르크대학에서 심리학과 철학 그리고 사회학을 동대학에서 22세 때 철학박사 학위를 받았다. 그후 뮌헨대학과 그리고 유명한 베를린 정신 분석 연구소 등에서 심리학과 정신분석 요법을 연구하였다. 그후 프롬은 프랑크푸르트대학과 콜롬비아대학, 시카고 정신 분석 연구소, 예일대학 등에서 정신분석학과 사회심리학, 인류학 등을 강의하였다. 그리고 1934년 나치로부터 추방되어 미국에 귀화하였고, 1965년 퇴임 전까지는 멕시코 국립대학과 동 대학 의과대학에서 정신분석학과를 창설하여 교수하다가 후에는 그 대학의 명예교수로 있었다. 그러면서도 미국 사회의 큰 문제들이 터져 나올 때마다 그는 강연과 논문과 매스컴을 통하여 분석 진단하고 발언하며 저작 활동을 계속하였다.

프롬의 사상적 배경을 해부해 보면 그 구성 요소는 성서(구약)와 프로이드와 마르크스다. 일반적으로 이 세 학설은 서로 융합키 어렵다고 생각해 왔다. 그러나 프롬에 의하면 이 세 학설들이 상호 보충할 때 서로가 서로를 정당하게 이해할 수 있다. 즉 마르크스주의엔 그에게 타당한 심리학과 성격학이 필요하며 정신분석학은 또한 마르크스주의를 이해함으로써 자체의 편협한 '리비도' 학설에서 해방되어 '人間關係의 學'으로 될 수 있다. 그리고 성서로부터는 현대인의 핵심적 문제인 疎外現象의 克服을 위한 가장 고전적인 원리를 교시 받을 수가 있기 때문이다.

이처럼 프롬은 한 발에는 프로이드를 또 다른 한 발에는 마르크스를 딛고 서서 성서의 빛으로 인류의 장래를 예언자적 정열로 응시하고 있다. 그런데 포름의 이 三大思想의 總合이론은 단지 사변적인 것이 아니라 철저한 실험적 관찰을 거친 결과라는 것을 간과해서는 안 된다. 프롬은 40년이 넘도록 정신분석의로서의 꾸준한 임상적 실험과 또한 그 자신이 살아온 역사적 시기 그 자체를 무진장한 사회적 실험대로 삼고 이룩한 것이기 때문에, 현대인에게는 가장 강력한 논리와 설득력을 가지고 있다.

이상과 같은 프롬의 사상적 발전을 가져오게 한 기본적 短命題를 다시 다른 각도에서 요약해 보면 다음과 같다. 첫째 De omnibus es dubitandum(모든 사실에 대해 의문하지 않으면 안된다). 두 번째는 Nihil humanum a mihi alienum puto(인간적이 아닌 것은 나에게 아무런 상관이 없다). 그리고 세 번째는 et veritas liberabit vos(진실은 사람을 자유케 한다)는 것이다.

'회의하는 정열'과 '진리의 힘' 그리고 '휴머니즘'은 프롬의 사상을 발전시키고 추진시킨 구성원리이다.

II. 인간의 본성 분석

1. 인간의 상황

모든 인간은 같은 해부학적 기본 특성을 구비하고 있음은 주지의 사실이다. 그러나 인간은 모두가 다 같은 정신구조를 공유하고 있는 것일까? 만일 인간의 기본적 정신구조나 공통의 인간성이 없다면 휴머니티에 관해서 어떻게 논할 수가 있으며, 그것이 인류에게 과연 어떤 의미를 줄 수 있을 것인가? 프롬에 따르면 병적인 인간이건 건전한 인간이건 간에 그 인간들에게서 전 인류에게 공통되는 핵심을 찾아낼 수가 있다. 스피노자는 일찍부터 이것을 '인간성의 범형'(model of human nature)이란 말로 이야기한 일이 있다. 고로 '사람'은 '하나'여서 세계 속의 어느 한 사람을 이해하는 것은 곧 인간 즉 인류를 이해하는 것과 같다고 프롬은 믿고 있다. 그렇기 때문에 하나의 인간은 전 인류를 대표하며, '그'는 다른 사람이 아닌 그면서 '모두'이다.(He is 'he' and he is 'all'.) 이러한 뜻에서 인간의 상황을 논할 수 있다.

프롬은 '인간의 상황'(Human Situation) 문제야말로 인간주의적 정신분석의 열쇠가 되는 것이라고 강조하고 있다. 프롬에 의하면 인간의 상황은 두 가지로 나누어 이해할 수 있다. 그 첫째는 인간의 생물학적 약함인데, 인간은 다른 동물처럼 환경에 본능적으로 순응할 수 없는 이 생물학적 약점이 인간이 강하게 된 기초가 됐다는 것이다. 그리고 다른 하나는 인간 실존의 二分性(모순)인데, 인간의 영광인 이성은 또한 인간의 해결 불가능한 과제를 향해 있는 저주이기도 하다. 이 이성의 존재야말로 인간 역사의 동력이다. 이와 같은 '인간의 상황'은 마르크스나 프로이드의 유물론적 기계론적 자연주의적 설명을 넘어서, 본질적으로 종교적 요구를 가지지 않을 수 없는 존재임을 나타내고 있다.

2. 인간의 사회적 성격

프롬에 있어서 사회와 개인 사이를 연결하는 어떤 메커니즘을 찾아 보려는 최초의 시도가 '그리스도 教義의 기원에 관하여'(Zur Entstehung des Christusdogmas, 1930)란 논문에 나타나기 시작했다. 이 논문에서는 사회측면의 경제적 정치적 요인과, 인간내면의 심리적 정신적 요인을 결합시키려는 어떤 매개적 요인이 작용하고 있지나 않은가 하는 문제를 다루고 있다. 프롬의 평가에 의하면 개인심리학과 사회심리학과의 그릇된 구별을 일소한 것이 정신분석학의 입적이다. 프로이드는 개인의 정신생활 속에는 꼭 어떤 다른 대상이나 모범, 심지어는 어떤 敵對者까지 이미 함축하고 있기 때문에, 개인심리학은 아예 처음부터 사회심리학이라고 주장하였다. 여기서 프로이드가 주장한 어느 대상이나 사회는 개인에 앞서 있어서 선택 불가능한 우연적인 것이다. 프로이드가 인간형성에 있어서 강조한 이 우연성은 종교적 우주관에 대한 그의 역행을 나타내는 일면이기도 하다.

그러나 프롬은 프로이드의 성격이론을 비판하면서, 인간의 성격은 우연이 아니라 세계에 대해 갖는 인간의 열려진 관계에서 형성되는 것이라 보았다. 이 '관계'의 문맥에서 프롬은 그의 유명한 '사회적 성격'(Social Character)을 말하고 있다. 그러면서 프롬은 거듭 定義하기를 사회적 성격의 개념은 '어떤 집단에 공통하는 성격의 모체이며, 이것이 행동과 사상을 효과적으로 결정하는 것이다'라고 하였다. 따라서 이 사회적 성격인 정신적 에너지는 어떠한 집단이나 문화 속에 사는 사람들의 성격적 특성을 합계하여 낸 통계적 개념이 아니라, 이는 성격 구조의 핵을 의미한다.

이 사회적 성격은 사회의 경제적 구조와 시대 사상의 사이를 연결하는 띠(Belt)이며, 또한 이념에서 경제적 기초로, 경제적 기초에서 이념을 향하게 하는 사이의 '중간체'이기도 하다. 다른 말로 표현하면 마르크스와 웨버(Weber)의 사이에 다리를 놓은 것과 같은 것이다.

이상과 같은 프롬의 사회적 성격의 분석은 복음 선교 면에서도 간접적인 충고를 받을 수 있다. 니이버도 주장하기를 사회의 여러 악한 제도에 대한 개신교의 복음주의적 도전이 실패로 돌아간 것은 복음주의 자체의 특수한 성격적 약점에 그 원인이 있는 것이 아니라, 당시의 사회를 지배하고 있던 사회적 요인을 보지 못한 데 그 원인이 있다고 하였다.

3. 인간악의 본성분석

융(Carl G. Jung)은 무의식을 인간의 '원형'이라 부르며 여기엔 잃어진 보물이 가득히 담겨져 있는 동굴이며, '啓示의 場所'라고까지 하였다. 그러나 프로이드는 인간의 무의식을 '惡의 小室'로 보았으며, 프롬도 정신분석 의사로서의 임상적 실험을 통하여 사람 속에 있는 파괴력을 경시할 수 없음을 알았다. 프롬은 인간악의 본성을 '激情(Violence) '죽음에의 집착'(Necrophilia) '악성 나르시시즘'(malignant Narcissism) 그리고 '共棲的 近親相姦的 固着(Symbiotic incestuous fixation)을 들고 있다. 이 四個惡性이 한데 얽힐 때 '쇠퇴의 증후군'(Syndrome of decay)이 형성된다고 하였다.

이 쇠퇴의 증후군은 인간으로 하여금 파괴를 위한 파괴로, 증오를 위한 증오로 내 모든 힘이 된다. 그래서 인간을 물체로, 생명을 무생물로 바꾸어 절대적으로 지배하려 한다. 특히 이 증후군은 생을 초월하는 방법으로서 죽이는 일에 광분하다. 이러한 인간은 권력을 사모하며 법과 질서에 대해서는 무서우리 만큼 냉담한 신봉자로서 '유대인을 마치 석탄을 운반하듯 운반하여 가장 효과적으로 몰살할 수 있다.' 따라서 全有機體를 無機體로 모든 생명과 감정과 사고를 물체로 바꾸어 버린다. 도스토예프스키도 이반 카라마조프를 통하여 말하기를 '사람은 종종 짐승(야수)처럼 잔혹하다고 한다. 그러나 이 말은 짐승에 대한 모독이다. 짐승은 결코 인간처럼 예술적으로 殘酷할 수가 없기 때문이다.'

그러나 프롬에게 있어서는 악이란 아무래도 '인간적인 현상'이어서 비록 인간 심정이 非靜的으로 경화된다 할지라도 '비인간적'으로는 되지 않는다. 부버(Martin Buber)도 말하기를 '인간은 全靈을 다하여 악한 일을 할 수는 없다… 고로 사람이 우선 쟁취해야 할 것은 善이 아니다. 사람은 자신을 획득함으로 비로소 그에게서 선이 빛나게 된다.'

프롬도 말하기를 '현대인에게 있어서 가장 중대한 사업은 사람의 자기 자신에게 탄생을 부여하는 것'(Man's main task in life is to give birth to himself)이라 하였다.

우리들은 위에서 프롬의 날카로운 악의 분석에도 불구하고 그 깊이에 있어서는 한 휴머니스트의 한계를 본다. 그러나 프롬의 이와 같은 입장은 결국 그의 소위 소극심리학 즉 '…이다'라고 말하기에 앞서 우선 '…이 아님'을 명확히 해야 한다는 입장에서 나온 듯하다.

따라서 프롬의 악의 本性分析은 그의 윤리사상의 전제이기도 하다. 성격은 한 인간의 행동의 특징적 패턴이기 때문에 성격이야말로 윤리학의 진정한 주제이다. 이런 뜻에서 정신분석학이야말로 윤리학이나 도덕판단에 대단히 필요한 것이다.

III. 현대사회의 병리현상

1. 社會病理의 中核—疎外

소외 개념은 최근까지 자유주의나 사회주의의 정치철학의 초점이 되었던 착취의 개념에 이어서 나온 현대의 근간되는 말이다. 소외란 말이 사회과학상의 용어로 등장한 것은 헤겔(Hegel)을 비롯하여 칼 마르크스의 초기 저작들에게서 정착한 개념이라는 것이 일반적인 통설로 되어 있다. 그러나 포이어(Lewis S. Feuer)와 같은 이는 소외 개념의 계보를 인간이 원죄로 말미암아 신으로부터 소외되었다고 본 칼빈에게서부터 유래했다고 보았다.

프롬은 소외 개념을 '인간이 자기자신을 예외자로서 경험하는 경험양식을 의미한다'고 하였다. 실로 소외야말로 현대인의 병이다. 특히 현대의 새로운 생산물의 양적 증대는 인간의 소외 영역의 확대를 가져왔으며 '인간다움'으로부터 빈곤하게 만들었다. 그리하여 인간은 '상품인간'으로 변모하여 세계와의 모든 관계도 소유와 소비의 관계로 맺어 심지어는 자기의 생명과 인격도 투자된 자본으로 투기하여 버린다. 그뿐만 아니라 신과 권력을 혼돈하여 신을 가이사로 바꿔쳐 버리는 불경함을 범하게 된다.

2. 自由와 逃避 메커니즘

인류의 조상들이 자유를 위해 줄기차게 투쟁해 온 것과 같이, 또한 정열을 가지고 자유로부터 도피하여 전체주의에 휩쓸려 들어간 사실을 깊이 이해하는 것만이 전체주의적 독재 세력을 타도하는 행위의 전제조건이 된다. 인간은 자유의 '낡은 敵(外的 權威나 壓制)으로부터는 애써 해방되려고 하면서도 전연 다른 '새 敵(내적 구속이나 主的 服從)에 대해서는 극히 맹목적이다. 그리하여 …으로부터의 자유가 아니라, …으로 향한 자유란 적극적인 삶에 따르는 독립(고독)과 엄격한 책임(불안)을 두려워한다.

이와 같은 고독과 두려운 감정은 차라리 자유의 重荷를 던져 버리고 어떤 권력이나 집단으로 도피하여 자기실현을 포기한다. 이런 인간은 否定的인 의미로 자신은 자유하다고 착각한다. 다시 말하면 자유로부터 오는 고독과 불안을 피하기 위해 불안을 보다 악화시킴으로 해서 그 불안을 없애 보려고 시도한다. 이 자유로부터의 도피(The Fear of Freedom) 나머지 자기 자신이 되려는 것마저도 포기하여 버린다. 자유로부터의 도피야말로 자아로부터의 도피를 의미한다.

프롬의 자유의 분석엔 독립과 도피란 이중의 의미를 갖고 있다. 자유는 독립과 해방을 주면서도 자유는 또한 正反對의 방면으로 도피하게 하는 역동적 메커니즘을 가지고 있다. 그래서 프롬은 종종 '자유는 죄다'라고 하였다.

3. 자본주의 정신구조의 분석

인간은 무엇보다도 우선 생존하지 않으면 안된다. 그런데 이 '생존'한다는 것은 곧 '생산'한다는 것과 불가분의 관계에 있다. 고로 생산수단은 생활양식과 사회관계를 규정하며 인간성에 영향을 준다. 특히 오늘의 교회가 문제로 삼아야 할 점은 현대의 산업사회가 복음이 의도하는 변화와는 다른 방향으로 사람의 인간성과 생활을 급격히 재형성해 가고 있는 사실이다. 이제 구체적으로 자본주의정신의 구조 가운데서도 중요한 요소인 '시장성'과 '量化', '추상화' 그리고 '匿名의 權威'와 '소비성'의 순서로 분석해 보자.

시장성 : 현 사회에 있어서 특히 경제분야에서는 인간은 이미 만물의 영장이나 척도는 못된다. 따라서 인간의 無力性은 생산물을 분배하는 시장의 메커니즘 안에서 더욱 강하게 느껴진다. 이 시장의 메커니즘은 문화적 전통이나 윤리적 규범이나 종교적 계율에 구애받을 필요가 없다. 자본가는 최대한으로 노동력을 이용하고 이윤을 남기는 것이 도리어 도덕적이다. 따라서 현대적 착취는 어느 개인이나 집단이 하는 것이 아니라, '익명의 것'(Anonymous) 즉 '시장의 법칙'이 하기 때문에 여기엔 어느 누구의

책임이나 죄가 될 수 없다. 그리하여 비인격적이며 더욱더 커 가는 거대한 경제기구는 '神도 이웃도 자신도 모두 물건(thing)으로 바꾸어 버리고 만다.'

量化·抽象化 : 자본주의의 기본적 특성 가운데 하나가 量化·抽象化(Quantification and Abstractification)이다. 그리하여 각 개인은 양적 존재 즉 數字로 표기되며, 그 인격의 가치도 차가운 금전으로 계산되어 환산되어 버린다. 따라서 자본주의적 생산 체제하에서는 인간은 '누구'(Someone)에 의해서보다는 '어떤 것'(Something)에 관계를 맺고 살아가게 된다.

이와 같은 定量化·計量化·抽象化의 현상은 '物品'의 영역을 넘어 현대인의 생활양식과 전쟁의 파괴 수단에까지 확대되어 가고 있다. 현대인은 이런 가공할 만한 현실에 살고 있다. 한 사람이 일순간에 수십만의 남녀노소와 다른 생물까지 파괴할 수 있다. 그런데 그 수단은 단지 한 개의 단추를 레이더의 지시를 따라 누른 것뿐이다. 그토록 처참 무비한 살상 행위도 단추 하나를 누르는 것뿐이기 때문에 그의 행위는 그로부터 소외되어, 그의 행위는 그의 행위가 아니게 되어 버린다.

여기에서 프롬은 말하기를 "현대인은 노예화보다도 더욱 더 위험한 상태인 '로보트'로 될 위기에 처해 있다"(We are not in danger of becoming slaves any more, but of becoming robots.)고 경고했다.

익명의 권위 : 현 세계는 '거대한 자본', '거대한 시장', '거대한 정부' 등 비인격적 거인(impersonal giants)으로 추상화되어 간다.

다니엘 벨(Daniel Bell)이 조사한 바에 의하면 현대의 익명성을 소외의 원천으로 본 최초의 학자는 짐멜(G. Simmel)이며 이 사상을 프로이드가 1927년 그의 문명론에 채용했다는 것이다. 확실히 20세기에 들어서면서 권위의 성격은 변하여 명백히 드러나 보이는 권위가 아니라 소외된 권위, 즉 익명의 권위로 그 모습을 탈바꿈한 데 문제가 있다. 도대체 어느 누가 눈에 보이지도 않는 것을 공격할 수 있으며 그 누가 존재하지 않은 그것(it)에 반항할 수가 있겠는가 말이다. 현대인은 복종한다거나 반항한다는 생각마저도 의식하지 못한 채 '그것'의 일부가 되고, 얼굴 없는 하나의 부호로 되어 가고 있다.

소비성의 분석 : 프롬은 물질주의 사회의 있어서의 소외현상 중 소비성을 대단히 중요시하고 있다. 소비 과정도 생산 과정도 같이 소외되어 있다. 예를 들어 사람들이 '코카콜라'를 마실 때에도 실은 콜라를 마시는 것이 아니라 선전에서 본 상표와 환상을 마시고 있다. 참된 소비행위는 구체적인 인간적 행위여서 거기엔 감각·욕구·심미적인 취미·창조성 등이 포함되어 있어야 한다. 그러나 현대인의 소비는 결국 인공적으로 자극된 환상을 만족시키는 데 급급하다.

현대인은 소비함에 굶주려 있다. 프롬의 분석에 의하면 강박적 소비는 불안을 보상하고 내적 공허감과 절망감을 소비하고 파괴함으로 자기가 존재함을 느끼고 자신을 만회하여 보려고 한다는 것이다. 그러나 이것저것 해보았지만 자신의 내적엔 아무런 변화도 일어나지 않음을 알 때 심지어는 '생명을 부정하는 소비에까지 열중하게 된다.'

Ⅳ. 종교의 정신분석

1. 종교와 정신분석

프로이드는 정신분석 이론을 병리치료의 범위를 넘어서 '인간의 교제'에까지 관련되어 있음을 주목했다. 그렇기 때문에 '진리가 너희를 자유케 하리라'는 말은 정신분석의 주된 원리이며, 병이나 불구의 치료는 부차적인 결과이다. 그럼에도 불구하고 그 사회나 문화가 시인하는 행동유형이 정신건강의 기준이라고 보는 상대주의적 입장에서는 정신분석의 목적을 '적응'에 있다고 본다. 그래서 적응을 잘하는 인간은 자기를 시세에 따라 상품화시킨다. 그러나 이와 같은 적응은 사실, 고차적인 자아를 배반하는 일이 되기 때문에 그 내면은 공허하게 된다.

프롬에 의하면, 정신분석의 근본 목적은 적응에 있는 것이 아니라, 그 자신 속에 존재하는 진리와 허위를 가려내는 데 있다. 그리하여 진리가 자유케 한다는 말을 경험적으로 실증하게 한다. 프롬은 말한다. 정신분석은 종교와 같이 환자에게 '驚異의 念'과 '회의하는 마음'을 불러일으키는 데 있다. 그리하여 정신분석은 진심으로 환자를 '당혹할 수 있는 능력'을 얻게 하여 지금까지 자기로부터 떠나 배제되었던 자기의 일부를 새롭게 발견하게 한다. 따라서 종교와 정신분석은 인간의 내면과 외면에 대해 비판적으로 들을 수 있는 '제2의 귀'를 기울이게 하여, 양심의 소리에 응답하게 한다.

2. 소외 극복으로서의 사랑의 역학

프롬에 의하면 미숙한 사랑으로서 '共棲的 合一'(Symbiotic union)을 든다. 이 공서적 합일의 생리학적 패턴은 모체와 태아와 같이 몸은 둘이지만 심리적으로는 공서적이다. 이 양자는 무엇보다도 서로의 他者가 없이는 살아갈 수 없는 미성숙한 상태다. 따라서 이 합일의 종교적 양상은 우상 숭배로 나타난다. 그러나 성숙한 사랑은 인간이며, 비판하고 의문을 發하는 것으로서, 이 세계에 대한 그의 진실한 응답으로 삼는다고 했다.

이 혁명적 인간은 불복종할 수 있는 인간이다. 프롬이 말하는 불복종(disobedience)은 변증법적 개념을 갖고 있다. 그리고 세상에 대한 불복종은 진리에 대한 복종이요, 현실에의 순종은 허구와 우상에 대한 복종이다. 내가 神에게 복종한다는 것은 우상에게 복종하지 않는 것이 된다. 프롬은 소리 높여 말하기를 "누가 저 '골리앗'(Goliath)에 대해 '아니다'를 외칠 '다윗'이 될 것인가"고. 50년 100년전에 비해 천배도 더 큰 골리앗에 대해 '否를 고함칠 다윗은 과연 그 누구일까.

혁명적 인간은 사랑하고, 회의하는 사람이라는 의미에서 信念의 사람이다. 人間性에 대한 大敵은 정신적인 판단력을 좇게 하는 것들이다. 깨어서 자신을 추상적인 공약 속에 환원시키지 않고, 자신을 '사람의 아들'로 탄생시켜 세계의 시민으로 만들지 않으면 안된다. 또 프롬은 그의 신조를 말하기를, 조는 것을 멈추고 '사람으로 되어' 의미 깊은 '否를 발할 수 있는 능력을 육성하지 아니하면 안된다. 진실로 의미 깊은 '아니'라는 동시에 의미 깊은 '예'를 말할 능력이다.

따라서 능력 있는 인간은 '…으로부터의 자유' 이상의 것인 '…에로의 자유'를 위해 싸워 나가지 아니하면 안된다. 그리고 현대인이야말로 '무관심의 태도'란 大敵과도 투쟁하지 않으면 안된다. 그리하여 인류의 시조가 뱀에게 맡겼던 '선택의 권리'와 '결단의 책임'을 도로 찾아 '태만'이란 죄악을 일소하지 아니하면 안된다. 그리고 나서는 진리와 더불어 행동해야 한다. 이것은 도덕적 지적 지상명령이기 때문이다.

현대인은 의식적으로는 희망을 갖고 있는 듯 하지만 무의식적으로는 절망하고 있는 사람이 많다고 프롬은 지적한다. 그러나 희망을 갖는 것은 하나의 존재의 상태이다. 프롬과 같은 래디칼 휴머니스트 대상 속에 빠져들어 가는 것이 아니라 '참가하는 것'이다.

프롬은 한 예로써 여성이 성적으로 받아들이는 행위를 통해서 자신을 주는 것과 같다고 하였다. 참다운 사랑은 주는 행위를 통해서 무엇인가 새로운 사실을 불러일으키는 행위인 것이어야 한다. 스피노자도 '德'과 '힘'은 하나라고 한 것과 같이, '사랑은 사랑을 만들어 내는 힘'이다.(Love is a power which produces love.)그리고 나아가서 모든 사랑은 他者에 대한 지식과 자기 속에 전 인류가 포함되어 있다는 인식의 공통체험에 그 토대를 갖는다. 프롬이 강조하기를 '그 속에 자기자신을 포함하지 아니한 어떠한 인간개념도 모두가 거짓인 것'같이 사랑도 그러하다.

프롬은 폴 틸리히와의 저 유명한 논쟁에서 '自己愛'(Self-love)와 '利己心'(Selfishness)과는 엄격히 구별해야 한다고 역설하였다.

프롬은 비판하기를 지금까지의 심리학이 주로 반응양식이나 본능의 메커니즘 같은 사항에 관심을 집중하였지, 영혼이나 이성, 양심이나 가식, 그리고 사랑과 같은 가장 중요한 주제들은 너무나도 멀리해 왔다. 그러나 '사는 것'이 심각한 기술인 것처럼 사랑도 중요한 기술이다. 인생에게는 누구에게나 生이 주어져 있다. 그러나 참되게 살려면 生을 위한 교육과 훈련이 필요한 것처럼, 사랑도 필요하다. 성숙한 사랑을 하려면 사랑에 관한 논리적 학습과 이에 못지 않게 실천을 위한 훈련이 필요하다. 프롬은 감동적으로 다음과 같이 말한다. 마치 어린아이가 걸음마를 배울 때 넘어지면 또 일어나고, 넘어져서 무릎을 깨면 아파서 울면서도 또 일어나 걸음걸이를 배우는 것처럼, 아무리 성장한 사람이라도 인내와 열성을 가지고 사랑을 하기 위한 훈련을 하지 않으면 안된다고.

사랑에의 용기는 용기에의 신념이다. 사랑이야말로 신념의 행위이다. 사랑은 힘이며, 능력이며, 기술이며 신념이다. 따라서 사랑은 우상을 거부하는 힘이며, 소외현상을 극복할 수 있는 능력이다. 사랑이야말로 신념에 넘치는 인생의 진실한 예술인 것이다.

3. 우상숭배의 분석

프롬은 자기의 심리학의 입장을 '消極心理學'이라 말한 것과 같이 자기의 신학도 철두철미 '否定의 神學'이라고 했다. 그 근원은 마이모니테스(Maimonites)와 에카르트(Eckhart)에 두고 있다. 프롬에 의하면 신을 사랑하는 것은 곧 우상의 부정에서부터 해야 한다. 프롬은 분석하기를 우상의 狂信者는 '불차는 어름덩이'(burning ice)로서, 우상에 대해서는 정렬을 불태우지만 세계와 타인과의 관계에 있어서의 무서우리만큼 냉담하다. 그렇기 때문에 이와 같이 광적이고도 차가운 인간은 그의 우상을 위해서는 무엇이나 열광적으로 파괴할 수 있다.

고로 프롬은 주장하기를 一切의 신학적 활동에 앞서 '우상학'(Idology)을 연구할 필요가 있다는 것이다. 그래서 인간성이 그 얼마나 우상화의 경향성이 있는지를 지적해 두지 않으면 안된다. 따라서 한 시대의 유력했던 우상은 무엇이었으며, 거기에 바친 희생은 무엇이었던가를 폭로시켜야 한다. 그뿐만 아니라 우상학은 눈에 보이고 인식되는 일체의 우상의 거부뿐만이 아니라, 프롬은 강조하기를 우상 숭배적 '태도'마저도 소멸시키는 것을 목적하지 않으면 안된다. 그래서 전 인류는 우선 '偶像拒否'의 슬로건 밑에 마음을 모아 결합시켜 나아가야 한다.

Ⅴ. 결론 : 프롬의 신조

현대인은 놀라우리만큼 임상적 용어를 쓰기 좋아한다. 그러나 현대인은 자기 눈앞에서 준동하는 병리현상을 '이해'하는데 그쳐 버리고 그것과 싸워 극복하여 보려고는 생각지 않는다. 그렇기 때문에 현대의 정신적 지도자나 심리학자는 소외된 퍼서낼리티의 대변자로 전락할 위험에 놓여 있다. 여기에서 프롬은 혁명적 인간은 비판적인 말하기를 강력한 희망과 신념이 없이는 이성마저도 무력하게 된다고 신념이야말로 희망과 같이 미래의 예견이 아니고 미래를 포용한 현재의 통찰이다.

인간은 진실로 미래를 향한 확신을 갖고 있지 않을 땐 역사를 가질 수가 없는 것이다.

프롬의 저서

Die Entwicklung des Christusdogmas: Eine Psychoanalytische Studie zur Sozialpsychologischen Funktion der Religion, Vienna, 1931.

Escape from Ereedom, New York, 1941.

Man for Himself, N. Y. Rinehart & Co. 1947.

Psychoanalysis and Religion, New Haven, 1950.

The Forgotten Langvage, N. Y. Rinehart & Co. 1951.

The Sane Society, N. Y. Rinehart & Co. 1955.

The Art of Loving, Harper & Bros. 1959.

Sigmund Frevd's Mission, Harper & Row, 1960.

Zen Buddhism and Psychoanalysis, Harper & Row, 1960.

Marx's Concept of Man, Frederick Ungar, 1961.

Beyoud the Chains of Illusion, Simon and Schuster, 1962.

The Dogma of man, Harper & Row, 1964.

Socialist Hvmanism(ed), Doubleday & Co. 1965.

You Shall Be as Gods, Holt, Rinehart, 1966.

The Revolution of Hope, Harper & Row 1968.

The Nature of Man(Co-ed), Macmillan Co. 1968.

The Crisis of Psychoanalysis, Holt, Rinehart, 1970.

Social Character in a Mexican Village, Prentice Hall, 1970.

The Anatomy of Hvman Destruction, Holt, Rinehart, 1973.

프롬에 대한 연구서

Schaar, J.H. *Escape From Authority*. Basic Books. 1961.

Evans, R.I. *Dialogue with Erich Fromm*. Harper, 1966.

심일섭, E. 프롬의 Radical Humanism 연구, 연세대 연합신학대학원. 석사학위논문 1969.

Landis & Tauber(ed) *In the Name of Life, Essays in Honor of Erich Fromm*. Holt, Rinehart. 1971.

Welk, H. K. *The Failure of psychoanalysis, from Freud to Fromm*. N. Y. 1963.

Brown, J. A. C. *Freud and the Post-Freudians*, A Pelican Book, 1962.

참 고 도 서

여기에 수록되어 있는 모든 책들은 이 책의 본문에서 인용된 것들이다. 그렇지만 그 책들이 이 책을 준비하는 과정에서 모두 사용된 것은 아니다. 특별히 보조적인 책들로 추천할 만한 것들은 '*'표로 표시했고, 시간이 별로 없는 사람들도 꼭 읽기를 추천하고 싶은 주요한 책들은 '**'표로 표시하였다.

Aquinas, Thomas. 1953. Summa *Theologica* Edited by P. H. M. Christmann. OP. Heidelberg : Gemeinschaftsverlage, F. H. Kerle ; Graz : A. Pustet.

Arieti, Silvano, ed. 1959. *American Handbook of Psychiatry*, vol. 2. New York : Basic Books.

Aristotle. *Nicomachean Ethics*. Cambricge : Harvard Unuversity Press, Loeb Classical Library.

* Artz, Frederick B. 1959. *The Mind of the Middle Ages : An Historical Survey*: A.D.200-1500. 3rd rev.ed.New York : Alfred A. Knopf.

Auer, Alfons. "*Die Autonomie des Sittltchen nach Thomas von Aqin*" The anatomy of ethics according to Thomas Aquinas] . Unpublished paper.

———. 1975. "*Ist die Sünde eine Beleidigung Gottes?*" [Is sin an insult to God?] . In Theol. Quartalsschrift. Munich, Freiberg:Erich Wewel Verlag.

* ———. 1976. Utopie, *Technologie, Lebensqualität* [Utopia, technology, quality of life]. Zurich : Benziger Verlag.

* Bachofen, I. J. 1967. Myth, *Religion and the Mother Right : Selected Writings of Johann Jakob Bachofen*. Edited by J. Campbell ; translated by R. Manheim. princeton:Princeton University Press.(Original ed. Das Mutterrecht, 1861.)

*Bacon, *francis*. 1620. Novum Organum.

Bauer, E. *Allgemeine Literatur Zeitung* 1843/4. Quoted by K. Marx and F. Engels ; q. v.

*Becker, Carl L. 1932. *The Heavenly City of the Eighteenth Century Philosophers*. New Haven : Yale University Press.

Benveniste, Emile. 1966. *Problèmes de Linguistique Général*. Paris : Ed. Gallimard.

Benz., E. See Eckhart, Meister.

Blakney. Raymone B. See Eckhart, Meister.

Bloch, Ernst. 1970. *Philosophy of the Future*. New York : Seabury Press.

———. 1971. *On Karl Marx*. New York : Seabury Press.

*———. 1972. *Atheism in Christianity*. New York : Seabury Press. *Cloud of Unknowing, The*. See *Underhill*, Evelyn.

Darwin, Charles. 1969. *The Autobiography of Charles Darwn 1809-1882*. Edited by Nora

제3부 새로운 인간, 새로운 사회 291

   Barlow. New York : W. W. Norton. Quoted by E.F.Schumacher;q. v.
Delgado, J. M. R. 1967. "Aggression and Defense Under Cerebral Radio Control." In
   Aggression and Defense: Neural Mechanisms and Social Patterns. Bran Function,
   vol. 5. Edited by C. D. Clemence and D. B. Lindsley. Berkeley : University
   of California Press.
De Lubac, Henri. 1943. *Katholizismus als Gemeinschaft*. Translated by Hans-Urs von
   Balthasar. Einsiedeln/Cologne : Verlag Benziger & Co.
De Mause, Lloyd, ed. 1974. *The History of Childhood*. New York : The Psychohistory
   Laertius. 1966. In Lives of Eminent Philosophers. Translated by R. D.
   Hicks. Cambridge: Harvard University Press.
Du Marais. 1769. *Les Véritables Principes de la Grammaire.*
Dumoulin, Heinrich. 1966. *Östliche Meditation und Christliche Mystik.*
   Freiburg/Munich : Verlag Karl Alber.
**Eckhart, Meister. 1941. Meister Eckhart : *A Modern Translation*. Translated by Raymond
   B. Blakney. New York : Harper & Row, Torchbooks.
——. 1950. Edited by Franz Pfeifer; translated by C. de B. Evans. London : John M.
   Watkins.
——. 1969. *Meister Eckhart, Deutsche Predigten und Traktate*. Edited and translated by Josph
   L.Quint. Munich : Carl Hanser Verlag.
——. *Meister Eckhart, Die Deutschen Werke*. Edited and translated by Joseph L. Quint. In
   Gesamtausgabe der deutschen und lateinischen Werke. Stuttgart : Kohlhammer
   Verlag.
——. *Meister Eckhart, Die lateinischen Werke, Expositio Exodi 16.*
Edited by E. Benz et al. In *Gesamtausgabe der deutschen und lateinischen Werke*. Stuttgart:
   Kohlhammer Verlag. Quoted by Otto Schilling; q. v.
*Ehrlich, Paul R., and Ehrlich, Annem H. 1970. *Population, Resources, Environment:Essays
   in Human Ecology*. San Francisco: W. H. Freeman.
Engels, F. See Marx, K., jt. auth.
Eppler, E. 1975. *Ende oder Wende* [End or change] . Stuttgart: W. Kohlhammer Verlag.
Farner, Konrad. 1947. "Christertum und Eigentum bis Thomas von Aquin." In *Mensch
   und Gesellschaft*, vol. 12. Edited by K. Farner. Bern : Francke Verlag. Quoted
   by Otto Schilling ; q. v.
Finkelstein, Louis. 1946. *The Pharisees : The Sociological Background of Their Faith*, vols. 1,
   2. Philadelphia : The Jewish Publication Society of America.
Fromm, E. 1932. "Die psychoanalytische Charakterologie und ihre Bedeutung für die
   Sozialforschung." *Ztsch. f. Sozialforschung*. 1:253-257. "Psychoanalytic

Characteroloy and Its Relevance for Social Psychology." In E. Fromm, *The Crisis of Psychoanalysis*; q.v.
—. 1941. *Escape from Freedom*. New York : Holt, Rinehart and Winston.
—. 1942. "Faith as a Character Trait." In Psychiatry 5. Reprinted with slight changes in E. Fromm, *Man for Himself* ; q. v.
—.1943. "Sex and Character." In Psychiatry 6 : 21-31. Repronted in E.Fromm, *The Dogma of Christ and Other Essays on Religion, Psychology, and Culture* ; q. v.
*—. 1947. *Man for Himself : An Inquiry into the Psychology of Ethics*. New York : Holt, Rinehart and Winston.
—. 1950. *Psychoanalysis and Religion*. New Haver : Yale University Press.
—. 1951. *The Forgotten Language: An Introduction to the Understanding of Dreams, Fairy Tales, and Myths*. New York : Holt, Rinehart and Winston.
—.1955. *The Sane Society*. New York : Holt, Rinehart and Winston.
—. 1956. *The Art of Loving*. New York : Harper & Row.
—. 1959. "On the Limitations and Dangers of Psychology." In W. Leibrecht, ed. *Religion and Culture: Essays in Honor of paul Tillich* ; q. v.
**—. 1961. *Marx's Concept of Man*. New York : Frederick, Ungar.
—. 1963. *The Dogma of Christ and Other Essays on Religion, Psychology, and Culture*. New York : Holt, Rinehart and Winston.
—. 1964. *The Heart of Man*. New York : Harper & Row.
—, ed. 1965, *Socialist Humanism* Garden City. N. Y. Doubleday & Co.
—. 1966. "The Concept of Sin and Repentance." In E . Fromm, *You Shall Be as Gods* : q. v.]
—. 1966. *You Shall Be as Gods*. New York : Holt Rinehart and Winston.
*—.1968. *The Revolution of Hope*. New York : Harper & Row.
—.1970. *The Crisis of Psychoanalysis : Essays on Freud, Marx, and Social Psychology*. New York : Holt, Rinehart and Winston.
**—. 1973. *The Anatomy of Human Destructiveness*. New York : Holt, Rinehart and Winston.
—, and Maccoby, M. 1970. *Social Character in a Mexican Village*. Englewood Cliffs, N. J. : Prentice-Hall.
—, Suzuki, D, T., and de Martino, R. 1960. *Zen Buddhism and Psychoanalysis*. New York : Harper & Row.
*Galbraith, John Kenneth. 1969. *The Affuent Society*. 2nd ed. Boston : Houghton Mifflin.
*—. 1971. *The New Industrial Society*. 2nd rev. ed. Boston : Houghton Mifflin.
*—. 1974. *Economics and the Public Purpose*. Boston : Houghton Mifflin.

제3부 새로운 인간, 새로운 사회 293

*Habermas, Jürgen. 1971. *Toward a Rational Society*. Translated by J. Schapiro. Boston:Beacon Press.
──. 1973. *Theory and Practice*. Edited by J. Viertel. Boston: Beacon Press.
Harich, W. 1975. *Kommunismus ohne Wachstum*. Hamburg: Rowohlt verlag.
Hebb, D. O. "Drives and the CNS [Conceptual Nervous System]." *Psych. Rev.* 62, 4:244.
Hess, Moses. 1843. "Philosophie der Tat" [The philosophy of action]. In *Einundzwanzig Bogen aus der Schweiz*. Edited by G.Herwegh. Zurich: Literarischer Comptoir. Reprinted in Moses Hess, *Ökonomische Schriften*. Edited by D. Horster. Darmstadt : Melzer Verlag, 1972.
*Illich, Ivan. 1970. *Deschooling Society*. World Perspectives, vol. 44. New York : Harper & Row.
──. 1976. *Medical Nemesis : The Expropration of Health*. New York : Pantheon.
*Kropotkin, P. A. 1902. *Mutual Aid: A Factor of Evolution*. London.
Lange, Winfried. 1969. *Glückseligkeitsstreben und uneigennützige Lebensgestaltung bei Thomas von Aquin*. Diss. Freiburg im Breisgau.
Leibrecht, W.,ed. 1959. *Religion and Culture : Essays in Honor of Paul Tillich*. New York : Harper & Row.
Lobkowicz, Nicholas. 1967. *Theory and Practice: The History of a Concept from Aristotle to Marx*. International Studies Series. Notre Dame, Ind. : University of Notre Dame Press.
*Maccoby, Michael. Forthcoming, fall 1976. *The Gamesmen : The New Corporate Leaders*. New York : Simon and Schuster.
Maimonides, Moses. 1963. *The Code of Maimonides*. Translated by A.M. Hershman. New Haven : Yale University Press.
*Marcel, Gabriel.1965. *Being and Having:An Existentialist Diary*. New York : Harper & Row, Torchbooks.
Marx, K. 1844. *Economic and Philosophical Manuscripts*. In *Gesamtausgabe*(MEGA) [Complete works of Marx and Engels]. Moscow. Translated by E. Fromm in E. Fromm, *Marx's Concept of Man*; q.v.
──. 1909. *Caputal*. Chicago : Charles H. Kerr & Co.
──. *Grundrisse der kritik der politischen ökonomie*. [Outline of the critique of political economy]. Frankfurt: Europaische Verlagsanstalt, n.d. McClellan, David, ed. and trans. 1971. The Grundrisse, Excerpts. New York : Harper & Row, Torchbooks.
──. and Engels, F. 1844/5. *The Holy Family, or a Critique of Critical Critique*. London : Lawrence & Wishart, 1957. *Die Heilige Familie, der Kritik der kritischen*

Kritik. Berlin : Dietz Verlag, 1971.
Mayo, Elton. 1933. *The Human Problems of an Indestrial Civilization*. New York : Macmillan.
Meadows, D. H., et al. 1972. *The Limits to Growth*. New York : Universe Books.
*Mesarovic, Mihajlo D., and Pestel, Eduard. 1974. *Mankind at the Turning Point*. New York : E. P. Dutton.
Mieth, Dietmar. 1969. *Die Einheit von Vita Activa und Vita Contemplativa*. Regensburg : Verlag Friedrich Pustet.
──. 1971. *Christus-Das Soziale im Menschen*. Düsseldorf : Topos Taschenbücher, Patmos Verlag.
Mill, J. S. 1965. *Principles of Political Economy*. 7th ed., reprint of 1871 ed. Toronto : University of Toronto/Routledge and Kegan Paul.
Millan, Ignacio. Forthcoming. *The Character of Mexican Executives*.
Morgan, L. H. 1870. *Systems of Sanguinity and Affinity of the Human Family*. Publication 218, Washington, D. C. : Smithsonian Instituted.
**Mumfod. L. 1970. *The Pentagon of Power*. New York : Harcourt Brace Jovanovich.
**Nyanaponika Mahatera. 1962; 1970. *The Heart of Buddhist Meditation*. London : Rider & Co.; New York : Samuel Weiser.
*──, ed. 1971 ; 1972. *Pathways of Buddhist Thought: Essays from the Wheel*. London : George Allen & Unwin ; New York : Barnes & Noble, Harper & Row.
Phelps, Edmund S., ed. 1975. *Altruism, Morality and Economic Theory*. New York : Russell Sage Foundation.
Piaget, Jean. 1932. *The Moral Judgment of the Child*. New York : The Free Press, Macmillan.
Quint, Joseph L. See Eckhart, Meister.
*Rumi. 1950. Selected, translated and with Introduction and Notes by R. A. Nicholson. London:George Allen & Unwin.
Schecter, David E. 1959. "Infant Development." In Silvano Arieti, ed. *American Handbook of Psychiatry*, vol. 2; q.v.
Schilling, Otto. 1908. *Reichtum und Eigentum in der Altkirchlichen Literatur*. Freiburg im Breisgau : Herderische Verlagsbuchhandlung.
Schulz, Siegried. 1972. Q *Die Spruchquelle der Evangelisten*. Zurich : Theologischer Verlag.
**Schumacher, E. F. 1973. *Small Is Beautiful:Economics as if People Mattered*. New York : Harper & Row. Torchbooks.
*Schumpeter, Joseph A. 1962. *Capitalism, Socialism, and Democracy*. New York : Harper & Row, Torchbooks.
Schweitzer, Albert. 1923. *Die Schuld der Philosophie an dem Niedergang der Kultur* [The responsibility of philosophy for the decay of culture] . Gesammelte Werke.

vol. 2. Zurich: Buchclub Ex Libris.
———.1923. *Verfall und Wiederaufbau der Kultur [Decay and restoration of civilizatio n] .Gesammelte Werke*, vol.2.Zurich:Buchclub Ex Libris.
*———.1973, *Civilization and Ethics*. Rev. ed. Reprint of 1923 ed. New York : Seabury Press.
Simmel, Georg. 1950. *Hauptprobleme der Philosophie*. Berlin : Walter de Gruyter.
Sommerlad, T. 1903. *Das Wirtschaftsprogramm der Kirche des Mittelalters*. Leipzig. Quoted by Otto Schilling; q. v.
Spinoza, Benedictus de 1927. *Ethics*. New York : Oxford University Press.
Staehelin, Balthasar. 1969. *Haben und Sein*. [Having and being] . Zurich:Editio Academica.
Stirner, Max. 1973. *The Ego and His Own: The Case of the Individual Against Authority Edited by James J Martin*;translated by Steven T. Byington. New York : Dover.(Original ed. Der Einzige und Sein Eigentum.)
Suzuki, D. T. 1960. "Lectures on Zen Buddhism." In E. Fromm et al. *Zen Buddhism and Psychoanalysis*; q.v.
Swoboda, Helmut. 1973. *Die Qualität des Lebens*. Stuttgart : Deutsche Verlagsanstalt.
*Tawney, R. H. 1920. *The Acquisitive Society*. New York : Harcourt Brace.
"Technologie und Politik." *Attuell Magazin*, July 1975. Rheinbeck bei Hamburg:Taschenbuch Verlag.
Theobald, Robert, ed. 1966. *The Guaranteed Income: Next Step in Economic Evolution*. New York : Doubleday.
Thomas Aquinas. See Aquinas, Thomas.
Titmuss, Richard. 1971. *The Gift Relationship:From Human Blood to Social Policy*. London : George Allen & Unwin.
*Underhill, Evelyn, ed. 1956. *A Book of Contemplation the Which Is Called The Cloud of Unknowing* 6th ed. London: John M. Watkins.
Utz, A. F. OP. 1953. "Recht und Gerechtigkeit." In Thomas Aquinas, *Summa Theologica*, vol. 18; q.v.
Yerkes, R. M., and Yerkes, A. V. 1929. *The Great Apes: A Study of Anthropoid Life*. New Haven : Yale University Press.

역 자 후 기

　본 역서는 에리히 프롬(Eirch Fromm)의 완숙한 사상이 집약되어 있는 후반기의 저서 To Have or To Be?(Harper & Row Rublishers, 1976)의 완역본이다. 이미 두어 종의 번역서가 출판되어 있으나 너무 성급하게 번역한 나머지 상당한 부분이 정확하게 번역되지 않은 채 넘겨 버린 곳이 많은 것 같다. 그뿐만 아니라 어처구니없는 오역과 오식도 의외로 많이 발견되어 놀란 일도 한두 번이 아니었다. 그래서 역자는 이미 출간된 역서의 잘못들을 하나하나 바로 잡으며 우선 원서의 체제와 내용을 정확하게 우리말로 옮겨 놓으려고 장시간 노력하였으므로, 아마도 지금까지 발간된 역서 중에서는 그래도 가장 오역이 적은 번역본이 아닌가 하고 자부해 본다.

　따라서 프롬의 생애나 사상은 이미 널리 소개되어 있기 때문에 여기에서 다시 장황하게 소개하거나 재론할 필요는 없을 줄 안다. 프롬은 이 책에서 그동안 줄기차게 비판 분석하며 추구해 온 인간과 사회와 미래와의 역동적인 관계에서 솟구치는 문제들, 이를테면 소유와 소비문명・정치와 자본주의・새 종교와 새 인간・파멸과 구원의 주제들을 광범위하고도 심도 있게 분석하고 있다. 가히 그의 다양한 사상을 총망라하여 집약적으로 요약 정리하고 있다고 볼 수 있다.

　프롬은 이 저서의 마지막 부분에서 힘주어 외치기를 "새로운 인류의 세계를 지향하는 불굴의 〈목표〉가 오늘의 지도자들의 '현실주의'보다도 훨씬 더 현실적이다. 그리고 새로운 사회와 새로운 인간의 현실은 이익・권력・지식 등과 같은 낡은 동기에서가 아니라 존재・공유・이해와 같은 새로운 동기에 의해 대치되어야만 한다. 또한 소비적인 시장적 성격은 생산적인 〈사랑의 성격〉에 의해 대치되지 않으면 안 된다. 그뿐만 아니라 인공두뇌적 종교는 철저한 인간 회복을 위한 새로운 정신에 의해 대치되어야만 한다"고 역설하고 있다.

   프롬은 줄기차게 근대적 바벨탑을 무너뜨리며 새로운 인간과 미래사회의 도래를 예언자적 의지와 눈망울로 대망하고 있음을 이 저서에서도 역력히 찾아볼 수 있으리라 믿는다.

심 일 섭

☐ 譯者 紹介

- 고려대학교 문리대 영문학과 졸업
- 한신대학 졸업
- 육군보병학교 졸업, YMCA(청주) 총무
- 연세대학교 대학원 졸업
- 일본과 미국유학, 철학박사
- 이화여자대학교, 청주사대, 한신대, 경기대학
- 숭전대학교, 연세대학교 강사역임
- UN산하 세계대학봉사회 이사(現)
- 용제 백낙준기념학술상 수상(1986년)
- 저서 〈한국민족운동과 기독교수용사考〉
- 현재, 강남사회복지대 교수

著・譯書
- 칼빈과 생애와 사상(편)
- Erich Fromm의 Radical Humanism연구(석사학위논문)
- 에리히 프롬의 인간회복론 연구
- 에리히 프롬의 소외분석론
- 기독교개론(공저, 형설출판사)
- 한국기독교와 제3세계(공저)
- A Study on the Indigenization Movements in Korea Churches
- H. 콕스, 뱀이 하는 대로 내버려 두지 말라(역)
- 오르테가, 대중의 반란(역, 근역서재 간행)
- 몽고메리, 에바페론 에비타(역)
- R.쉬인, 변혁기의 휴머니즘 논쟁(역, 학우사)
- H.틸리케, 현대교회의 고민과 설교(역, 대한기독교서회)
- 마크트웨인, 인간이란 무엇인가(역, 맥밀란)
- 한국민족운동과 기독교수용사考(아세아문화사)

소유인가 존재인가

1991년 2월10일 초판발행
1998년10월15일 2 판 1쇄
2005년 1월10일 2 판 2쇄
저　자・에릭 프롬/
역　자・심일섭
발행자・심혁창
발행처　**도서출판 한글**
서울특별시 마포구 아현동 371-1
☎ 363-0301/362-8635・FAX 362-8635
등록 1980. 2. 20 제10-33호
정가 9,000원

ISBN 89-7073-135-0-13160